ALEXANDRE DUMAS

LES FRÈRES CORSES

OTHON L'ARCHER — MURAT

PUBLIÉS PAR DUFOUR ET MULAT.

ÉDITION ILLUSTRÉE PAR J.-A. BEAUCÉ, ED. COPPIN, GÉRARD SEGUIN

PARIS — 1853

CHEZ MARESCQ ET Cie, LIBRAIRES

5, RUE DU PONT-DE-LODI, 5.

LES

FRÈRES CORSES

OTHON L'ARCHER — MURAT

PARIS. — IMP. SIMON RAÇON ET COMP., RUE D'ERFURTH, 1.

LES

FRÈRES CORSES

OTHON L'ARCHER — MURAT

PAR

ALEXANDRE DUMAS

PUBLIÉS PAR DUFOUR ET MULAT.

ÉDITION ILLUSTRÉE PAR J.-A. BEAUCÉ, ED. COPPIN, GÉRARD SEGUIN

PARIS — 1855
CHEZ MARESCQ ET Cie, LIBRAIRES
5, RUE DU PONT-DE-LODI, 5

LES FRÈRES CORSES

PAR

ALEXANDRE DUMAS

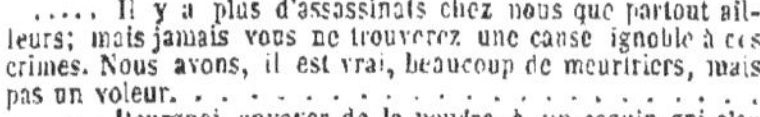

..... Il y a plus d'assassinats chez nous que partout ailleurs; mais jamais vous ne trouverez une cause ignoble à ces crimes. Nous avons, il est vrai, beaucoup de meurtriers, mais pas un voleur. . . . .

..... Pourquoi envoyer de la poudre à un coquin qui s'en servira pour commettre des crimes? Sans cette déplorable faiblesse que tout le monde paraît avoir ici pour les bandits, il y a longtemps qu'ils auraient disparu de la Corse .... Et qu'a-t-il fait enfin ton bandit, pour quel crime s'est-il jeté dans le maquis? — Brandolaccio n'a point commis de crime! il a tué Giovan Opizzo, qui avait assassiné son père pendant que lui était à l'armée.

PROSPER MÉRIMÉE. — *Colomba.*

Vers le commencement du mois de mars de l'année 1841, je voyageais en Corse.

Rien de plus pittoresque et de plus commode qu'un voyage en Corse : on s'embarque à Toulon; en vingt heures, on est à Ajaccio, ou en vingt-quatre heures à Bastia. Là, on achète ou on loue un cheval : si on le loue, on en est quitte pour cinq francs par jour; si on l'achète, pour cent cinquante francs une fois payés. Et qu'on ne rie pas de la modicité du prix; ce cheval, loué ou acheté, fait, comme ce fameux cheval du Gascon qui sautait du pont Neuf dans la Seine, des choses que ne feraient ni Prospero ni Nautilus, ces héros des courses de Chantilly et du Champ de Mars.

Paris. — Imp. Simon Raçon & Cie, rue d'Erfurth, 1.

Il passe par des chemins où Balmat lui-même eût mis des crampons, et sur des ponts où Auriol demanderait un balancier.

Quant au voyageur, il n'a qu'à fermer les yeux et à laisser faire l'animal : le danger ne le regarde pas.

Sans compter qu'avec ce cheval, qui passe partout, on peut faire une quinzaine de lieues tous les jours, sans qu'il vous demande ni à boire ni à manger.

De temps en temps, quand on s'arrête pour visiter un vieux château bâti par quelque seigneur, héros et chef d'une tradition féodale, pour dessiner une vieille tour élevée par les Génois, le cheval tond une touffe d'herbe, écorce un arbre ou lèche une roche couverte de mousse, et tout est dit.

Quant au logement de chaque nuit, c'est bien plus simple encore : le voyageur arrive dans un village, traverse la rue principale dans toute sa longueur, choisit la maison qui lui convient et frappe à la porte. Un instant après, le maître ou la maîtresse paraît sur le seuil, invite le voyageur à descendre, lui offre la moitié de son souper, son lit tout entier s'il n'en a qu'un, et le lendemain, en le reconduisant jusqu'à la porte, le remercie de la préférence qu'il lui a donnée.

De rétribution quelconque, il est bien entendu qu'il n'en est aucunement question : le maître regarderait comme une insulte la moindre parole à ce sujet. Si la maison est servie par une jeune fille, on peut lui offrir quelque foulard, avec lequel elle se fera une coiffure pittoresque lorsqu'elle ira à la fête de Calvi ou de Corte. Si le domestique est mâle, il acceptera volontiers quelque couteau-poignard, avec lequel, s'il le rencontre, il pourra tuer son ennemi.

Encore faut-il s'informer d'une chose : c'est si les serviteurs de la maison, et cela arrive quelquefois, ne sont point des parents du maître, moins favorisés de la fortune que lui, et qui alors lui rendent des services domestiques en échange desquels ils veulent bien accepter la nourriture, le logement, et une ou deux piastres par mois.

Et qu'on ne croie pas que les maîtres qui sont servis par leurs petits-neveux ou par leurs cousins, au quinzième ou vingtième degré, soient moins bien servis pour cela. Non, il n'en est rien. La Corse est un département français, mais la Corse est encore bien loin d'être la France.

Quant aux voleurs, on n'en entend pas parler; des bandits à foison, oui; mais il ne faut pas confondre les uns avec les autres.

Allez sans crainte à Ajaccio, à Bastia, une bourse pleine d'or pendue à l'arçon de votre selle, et vous aurez traversé toute l'île sans avoir couru l'ombre d'un danger; mais n'allez pas d'Occana à Levaco si vous avez un ennemi qui vous ait déclaré la vendetta; car je ne répondrais pas de vous pendant ce trajet de deux lieues.

J'étais donc en Corse, comme je l'ai dit, au commencement de mars. J'y étais seul, Jadin étant resté à Rome.

J'y étais venu de l'île d'Elbe; j'avais débarqué à Bastia; j'avais acheté un cheval au prix sus-mentionné.

J'avais visité Corte et Ajaccio, et je parcourais pour le moment la province de Sartène.

Ce jour-là, j'allais de Sartène à Sullacaro.

L'étape était courte : une dizaine de lieues peut-être, à cause des détours, et d'un contre-fort de la chaîne principale qui forme l'épine dorsale de l'île, et qu'il s'agissait de traverser : aussi avais-je pris un guide de peur de m'égarer dans les maquis.

Vers les cinq heures, nous arrivâmes au sommet de la colline, qui domine à la fois Olmeto et Sullacaro.

Là, nous nous arrêtâmes un instant.

— Où Votre Seigneurie désire-t-elle loger? demanda le guide.

Je jetai les yeux sur le village dans les rues duquel mon regard pouvait plonger, et qui semblait presque désert : quelques femmes seulement apparaissaient rares dans les rues; encore marchaient-elles d'un pas rapide et en regardant autour d'elles.

Comme, en vertu des règles d'hospitalité établies, et dont j'ai dit un mot, j'avais le choix entre les cent ou cent vingt maisons qui composent le village, je cherchai des yeux l'habitation qui semblait m'offrir le plus de chance de confortable, et je m'arrêtai à une maison carrée, bâtie en manière de forteresse, avec machicoulis en avant des fenêtres et au-dessus de la porte.

C'était la première fois que je voyais ces fortifications domestiques, mais aussi il faut dire que la province de Sartène est la terre classique de la vendetta.

— Ah! bon, me dit le guide, suivant des yeux l'indication de ma main, nous allons chez madame Savilia de Franchi. Allons, allons, Votre Seigneurie n'a pas fait un mauvais choix, et l'on voit qu'elle ne manque pas d'expérience.

N'oublions pas de dire que, dans ce quatre-vingt-sixième département de la France, on parle constamment italien.

— Mais, demandai-je, n'y a-t-il pas d'inconvénient à ce que j'aille demander l'hospitalité à une femme? car, si j'ai bien compris, cette maison appartient à une femme.

— Sans doute, reprit-il d'un air étonné; mais quel inconvénient Votre Seigneurie veut-elle qu'il y ait à cela?

— Si cette femme est jeune, repris-je, mû par un sentiment de convenance, ou peut-être, disons le mot, d'amour-propre parisien, une nuit passée sous son toit ne peut-elle pas la compromettre?

— La compromettre? répéta le guide, cherchant évidemment le sens de ce mot que j'avais italianisé, avec l'aplomb ordinaire qui nous caractérise, nous autres Français, quand nous nous hasardons à parler une langue étrangère.

— Eh! sans doute, repris-je, commençant à m'impatienter; cette dame est veuve, n'est-ce pas?

— Oui, Excellence.

— Eh bien! recevra-t-elle chez elle un jeune homme?

En 1841, j'avais trente-six ans et demi, et je m'intitulais encore jeune homme.

— Si elle recevra un jeune homme? répéta le guide. Eh bien! qu'est-ce que cela peut donc lui faire que vous soyez jeune ou vieux?

Je vis que je n'en tirerais rien si je continuais à employer ce mode d'interrogation.

— Et quel âge a madame Savilia? demandai-je.

— Quarante ans à peu près.

— Ah! fis-je, répondant toujours à mes propres pensées, alors à merveille, et des enfants, sans doute?

— Deux fils, deux fiers jeunes gens.

— Les verrai-je?

— Vous en verrez un, celui qui demeure avec elle.

— Et l'autre?

— L'autre habite Paris.

— Et quel âge ont-ils?

— Vingt et un ans.

— Tous deux?

— Oui, ce sont des jumeaux.

— Et à quelle profession se destinent-ils?

— Celui qui est à Paris sera avocat.

— Et l'autre?

— L'autre sera Corse.

— Ah! ah! fis-je, trouvant la réponse assez caractéristique, quoiqu'elle eût été faite du ton le plus naturel. Eh bien! va pour la maison de madame Savilia de Franchi.

Et nous nous remîmes en route.

Dix minutes après, nous entrâmes dans le village.

Alors je remarquai une chose que je n'avais pu voir du haut de la montagne. C'est que chaque maison était fortifiée comme celle de madame Savilia; non point avec des machicoulis, la pauvreté de leurs propriétaires ne leur permettant pas sans doute ce luxe de fortifications, mais purement et simplement avec des madriers, dont on avait garni les parties inférieures des fenêtres, tout en ménageant des ouvertures pour passer des fusils. D'autres fenêtres étaient fortifiées en briques rouges.

Je demandai à mon guide comment on nommait ces meurtrières; il me répondit que c'étaient des *archères*, réponse qui me fit voir que les vendettes corses étaient antérieures à l'invention des armes à feu.

A mesure que nous avancions dans les rues, le village prenait un plus profond caractère de solitude et de tristesse.

Plusieurs maisons paraissaient avoir soutenu des siéges et étaient criblées de balles.

De temps en temps, à travers les meurtrières, nous voyions étinceler un œil curieux qui nous regardait passer; mais il était impossible de distinguer si cet œil appartenait à un homme ou à une femme.

Nous arrivâmes à la maison que j'avais désignée à mon guide, et qui effectivement était la plus considérable du village.

Seulement, une chose me frappa : c'est que, fortifiée en apparence par les machicoulis que j'avais remarqués, elle ne l'était pas en réalité, c'est-à-dire que les fenêtres n'avaient ni madriers, ni briques, ni *archères*, mais de simples carreaux de vitres, que protégeaient la nuit des volets de bois.

Il est vrai que ces volets conservaient des traces que l'œil d'un observateur ne pouvait méconnaître pour des trous de balle. Mais ces trous étaient anciens, et remontaient visiblement à une dizaine d'années.

A peine mon guide eut-il frappé, que la porte s'ouvrit, non pas timidement, hésitante, entre-bâillée, mais toute grande, et un valet parut...

Quand je dis un valet, je me trompe : j'aurais dû dire un homme.

Ce qui fait le valet, c'est la livrée, et l'individu qui nous ouvrit était tout simplement vêtu d'une veste de velours, d'une culotte de même étoffe et de guêtres de peau. La culotte était serrée à la taille par une ceinture de soie bariolée, de laquelle sortait le manche d'un couteau de forme espagnole.

— Mon ami, lui dis-je, est-ce indiscret à un étranger, qui ne connaît personne à Sullacaro, de venir demander l'hospitalité à votre maîtresse?

— Non, certainement, Excellence, répondit-il; l'étranger fait honneur à la maison devant laquelle il s'arrête. — Maria, continua-t-il en se retournant du côté d'une servante qui apparaissait derrière lui, prévenez madame Savilia que c'est un voyageur français qui demande l'hospitalité.

En même temps, il descendit un escalier de huit marches, roides comme les degrés d'une échelle, qui conduisait à la porte d'entrée, et prit la bride de mon cheval.

Je mis pied à terre.

— Que Votre Excellence ne s'inquiète de rien, dit-il; tout son bagage sera porté dans sa chambre.

Je profitai de cette gracieuse invitation à la paresse, l'une des plus agréables que l'on puisse faire à un voyageur.

II

Je me mis à escalader lestement l'échelle susdite, et fis quelques pas dans l'intérieur.

Au détour du corridor, je me trouvai en face d'une femme de haute taille, vêtue de noir.

Je compris que cette femme, de trente-huit à quarante ans, encore belle, était la maîtresse de la maison, et je m'arrêtai devant elle.

— Madame, lui dis-je en m'inclinant, vous devez me trouver bien indiscret; mais l'usage du pays m'excuse et l'invitation de votre serviteur m'autorise.

— Vous êtes le bienvenu pour la mère, me répondit madame de Franchi, et vous serez tout à l'heure bienvenu pour le fils. A partir de ce moment, monsieur, la maison vous appartient; usez-en donc comme si elle était la vôtre.

— Je viens vous demander l'hospitalité pour une nuit seulement, madame. Demain matin, au point du jour, je partirai.

— Vous êtes libre de faire ainsi qu'il vous conviendra, monsieur. Cependant, j'espère que vous changerez d'avis, et que nous aurons l'honneur de vous posséder plus longtemps.

Je m'inclinai une seconde fois.

— Maria, continua madame de Franchi, conduisez monsieur à la chambre de Louis. Allumez du feu à l'instant même, et portez de l'eau chaude. Pardon, continua-t-elle en se retournant de mon côté, tandis que la servante s'apprêtait à suivre ses instructions; je sais que le premier besoin du voyageur fatigué est l'eau et le feu. Veuillez suivre cette fille, monsieur. Demandez-lui les choses qui pourraient vous manquer. Nous soupons dans une heure, et mon fils, qui sera rentré d'ici là, aura d'ailleurs l'honneur de vous faire demander si vous êtes visible.

— Vous excuserez mon costume de voyage, madame.

— Oui, monsieur, répondit-elle en souriant, mais à la condition que de votre côté vous excuserez la rusticité de la réception.

La servante montait l'escalier.

Je m'inclinai une dernière fois, et je la suivis.

La chambre était située au premier étage et donnait sur le derrière; les fenêtres s'ouvraient sur un joli jardin tout planté de myrtes et de lauriers-roses, traversé en écharpe par un charmant ruisseau qui allait se jeter dans le Tavaro.

Au fond, la vue était bornée par une espèce de haie de sapins tellement rapprochés les uns des autres, qu'on eût dit une muraille. Comme il en est de presque toutes les chambres des maisons italiennes, les parois de celle-ci étaient blanchies à la chaux et ornées de quelques fresques représentant des paysages.

Je compris aussitôt qu'on m'avait donné cette chambre, qui était celle du fils absent, comme la plus confortable de la maison.

— Alors il me prit l'envie, tandis que Maria allumait mon feu et préparait mon eau, de dresser l'inventaire de ma chambre et de me faire par l'ameublement une idée du caractère de celui qui l'habitait.

Je passai aussitôt du projet à la réalisation, en pivotant sur le talon gauche, et en exécutant ainsi un mouvement de rotation sur moi-même qui me permit de passer en revue, les uns après les autres, les différents objets dont j'étais entouré.

L'ameublement était tout moderne, ce qui, dans cette partie de l'île où la civilisation n'est pas encore parvenue, ne laisse pas que d'être une manifestation de luxe assez rare. Il se composait d'un lit de fer, garni de trois matelas et d'un oreiller, d'un divan, de quatre fauteuils, de six chaises, d'un double corps de bibliothèque et d'un bureau; le tout en bois d'acajou et sortant évidemment de la boutique du premier ébéniste d'Ajaccio.

Le divan, les fauteuils et les chaises, étaient recouverts d'indienne à fleurs, et des rideaux d'étoffe pareille pendaient devant les deux fenêtres et enveloppaient le lit.

J'en étais là de mon inventaire lorsque Maria sortit et me permit de pousser plus loin mon investigation.

J'ouvris la bibliothèque et je trouvai la collection de tous nos grands poëtes :

Corneille, Racine, Molière, la Fontaine, Ronsard, Victor Hugo et Lamartine.

J'en étais là de mon inventaire, lorsque Maria sortit. — Page 4.

Nos moralistes :

Montaigne, Pascal, la Bruyère.

Nos historiens :

Mézeray, Châteaubriand, Augustin Thierry.

Nos savants :

Cuvier, Beudant, Elie de Beaumont.

Enfin quelques volumes de romans, parmi lesquels je saluai avec un certain orgueil mes *Impressions de Voyage*.

Les clefs étaient aux tiroirs du bureau ; j'en ouvris un.

J'y trouvai des fragments d'une histoire de la Corse, un travail sur les moyens à employer pour abolir la vendette, quelques vers français, quelques sonnets italiens : le tout manuscrit. C'était plus qu'il ne m'en fallait, et j'avais la présomption de croire que je n'avais pas besoin de pousser plus loin mes recherches pour me faire une opinion sur M. Louis de Franchi.

Ce devait être un jeune homme doux, studieux, et partisan des réformes françaises. Je compris alors qu'il fût parti pour Paris dans l'intention de se faire recevoir avocat.

Il y avait sans doute pour lui tout un avenir de

civilisation dans ce projet. Je faisais ces réflexions tout en m'habillant. Ma toilette, comme je l'avais dit à madame de Franchi, quoique ne manquant pas de pittoresque, avait besoin d'une certaine indulgence.

Elle se composait d'une veste de velours noir, ouverte aux coutures des manches, afin de me donner de l'air dans les heures chaudes de la journée, et qui, par ces espèces de crevés à l'espagnole, laissait passer une chemise de soie à raies; d'un pantalon pareil, pris depuis le genou jusqu'au bas de la jambe dans des guêtres espagnoles fendues sur le côté et brodées en soie de couleur, et d'un chapeau de feutre prenant toutes les formes qu'on voulait lui donner, mais particulièrement celle du sombrero.

J'achevais de revêtir cette espèce de costume, que je recommande aux voyageurs comme un des plus commodes que je connaisse, lorsque ma porte s'ouvrit, et que le même homme qui m'avait introduit parut sur le seuil.

Son entrée avait pour but de m'annoncer que son jeune maître, M. Lucien de Franchi, arrivait à l'instant même, et me faisait demander l'honneur, si toutefois j'étais visible, de venir me souhaiter la bienvenue.

Je répondis que j'étais aux ordres de M. Lucien de Franchi, et que tout l'honneur serait pour moi.

Un instant après, j'entendis le bruit d'un pas rapide, et je me trouvai presque aussitôt en face de mon hôte.

III

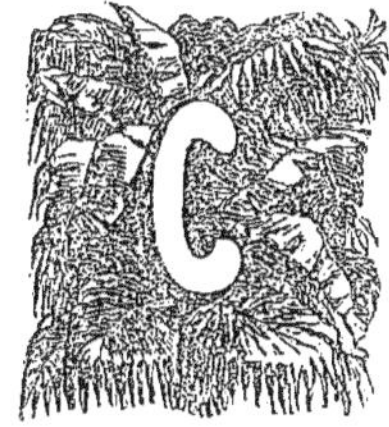

C'était, comme me l'avait dit mon guide, un jeune homme de vingt à vingt et un ans, aux cheveux et aux yeux noirs, au teint bruni par le soleil, plutôt petit que grand, mais admirablement bien fait.

Dans sa hâte à me présenter ses compliments, il était monté comme il se trouvait, c'est-à-dire avec son costume de cheval, qui se composait d'une redingote de drap vert, à laquelle une cartouchière qui serrait sa ceinture donnait une certaine tournure militaire, d'un pantalon de drap gris, garni intérieurement de cuir de Russie, et de bottes à éperons; une casquette dans le genre de celle de nos chasseurs d'Afrique complétait son costume.

De chaque côté de sa cartouchière pendaient d'un côté une gourde et de l'autre un pistolet.

En outre, il tenait à la main une carabine anglaise.

Malgré la jeunesse de mon hôte, dont la lèvre supérieure était à peine ombragée par une légère moustache, il y avait dans toute sa personne un air d'indépendance et de résolution qui me frappa.

On voyait l'homme élevé pour la lutte matérielle, habitué à vivre au milieu du danger sans le craindre, mais aussi sans le mépriser : grave parce qu'il est solitaire, calme parce qu'il est fort.

D'un seul regard il avait tout vu, mon nécessaire, mes armes, l'habit que je venais de quitter, celui que je portais.

Son coup d'œil était rapide et sûr comme celui de tout homme dont la vie dépend parfois d'un coup d'œil.

— Vous m'excuserez si je vous dérange, monsieur, me dit-il, mais je l'ai fait dans une bonne intention, celle de m'informer si vous ne manquez de rien.

Ce n'est jamais sans une certaine inquiétude que je vois arriver chez nous un homme du continent, car nous sommes encore si sauvages, nous autres Corses, que ce n'est vraiment qu'en tremblant que nous exerçons, vis-à-vis des Français surtout, cette vieille hospitalité qui sera bientôt, au reste, la seule tradition qui nous restera de nos pères.

— Et vous avez tort de craindre, monsieur, répondis-je; il est difficile de mieux aller au-devant de tous les besoins d'un voyageur que ne l'a fait madame de Franchi; d'ailleurs, continuai-je en jetant à mon tour un coup d'œil autour de l'appartement, ce n'est point ici que je me plaindrai de cette prétendue sauvagerie que vous me signalez avec un peu de bonne volonté, et, si je ne voyais pas de mes fenêtres cet admirable paysage, je pourrais me croire dans une chambre de la Chaussée-d'Antin.

— Oui, reprit le jeune homme; c'était une manie de mon pauvre frère Louis; il aimait à vivre à la française, mais je doute qu'en sortant de Paris cette pauvre parodie de la civilisation qu'il quittera lui suffise comme elle lui suffisait avant son départ.

— Et M. votre frère a quitté la Corse depuis longtemps? demandai-je à mon jeune interlocuteur.

— Depuis dix mois, monsieur.

— Vous l'attendez bientôt?

— Oh! pas avant trois ou quatre ans.

— C'est une absence bien longue pour deux frères qui, sans doute, ne s'étaient jamais quittés?

— Oui, et surtout qui s'aimaient comme nous nous aimions.

— Sans doute il viendra vous voir avant la fin de ses études?

— Probablement; il nous l'a promis du moins.

— En tout cas, rien n'empêcherait que de votre côté vous n'allassiez lui faire une visite?

— Non... moi je ne quitte pas la Corse.

Il y avait, dans l'accent dont était faite cette réponse, cet amour de la patrie qui confond le reste de l'univers dans un même dédain.

Je souris.

— Cela vous semble étrange, reprit-il en souriant à son tour, qu'on ne veuille pas quitter un misérable pays comme le nôtre. Que voulez-vous? je suis une espèce de production de l'île, comme le chêne vert et le laurier-rose; il me faut mon atmosphère imprégnée des parfums de la mer et des émanations de la montagne; il me faut mes torrents à traverser, mes rocs à gravir, mes forêts à explorer; il me faut l'espace, il me faut la liberté; si l'on me transportait dans une ville, il me semble que j'y mourrais.

— Mais comment y a-t-il donc une si grande différence morale entre vous et votre frère?

— Avec une si grande ressemblance physique, ajouteriez-vous si vous le connaissiez.

— Vous vous ressemblez beaucoup?

—C'est au point que, lorsque nous étions enfants, mon père et ma mère étaient forcés de mettre à nos habits un signe pour nous distinguer l'un de l'autre.

— Et en grandissant? demandai-je.

— En grandissant, nos habitudes ont amené une légère différence de teint, voilà tout. Toujours enfermé, toujours penché sur ses livres et sur ses dessins, mon frère est devenu plus pâle, tandis qu'au contraire toujours à l'air, toujours courant la montagne ou la plaine, moi, j'ai bruni.

— J'espère, lui dis-je, que vous me ferez juge de cette différence, en me chargeant de vos commissions pour M. Louis de Franchi.

— Oui, certainement, et avec un grand plaisir, si vous voulez bien avoir cette complaisance. Mais pardon, je m'aperçois que vous êtes plus avancé que moi de toute votre toilette, et que dans un quart d'heure on va se mettre à table.

— Est-ce pour moi que vous allez prendre la peine de changer de costume?

— Quand il en serait ainsi, vous n'auriez de reproche à faire qu'à vous-même; car vous m'auriez donné l'exemple; mais, en tout cas, je suis en costume de cavalier, et il faut que je me mette en costume de montagnard. J'ai, après le souper, une course à faire dans laquelle mes bottes et mes éperons me gêneraient fort.

— Vous sortez après le souper? lui demandai-je.

— Oui, reprit-il, un rendez-vous...

Je souris.

— Oh! pas dans le sens où vous le prenez, c'est un rendez-vous d'affaires.

— Me croyez-vous assez présomptueux pour croire que j'aie droit à vos confidences?

— Pourquoi pas? il faut vivre de manière à pouvoir dire tout haut tout ce qu'on fait.

Je n'ai jamais eu de maîtresse, je n'en aurai jamais.

Si mon frère se marie et a des enfants, il est probable que je ne me marierai même pas. Si, au contraire, il ne prend point de femme, il faudra bien que j'en prenne une; mais alors ce sera pour que la race ne s'éteigne pas.

Je vous l'ai dit, ajouta-t-il en riant, je suis un véritable sauvage, et je suis venu au monde cent ans trop tard.

Mais je continue à bavarder comme une corneille, et, à l'heure du souper, je ne serai pas prêt.

— Mais nous pouvons continuer la conversation, repris-je, votre chambre n'est-elle pas en face de celle-ci? laissez la porte ouverte et nous causerons.

— Faites mieux, venez chez moi; je m'habillerai dans mon cabinet de toilette pendant ce temps... Vous êtes amateur d'armes, ce me semble, eh bien! vous regarderez les miennes; il y en a quelques-unes qui ont une certaine valeur, historique s'entend.

Cette fois, je crus entrer dans un véritable arsenal.

IV

L'offre correspondait trop bien au désir que j'avais de comparer les chambres des deux frères pour que je ne l'acceptasse pas Je m'empressai donc de suivre mon hôte, qui, ouvrant la porte de son appartement, passa devant moi pour me montrer le chemin.

Cette fois, je crus entrer dans un véritable arsenal. Tous les meubles étaient du quinzième et du seizième siècle : le lit, sculpté au baldaquin, soutenu par de grandes colonnes torses, était drapé en damas vert à fleurs d'or; les rideaux des fenêtres étaient de la même étoffe, les murailles étaient couvertes de cuir d'Espagne, et, dans tous les intervalles, des meubles soutenaient des trophées d'armes gothiques et modernes.

— J'ai appris hier que le premier de mes fils avait été tué pour la défense de la patrie, et j'ai fait vingt lieues pour t'amener le second. — Page 10.

Il n'y avait pas à se tromper sur les inclinations de celui qui habitait cette chambre; elles étaient aussi belliqueuses que celles de son frère étaient paisibles.

— Tenez, me dit-il en passant dans son cabinet de toilette, vous voilà au milieu de trois siècles : regardez. Moi je m'habille en montagnard, je vous en ai prévenu; car, aussitôt le souper, il faut que je sorte.

— Et quelles sont, parmi ces épées, ces arquebuses et ces poignards, les armes historiques dont vous parlez?

— Il y en a trois; procédons par ordre. Cherchez au chevet de mon lit un poignard isolé à large coquille, au pommeau formant un cachet.

— J'y suis. Eh bien?

— C'est la dague de Sampiero.

— Du fameux Sampiero, l'assassin de Vanina?

— L'assassin! non, le meurtrier.

— C'est la même chose, il me semble.

— Dans le reste du monde peut-être, pas en Corse.

— Et ce poignard est authentique?

— Voyez! il porte les armes de Sampiero; seulement la fleur de lis de France n'y est point encore; vous savez que Sampiero n'a été autorisé à mettre la fleur de lis dans son blason qu'après le siége de Perpignan.

— Non, j'ignorais cette circonstance. Et comment ce poignard est-il passé en votre possession?

— Oh! il est dans la famille depuis trois cents ans. Il a été donné à un Napoléon de Franchi par Sampiero lui-même.

— Et savez-vous à quelle occasion?

— Oui, Sampiero et mon aïeul tombèrent dans une embuscade génoise et se défendirent comme des lions; le casque de Sampiero se détacha, et un Génois à cheval allait le frapper de sa masse lorsque mon ancêtre lui enfonça son poignard au défaut de la cuirasse; le cavalier, se sentant blessé, piqua son cheval et s'enfuit emportant le poignard de Napoleone, si profondément enfoncé dans la blessure, que celui-ci ne put l'en arracher; or, comme mon aïeul tenait, à ce qu'il paraît, à ce poignard, et qu'il regrettait de l'avoir perdu, Sampiero lui donna le sien. Napoleone n'y perdit point, car celui-ci est de fabrique espagnole comme vous pouvez voir, et perce deux pièces de cinq francs superposées.

— Puis-je tenter l'essai?

— Parfaitement.

Je mis deux pièces de cinq francs sur le parquet, et je frappai un coup vigoureux et sec.

Lucien ne m'avait pas trompé.

Lorsque je relevai le poignard, les deux pièces étaient fixées à la pointe, percées de part en part.

— Allons, allons, dis-je, c'est bien le poignard de Sampiero. Ce qui m'étonne seulement, c'est que, ayant une pareille arme, il se soit servi d'une corde pour tuer sa femme.

— Il ne l'avait plus, me dit Lucien, puisqu'il l'avait donnée à mon aïeul.

— C'est juste.

— Sampiero avait plus de soixante ans lorsqu'il revint exprès de Constantinople à Aix pour donner cette grande leçon au monde, que ce n'est pas aux femmes à se mêler des affaires d'État.

Je m'inclinai en signe d'adhésion, et remis le poignard à sa place.

— Et maintenant, dis-je à Lucien, qui s'habillait toujours, voici le poignard de Sampiero à son clou; passons à un autre.

— Vous voyez deux portraits à côté l'un de l'autre?

— Oui, Paoli et Napoléon.

— Eh bien! près du portrait de Paoli est une épée.

— Parfaitement.

— C'est la sienne.

— L'épée de Paoli! Et aussi authentique que le poignard de Sampiero?

— Au moins, car, comme lui, elle a été donnée, non pas à un de mes aïeux, mais à une de mes aïeules.

— A une de vos aïeules?

— Oui. Peut-être avez-vous entendu parler de cette femme qui, au moment de la guerre de l'indépendance, vint se présenter à la tour de Sullacaro, accompagnée d'un jeune homme.

— Non; dites-moi cette histoire.

— Oh! elle est courte.

— Tant pis.

— Nous n'avons pas le temps d'être bavards.

— J'écoute.

— Eh bien! cette femme et ce jeune homme se présentèrent donc à la tour de Sullacaro, demandant à parler à Paoli; mais, comme Paoli était occupé à écrire, on leur refusa l'entrée, et, comme la femme insistait, les deux sentinelles l'écartèrent. Cependant Paoli, qui avait entendu du bruit, ouvrit la porte, et demanda qui l'avait causé.

« — C'est moi, dit cette femme, car je voulais te parler.

« — Et que venais-tu me dire?

« — Je venais te dire que j'avais deux fils. J'ai appris hier que le premier avait été tué pour la défense de la patrie, et j'ai fait vingt lieues pour t'amener le second. »

— C'est une scène de Sparte que vous me racontez là.

— Oui, cela y ressemble beaucoup.

— Et quelle était cette femme?

— C'était mon aïeule. Paoli détacha son épée et la lui donna.

— Tiens, j'aime assez cette façon de faire des excuses à une femme.

— Elle était digne de l'un et de l'autre, n'est-ce pas?

— Et maintenant, ce sabre?

— Est celui que Bonaparte portait à la bataille des Pyramides.

— Sans doute, il est entré dans votre famille de la même manière que le poignard et l'épée?

— Absolument. Après la bataille, Bonaparte donna l'ordre à mon grand-père, officier dans les guides, de charger, avec une cinquantaine d'hommes, un noyau de mameluks qui tenaient encore autour d'un chef blessé. Mon grand-père obéit, dispersa les mameluks et ramena le chef au premier consul. Mais, lorsqu'il voulut rengaîner, la lame de son sabre était tellement hachée par les damas des mameluks, qu'elle ne put jamais rentrer au fourreau. Mon grand-père alors jeta loin de lui sabre et fourreau, comme devenus inutiles; ce que voyant Bonaparte, il lui donna le sien.

— Mais, dis-je, à votre place, j'aimerais autant avoir le sabre de mon grand-père, tout haché qu'il était, que celui du général en chef, tout intact qu'il s'est conservé.

— Aussi regardez en face, et vous le trouverez.

Le premier consul le ramassa, fit incruster à la poignée le diamant que vous y voyez, et le renvoya à ma famille avec l'inscription que vous pouvez lire sur la lame.

Effectivement, entre les deux fenêtres, à moitié sorti du fourreau où il ne pouvait plus rentrer, pendait le sabre, haché et tordu, avec cette simple inscription :

Bataille des Pyramides, 21 *juillet* 1798.

En ce moment, le même serviteur qui m'avait introduit, et qui était venu m'annoncer l'arrivée de son jeune maître, reparut sur le seuil.

— Excellence, dit-il en s'adressant à Lucien, madame de Franchi vous fait prévenir que le souper est servi.

— C'est bien, Griffo, répondit le jeune homme; dites à ma mère que nous descendons.

En ce moment, il sortit du cabinet, habillé, comme il le disait, en montagnard, c'est-à-dire avec une veste ronde de velours, une culotte et des guêtres; de son autre costume, il n'avait gardé que la cartouchière qui serrait sa taille.

Il me trouva occupé à regarder deux carabines pendues en face l'une de l'autre, et portant toutes deux cette date incrustée sur la crosse :

21 *septembre* 1819, *onze heures du matin.*

— Et ces carabines, demandai-je, sont-ce aussi des armes historiques?

— Oui, dit-il, pour nous, du moins. L'une est celle de mon père.

Il s'arrêta.

— Et l'autre? demandai-je.

— Et l'autre, dit-il en riant, l'autre est celle de ma mère. Mais descendons, vous savez qu'on nous attend.

Et, passant le premier pour m'indiquer le chemin, il me fit signe de le suivre.

V

J'avoue que je descendis préoccupé de cette dernière phrase de Lucien :

« — Celle-ci, c'est la carabine de ma mère. »

Cela me fit regarder, avec plus d'attention encore que je ne l'avais fait à la première entrevue, madame de Franchi.

Son fils, en entrant dans la salle à manger, lui baisa respectueusement la main, et elle reçut cet hommage avec la dignité d'une reine.

— Pardon, ma mère, dit Lucien; mais je crains de vous avoir fait attendre.

— En tout cas, ce serait ma faute, madame, dis-je en m'inclinant; M. Lucien m'a dit et montré des choses si curieuses, que, par mes questions sans fin, je l'ai mis en retard.

— Rassurez-vous, me dit-elle, je descends à l'instant même; mais, continua-t-elle en s'adressant à son fils, j'avais hâte de te voir pour te demander des nouvelles de Louis.

— Votre fils serait-il souffrant? demandai-je à madame de Franchi.

— Lucien le craint, dit-elle

— Vous avez reçu une lettre de votre frère? demandai-je.

— Non, dit-il, et voilà surtout ce qui m'inquiète.

— Mais comment savez-vous qu'il est souffrant?

— Parce que ces jours passés j'ai souffert moi-même.

— Pardon de ces éternelles questions, mais cela ne m'explique pas...

— Ne savez-vous point que nous sommes jumeaux?

— Si fait, mon guide me l'a dit.

— Ne savez-vous pas que, lorsque nous sommes venus au monde, nous nous tenions encore par le côté?

— Non, j'ignorais cette circonstance.

— Eh bien! il a fallu un coup de scalpel pour nous séparer; ce qui fait que, tout éloignés que nous sommes maintenant, nous avons toujours un même corps, de sorte que l'impression, soit physique, soit morale, que l'un de nous deux éprouve a son contre-coup sur l'autre. Eh bien! ces jours-ci, sans motif aucun, j'ai été triste, morose, sombre. J'ai ressenti des serrements de cœur cruels : il est évident que mon frère éprouve quelque profond chagrin.

Je regardai avec étonnement ce jeune homme, qui m'affirmait une chose si étrange sans paraître éprouver aucun doute ; sa mère, au reste, semblait éprouver la même conviction.

Madame de Franchi sourit tristement et dit :

— Les absents sont dans la main de Dieu. Le principal est que tu sois sûr qu'il vit.

— S'il était mort, dit tranquillement Lucien, je l'aurais revu.

— Et tu me l'aurais dit, n'est-ce pas, mon fils?

— Oh ! à l'instant même, je vous le jure, ma mère.

— Bien... Pardon, monsieur, continua-t-elle en se retournant de mon côté, de ne pas avoir su réprimer devant vous mes inquiétudes maternelles : c'est que non-seulement Louis et Lucien sont mes fils, mais encore ce sont les derniers de notre nom... Veuillez vous asseoir à ma droite... Lucien, mets-toi là.

Et elle indiqua au jeune homme la place vacante à sa gauche.

Nous nous assîmes à l'extrémité d'une longue table, au bout opposé de laquelle étaient mis six autres couverts, destinés à ce qu'on appelle en Corse la famille, c'est-à-dire à ces personnages qui, dans les grandes maisons, tiennent le milieu entre les maîtres et les domestiques.

La table était copieusement servie.

Mais j'avoue que, quoique doué pour le moment d'une faim dévorante, je me contentai de l'assouvir matériellement, sans que mon esprit préoccupé me permît de savourer aucun des plaisirs délicats de la gastronomie. En effet, il me semblait en entrant dans cette maison être entré dans un monde étranger, où je vivais comme dans un rêve.

Qu'était-ce donc que cette femme qui avait sa carabine comme un soldat?

Qu'était-ce donc que ce frère qui éprouvait les mêmes douleurs qu'éprouvait son autre frère à trois cents lieues de lui?

Qu'était-ce que cette mère qui faisait jurer à son fils que s'il revoyait son autre fils mort, il le lui dirait?

Il y avait dans tout ce qui m'arrivait, on en conviendra, ample matière à rêverie.

Cependant, comme je m'aperçus que le silence que je gardais était impoli, je relevai le front en secouant la tête, comme pour en écarter toutes ces idées.

La mère et le fils virent à l'instant même que je voulais en revenir à la conversation.

— Et, me dit Lucien, comme s'il eût repris une conversation interrompue, vous vous êtes donc décidé à venir en Corse?

— Oui, vous le voyez ; depuis longtemps j'avais ce projet, et je l'ai enfin mis à exécution.

— Ma foi, vous avez bien fait de ne pas trop tarder, car, dans quelques années, avec l'envahissement successif des goûts et des mœurs français, ceux qui viendront ici pour y chercher la Corse ne la trouveront plus.

— En tout cas, repris-je, si l'ancien esprit national recule devant la civilisation et se réfugie dans quelque coin de l'île, ce sera certainement dans la province de Sartène et dans la vallée du Tavaro.

— Vous croyez cela? me dit en souriant le jeune homme.

— Mais il me semble que ce que j'ai autour de moi, ici même, et sous les yeux, est un beau et noble tableau des vieilles mœurs corses.

— Oui, et cependant entre ma mère et moi, en face de quatre cents ans de souvenir, dans cette même maison à créneaux et à machicoulis, l'esprit français est venu chercher mon frère, nous l'a enlevé, l'a transporté à Paris, d'où il va nous revenir avocat.

Il habitera Ajaccio au lieu d'habiter la maison de ses pères ; il plaidera ; s'il a du talent, il sera nommé procureur du roi peut-être ; alors il poursuivra les pauvres diables qui ont *fait une peau*, comme on dit dans le pays ; il confondra l'assassin avec le meurtrier, comme vous le faisiez tantôt vous-même ; il demandera, au nom de la loi, la tête de ceux qui auront fait ce que leurs pères regardaient comme un déshonneur de ne pas faire ; il substituera le jugement des hommes au jugement de Dieu, et le soir, quand il aura recruté une tête pour le bourreau, il croira avoir servi le pays, avoir apporté sa pierre au temple de la civilisation... comme dit notre préfet... Eh ! mon Dieu ! mon Dieu !

Et le jeune homme leva les yeux au ciel comme dut le faire Annibal après la bataille de Zama.

— Mais, lui répondis-je, vous voyez bien que Dieu a voulu contre-balancer les choses, puisque, tout en faisant votre frère sectateur des nouveaux principes, il vous a fait, vous, partisan des vieilles habitudes.

— Oui, mais qui me dit que mon frère ne suivra pas l'exemple de son oncle au lieu de suivre le mien, et moi-même, tenez, est-ce que je ne me laisse pas aller à des choses indignes d'un de Franchi?

— Vous? m'écriai-je avec étonnement.

— Eh ! mon Dieu ! oui, moi. Voulez-vous que je vous dise ce que vous êtes venu chercher dans la province de Sartène?

— Dites.

— Vous êtes venu avec votre curiosité d'homme du monde, d'artiste ou de poëte : je ne sais pas ce que vous êtes, je ne vous le demande pas ; vous nous le direz en nous quittant, si cela vous fait plaisir ; sinon, notre hôte, vous garderez le silence : vous êtes parfaitement libre...

Eh bien ! vous êtes venu dans l'espoir de voir quelque village en vendette, d'être mis en relation

— Eh bien ! puisqu'elle est à toi, mange-la. — Page 14.

avec quelque bandit bien original, comme ceux que M. Mérimée a peints dans *Colomba*.

— Eh bien ! il me semble que je ne suis pas si mal tombé, répondis-je ; ou j'ai mal vu, ou votre maison est la seule dans le village qui ne soit pas fortifiée.

— Ce qui prouve que moi aussi je dégénère ; mon père, mon grand-père, mon aïeul, un de mes ancêtres quelconque, eût pris parti pour l'une ou l'autre des deux factions qui divisent le village depuis dix ans.

Eh bien ! moi, savez-vous ce que je suis dans tout cela, au milieu des coups de fusil, au milieu des coups de stylet, au milieu des coups de couteau ? je suis arbitre. Vous êtes venu dans la province de Sartène pour voir des bandits, n'est-ce pas ? Eh bien ! venez avec moi ce soir, je vous en montrerai un.

— Comment, vous permettez que je vous accompagne ?

— Oh ! mon Dieu oui, si cela peut vous amuser, il ne tient qu'à vous.

— Par exemple, j'accepte, et avec grand plaisir.

— Monsieur est bien fatigué, dit madame de

Franchi en jetant un coup d'œil à son fils, comme si elle eût partagé la honte qu'il éprouvait à voir la Corse dégénérer ainsi.

— Non, ma mère, non, il faut qu'il vienne, au contraire; et lorsque dans quelque salon parisien on parlera devant monsieur de ces terribles vendettes et de ces implacables bandits corses qui font encore peur aux petits enfants de Bastia et d'Ajaccio, du moins il pourra lever les épaules et dire ce qu'il en est.

— Mais pour quel motif était venue cette grande querelle, qui, autant que j'en puis juger par ce que vous me dites, est sur le point de s'éteindre?

— Oh! dit Lucien, dans une querelle, ce n'est pas le motif qui fait quelque chose, c'est le résultat. Si une mouche en volant de travers a causé la mort d'un homme, il n'y en a pas moins un homme mort.

Je vis qu'il hésitait lui-même à me dire la cause de cette guerre terrible qui depuis dix ans désolait le village de Sullacaro.

Mais, comme on le comprend bien, plus il se faisait discret, plus je me fis exigeant.

— Cependant, dis-je, cette querelle a un motif. Ce motif est-il un secret?

— Mon Dieu non. La chose est née entre les Orlandi et les Colona.

— A quelle occasion?

— Eh bien! une poule s'est échappée de la basse-cour des Orlandi et s'est envolée dans celle des Colona.

Les Orlandi ont été réclamer leur poule; les Colona ont soutenu qu'elle était à eux; les Orlandi ont menacé les Colona de les conduire devant le juge de paix, et de leur déférer le serment.

Alors la vieille mère, qui tenait la poule, lui a tordu le cou et l'a jetée à la figure de sa voisine en lui disant: « Eh bien! puisqu'elle est à toi, mange-la. » Alors un Orlandi a ramassé la poule par les pattes, et a voulu en frapper celle qui l'avait jetée à la figure de sa sœur. Mais, au moment où il levait la main, un Colona, qui, par malheur, avait son fusil tout chargé, lui a envoyé une balle à bout portant et l'a tué.

— Et combien d'existences ont payé cette rixe?

— Il y a eu neuf personnes tuées.

— Et cela pour une misérable poule qui valait douze sous!

— Sans doute; mais je vous le disais tout à l'heure, ce n'est pas la cause, c'est le résultat qu'il faut voir.

— Et parce qu'il y a eu neuf personnes de tuées, il faut qu'il y en ait une dixième?

— Mais vous voyez bien que non, reprit Lucien, puisque je me suis fait arbitre.

— Sans doute à la prière d'une des deux familles?

— Oh! mon Dieu non, à celle de mon frère, à qui on a parlé chez le garde des sceaux. Je vous demande un peu de quoi diable ils se mêlent à Paris de s'occuper de ce qui se passe dans un misérable village de la Corse. C'est le préfet qui nous aura joué ce tour, en disant que, si je voulais dire un mot, tout cela finirait comme un vaudeville, par un mariage et un couplet au public; alors on se sera adressé à mon frère, qui a pris la balle au bond, et qui m'a écrit en disant qu'il avait donné sa parole pour moi. Que voulez-vous? dit le jeune homme en relevant la tête, on ne pouvait pas dire là-bas qu'un de Franchi avait engagé la parole de son frère, et que son frère n'a pas fait honneur à l'engagement.

— Alors vous avez tout arrangé?

— J'en ai peur!

— Et nous allons voir ce soir le chef de l'un des deux partis, sans doute?

— Justement; la nuit passée, j'ai été voir l'autre.

— Et est-ce à un Orlandi ou à un Colona que nous allons faire visite?

— A un Orlandi.

— Le rendez-vous est loin d'ici?

— Dans les ruines du château de Vincentello d'Istria.

— Ah! c'est vrai!... on m'a dit que ces ruines étaient dans les environs.

— A une lieue environ.

— Ainsi, en trois quarts d'heure à peu près nous y serons?

— Tout au plus.

— Lucien, dit madame de Franchi, fais attention que tu parles pour toi. A toi, montagnard, il te faut trois quarts d'heure à peine; mais monsieur ne passera point par les chemins où tu passes, toi.

— C'est vrai; il nous faudra une heure et demie au moins.

— Il n'y a donc pas de temps à perdre, dit madame de Franchi en jetant les yeux sur la pendule.

— Ma mère, dit Lucien, vous permettez que nous vous quittions?

Elle lui tendit la main, que le jeune homme baisa avec le même respect qu'il avait fait en arrivant.

— Si cependant, reprit Lucien, vous préférez achever tranquillement votre souper, remonter dans votre chambre, et vous chauffer les pieds en fumant votre cigare...

— Non pas! non pas! m'écriai-je... Diable! vous m'avez promis un bandit; il me le faut.

— Eh bien! allons donc prendre nos fusils, et en route.

Je saluai respectueusement madame de Franchi, et nous sortîmes, précédés par Griffo, qui nous éclairait.

Nos préparatifs ne furent pas longs.

Je ceignis une ceinture de voyage que j'avais fait faire avant de partir de Paris, à laquelle pendait une espèce de couteau de chasse, et qui renfermait d'un côté ma poudre, et de l'autre mon plomb.

Quant à Lucien, il reparut avec sa cartouchière, un fusil à deux coups de Manton, et un bonnet pointu, chef-d'œuvre de broderie sorti des mains de quelque Pénélope de Sullacaro.

—Irai-je avec Votre Excellence? demanda Griffo.

— Non, c'est inutile, reprit Lucien, seulement lâche Diamante; il serait possible qu'il nous fît lever quelque faisan, et, par ce clair de lune-là, on pourrait tirer comme en plein jour. Un instant après, un grand chien épagneul bondissait en hurlant de joie autour de nous.

Nous fîmes dix pas hors de la maison.

— A propos, dit Lucien en se retournant, préviens dans le village que si l'on entend quelque coup de fusil dans la montagne, c'est nous qui les aurons tirés.

— Soyez tranquille, Excellence.

— Sans cette précaution, reprit Lucien, peut-être aurait-on pu croire que les hostilités étaient recommencées, et aurions-nous entendu l'écho de nos fusils retentir dans les rues de Sullacaro. Nous fîmes quelques pas encore, puis nous prîmes à notre droite une petite ruelle qui conduisait directement à la montagne.

VI

Quoique nous fussions arrivés au commencement de mars à peine, le temps était magnifique, et l'on aurait pu dire qu'il était chaud sans une charmante brise qui, tout en nous rafraîchissant, nous apportait cet âcre et vivace parfum de la mer.

La lune se levait, claire et brillante, derrière le mont de Cagna, et l'on eût dit qu'elle versait des cascades de lumière sur tout le versant occidental qui sépare la Corse en deux parties, et fait en quelque sorte d'une seule île deux pays différents toujours en guerre, ou du moins en haine l'un contre l'autre.

A mesure que nous montions, et que les gorges où coule le Tavaro s'enfonçaient dans une nuit dont l'œil cherchait en vain à pénétrer l'obscurité, nous voyions la Méditerranée calme, et pareille à un vaste miroir d'acier bruni, se dérouler à l'horizon.

Certains bruits particuliers à la nuit, soit qu'ils disparaissent le jour sous d'autres bruits, soit qu'ils s'éveillent véritablement avec les ténèbres, se faisaient entendre, et produisaient, non pas sur Lucien, qui, familier avec eux, pouvait les reconnaître, mais sur moi, à qui ils étaient étrangers, des sensations de surprise singulières, et qui entretenaient dans mon esprit cette émotion continuelle qui donne un intérêt puissant à tout ce qu'on voit.

Arrivés à une espèce de petit embranchement où la route se divisait en deux, c'est-à-dire en un chemin qui paraissait faire le tour de la montagne, et un sentier à peine visible qui piquait droit sur elle, Lucien s'arrêta.

— Voyons, me dit-il, avez-vous le pied montagnard?

— Le pied, oui, mais pas l'œil.

— C'est-à-dire que vous avez des vertiges?

— Oui, le vide m'attire irrésistiblement.

— Alors nous pouvons prendre par ce sentier, qui ne nous offrira pas de précipices, mais seulement des difficultés de terrain.

— Oh! pour les difficultés de terrain, cela m'est égal.

— Prenons donc ce sentier; il nous épargne trois quarts d'heure de marche.

— Prenons ce sentier.

Lucien s'engagea le premier à travers un petit bois de chênes verts dans lequel je le suivis.

Diamante marchait à cinquante ou soixante pas de nous, battant le bois à droite et à gauche, et de temps en temps revenant par le sentier, remuant gaiement la queue pour nous annoncer que nous pouvions, sans danger et confiants dans son instinct, continuer tranquillement notre route.

On voyait que, comme les chevaux à deux fins de ces demi-fashionables, agents de change le matin, lions le soir, et qui veulent à la fois une bête de selle et de cabriolet, Diamante était dressé à chasser le bipède et le quadrupède, le bandit et le sanglier.

Pour n'avoir pas l'air d'être tout à fait étranger aux mœurs corses, je fis part de mon observation à Lucien.

— Vous vous trompez, dit-il; Diamante chasse effectivement à la fois l'homme et l'animal, mais l'homme qu'il chasse n'est point le bandit : c'est la triple race du gendarme, du voltigeur et du volontaire.

Orlandi.

— Comment, demandai-je, Diamante est donc un chien de bandit?

— Comme vous le dites. Diamante appartenait à un Orlandi, à qui j'envoyais quelquefois, dans la campagne, du pain, de la poudre, des balles, les différentes choses enfin dont un bandit a besoin. Il a été tué par un Colona, et j'ai reçu le lendemain son chien, qui, ayant l'habitude de venir à la maison, m'a facilement pris en amitié.

— Mais il me semble, dis-je, que de ma chambre, ou plutôt de celle de votre frère, j'ai aperçu un autre chien que Diamante?

— Oui, celui-là c'est Brusco; il a les mêmes qualités que celui-ci; seulement il me vient d'un Colona qui a été tué par un Orlandi. Il en résulte que, lorsque je vais faire visite à un Colona, je prends Brusco, et que, quand, au contraire, j'ai affaire à un Orlandi, je détache Diamante. Si on a le malheur de les lâcher tous les deux en même temps, ils se dévorent. Aussi, continua Lucien en riant de son sourire amer, les hommes peuvent se raccommoder, eux, faire la paix, communier de la même hostie; les chiens ne mangeront jamais à la même écuelle.

— A la bonne heure, repris-je à mon tour en riant, voilà deux vrais chiens corses; mais il me semble que Diamante, comme tous les cœurs mo-

Nous arrivâmes sur une espèce de plate-forme dominée par quelques murailles en ruines. — Page 18.

destes, se dérobe à nos louanges; depuis que la conversation roule sur lui, nous ne l'avons pas aperçu.

— Oh! que cela ne vous inquiète pas, dit Lucien; je sais où il est.

— Et où est-il, sans indiscrétion?

— Il est au *Mucchio.*

J'allais encore hasarder une question, au risque de fatiguer mon interlocuteur, lorsqu'un hurlement se fit entendre, si triste, si prolongé et si lamentable, que je tressaillis et que je m'arrêtai en portant la main sur le bras du jeune homme.

— Qu'est-ce que cela? lui demandai-je.

— Rien; c'est Diamante qui pleure.

— Et qui pleure-t-il?

— Son maître. Croyez-vous donc que les chiens soient des hommes pour oublier ceux qui les ont aimés?

— Ah! je comprends, dis-je.

Diamante fit entendre un second hurlement plus prolongé, plus triste et plus lamentable encore que le premier.

— Oui, continuai-je, son maître a été tué, m'avez-vous dit, et nous approchons de l'endroit où il a été tué.

— Justement, et Diamante nous a quittés pour aller au Mucchio.

Paris. — Imp. Simon Raçon & Cie, rue d'Erfurth, 1.

— Le Mucchio, alors, c'est la tombe?

— Oui, c'est-à-dire le monument que chaque passant, en y jetant une pierre et une branche d'arbre, dresse sur la fosse de tout homme assassiné. Il en résulte qu'au lieu de s'affaisser comme les autres fosses sous les pas de ce grand niveleur qu'on appelle le temps, le tombeau de la victime grandit toujours, symbole de la vengeance qui doit lui survivre et grandir incessamment au cœur de ses plus proches parents.

Un troisième hurlement retentit, mais cette fois si près de nous, que je ne pus m'empêcher de frissonner, quoique la cause me fût cette fois parfaitement connue.

En effet, au détour d'un sentier, je vis blanchir, à une vingtaine de pas de nous, un tas de pierres formant une pyramide de quatre ou cinq pieds de hauteur. C'était le Mucchio.

Au pied de cet étrange monument, Diamante était assis, le cou tendu, la gueule ouverte. Lucien ramassa une pierre, et, ôtant son bonnet, s'approcha du Mucchio.

J'en fis autant, me modelant de tous points sur lui.

Arrivé près de la pyramide, il cassa une branche de chêne vert, jeta d'abord la pierre, puis la branche; puis enfin fit avec le pouce ce signe de croix rapide, habitude corse s'il en fût, et qui échappait à Napoléon lui-même en certaines circonstances terribles.

Je l'imitai jusqu'au bout.

Puis nous nous remîmes en route, silencieux et pensifs.

Diamante resta en arrière.

Au bout de dix minutes à peu près, nous entendîmes un dernier hurlement, et presque aussitôt Diamante, la tête et la queue basses, passa près de nous, piqua une pointe d'une centaine de pas, et se remit à faire son métier d'éclaireur.

VII

Cependant nous avancions toujours, et, comme m'en avait prévenu Lucien, le sentier devenait de plus en plus escarpé.

Je mis mon fusil en bandoulière, car je vis que j'allais bientôt avoir besoin de mes deux mains. Quant à mon guide, il continuait de marcher avec la même aisance, et ne paraissait même pas s'apercevoir de la difficulté du terrain.

Après quelques minutes d'escalade à travers les roches, et à l'aide de lianes et de racines, nous arrivâmes sur une espèce de plate-forme dominée par quelques murailles en ruines. Ces ruines étaient celles du château de Vicentello d'Istria, qui formaient le but de notre voyage.

Au bout de cinq minutes d'une nouvelle escalade, plus difficile encore et plus escarpée que la première, Lucien, arrivé sur la dernière terrasse, me tendit la main et me tira à lui.

— Allons, allons, me dit-il, vous ne vous en tirez pas mal pour un Parisien.

— Cela tient à ce que le Parisien que vous venez d'aider à faire sa dernière enjambée a déjà fait quelques excursions de ce genre.

— Oui, dit Lucien en riant, n'avez-vous pas près de Paris une montagne qu'on appelle Montmartre?

— Oui, mais, outre Montmartre, que je ne renie pas, j'ai encore gravi quelques autres montagnes qu'on appelle le Righi, le Faulhorn, la Gemmi, le Vésuve, Stromboli, l'Etna.

— Oh! mais maintenant voilà que, tout au contraire, c'est vous qui allez me mépriser de ce que je n'ai jamais gravi que le Monte-Rotondo. En tout cas, nous voici arrivés. Il y a quatre siècles, mes aïeux vous auraient ouvert leur porte, et vous auraient dit : « — Soyez le bienvenu dans notre château. » Aujourd'hui, leur descendant vous montre cette brèche, et vous dit : « — Soyez le bienvenu dans nos ruines. »

— Ce château a-t-il donc appartenu à votre famille depuis la mort de Vicentello d'Istria? demandai-je alors, reprenant la conversation où nous l'avions laissée.

— Non; mais, avant sa naissance, c'était la demeure de notre aïeule à tous, la fameuse Savilia, veuve de Lucien de Franchi.

— N'y a-t-il pas dans Philippini une terrible histoire sur cette femme?

— Oui. . S'il faisait jour, vous pourriez encore voir d'ici les ruines du château de Valle : c'était là qu'habitait le seigneur de Giudice, aussi haï qu'elle était aimée, aussi laid qu'elle était belle. Il en devint amoureux, et, comme elle ne se hâtait pas de répondre à cet amour selon ses désirs, il la fit prévenir que, si elle ne se décidait pas à l'accepter pour époux dans un temps donné, il saurait bien l'enlever de force. Savilia fit sembler de céder, et invita Giudice à venir dîner avec elle. Giudice, au comble de la joie et oubliant qu'il n'était parvenu à ce résultat flatteur qu'à l'aide de la menace, se rendit à l'invitation, accompagné de quelques serviteurs seulement. Derrière eux, on referma la porte, et, cinq minutes après, Giudice, prisonnier, était enfermé dans un cachot.

Je passai par le chemin indiqué, et je me trouvai dans une espèce de cour carrée.

A travers les ouvertures creusées par le temps, la lune jetait sur le sol, jonché de décombres, de grandes flaques de lumière. Toutes les autres portions de terrain demeuraient dans l'ombre projetée par les murailles restées debout.

Lucien tira sa montre :

— Ah! dit-il nous sommes de vingt minutes en avance; asseyons-nous : vous devez être fatigué.

Nous nous assîmes, ou plutôt nous nous couchâmes sur une pente gazonneuse faisant face à une grande brèche.

— Mais il me semble que ce n'est pas l'histoire entière.

— Non, continua Lucien, car, tous les matins et tous les soirs, Savilia descendait dans le cachot attenant à celui où était enfermé Giudice, et là, séparée de lui par une grille seulement, elle se déshabillait, et, se montrant nue au captif :

« — Giudice, lui disait-elle, comment un homme aussi laid que toi a-t-il jamais pu croire qu'il posséderait tout cela? » Ce supplice dura trois mois, se renouvelant deux fois par jour. Mais, au bout de trois mois, grâce à une femme de chambre qu'il séduisit, Giudice parvint à s'enfuir. Il revint alors avec tous ses vassaux, beaucoup plus nombreux que ceux de Savilia, prit le château d'assaut, et, ayant pris Savilia à son tour, l'exposa nue dans une grande cage de fer, à un carrefour de la forêt appelé Boca di Cilaccia, offrant lui-même la clef de cette cage à tous ceux que sa beauté tentait en passant. Au bout de trois jours de cette prostitution publique, Savilia était morte.

— Eh bien! mais, répondis-je, il me semble que vos aïeux n'entendaient pas mal la vengeance, et qu'en se tuant tout bonnement d'un coup de fusil ou d'un coup de poignard leurs descendants sont un peu dégénérés.

— Sans compter qu'ils en arriveront à ne plus se tuer du tout. Mais, au moins, reprit le jeune homme, cela ne s'est point passé ainsi dans notre famille. Les deux fils de Savilia, qui étaient à Ajaccio sous la garde de leur oncle, furent élevés comme de vrais Corses, et continuèrent de faire la guerre aux fils de Giudice. Cette guerre dura quatre siècles, et a fini seulement, comme vous avez pu le voir sur les carabines de mon père et de ma mère, le 21 septembre 1819, à onze heures du matin.

— En effet, je me rappelle cette inscription, dont je n'ai pas eu le temps de vous demander l'explication; car, au moment même où je venais de la lire, nous descendîmes pour dîner.

— La voici : De la famille des Giudice il ne restait plus en 1819 que deux frères; de la famille des Franchi il ne restait plus que mon père, qui avait épousé sa cousine. Trois mois après ce mariage, les Giudice résolurent d'en finir d'un seul coup avec nous. L'un des frères s'embusqua sur la route d'Olmedo pour attendre mon père, qui revenait de Sartène, tandis que l'autre, profitant de cette absence, devait donner l'assaut à notre maison. La chose fut exécutée selon ce plan, mais tourna tout autrement que ne s'y attendaient les agresseurs. Mon père, prévenu, se tint sur ses gardes; ma mère, avertie, rassembla nos bergers, de sorte qu'au moment de cette double attaque chacun était en défense : mon père sur la montagne, ma mère dans ma chambre même. Or, au bout de cinq minutes de combat, les deux frères Giudice tombaient, l'un frappé par mon père, l'autre frappé par ma mère. En voyant choir son ennemi, mon père tira sa montre : *Il était onze heures!* En voyant tomber son adversaire, ma mère se retourna vers la pendule : *Il était onze heures!* Tout avait été fini dans la même minute; il n'existait plus de Giudice, la race était détruite. La famille Franchi, victorieuse, fut désormais tranquille, et, comme elle avait dignement accompli son œuvre pendant cette guerre de quatre siècles, elle ne se mêla plus de rien; seulement mon père fit graver la date et l'heure de cet étrange événement sur la crosse de chacune des carabines qui avaient fait le coup, et les accrocha de chaque côté de la pendule, à la même place où vous les avez vues. Sept mois après, ma mère accoucha de deux jumeaux, l'un desquels est votre serviteur, le Corse Lucien, et l'autre le philanthrope Louis, son frère.

En ce moment, sur une des portions de terrain éclairé par la lune, je vis projeter l'ombre d'un homme et celle d'un chien.

C'était celle du bandit Orlandi, et celle de notre ami Diamante.

En même temps, nous entendîmes le timbre de l'horloge de Sullacaro qui sonnait lentement neuf heures.

Maître Orlandi était, à ce qu'il paraît, de l'opinion de Louis XV, qui avait, comme on le sait, pour maxime que l'exactitude était la politesse des rois.

Il était impossible d'être plus exact que ne l'était ce roi de la montagne, auquel Lucien avait donné rendez-vous à neuf heures sonnant.

En l'apercevant, nous nous levâmes tous deux.

VIII

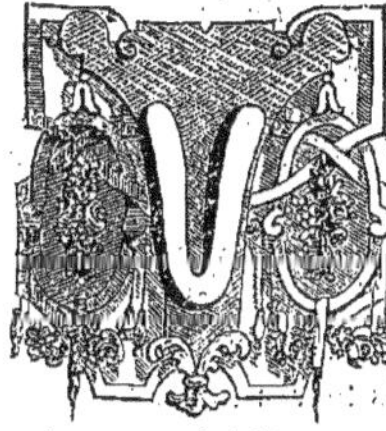

ous n'êtes pas seul, monsieur Lucien? dit le bandit.

— Ne vous inquiétez pas de cela, Orlandi; monsieur est un ami à moi qui a entendu parler de vous et qui désirait vous faire visite. Je n'ai pas cru devoir lui refuser ce plaisir.

— Monsieur est le bienvenu à la campagne, dit le bandit en s'inclinant et en faisant ensuite quelques pas vers nous.

Je lui rendis son salut avec la plus ponctuelle politesse.

— Vous devez déjà être arrivés depuis quelque temps? continua Orlandi.

— Oui, depuis vingt minutes.

— C'est cela : j'ai entendu la voix de Diamante qui hurlait au Mucchio, et déjà depuis un quart d'heure il est venu me rejoindre. C'est une bonne et fidèle bête, n'est-ce pas, monsieur Lucien?

— Oui, c'est le mot, Orlandi, bonne et fidèle, reprit Lucien en caressant Diamante.

— Mais, puisque vous saviez que M. Lucien était là, demandai-je, pourquoi n'êtes-vous pas venu plus tôt?

— Parce que nous n'avions rendez-vous qu'à neuf heures, répondit le bandit, et que c'est être aussi inexact d'arriver un quart d'heure plus tôt que d'arriver un quart d'heure plus tard.

— Est-ce un reproche que vous me faites, Orlandi? dit en riant Lucien.

— Non, monsieur; vous pouviez avoir vos raisons pour cela, vous; d'ailleurs vous êtes en compagnie, et c'est probablement à cause de monsieur que vous avez faussé vos habitudes; car vous aussi, monsieur Lucien, vous êtes exact, et, je le sais mieux que personne, vous vous êtes, Dieu merci! dérangé assez souvent pour moi.

— Ce n'est pas la peine de me remercier de cela, Orlandi, car cette fois-ci sera probablement la dernière.

— N'avons-nous pas quelques mots à échanger à ce sujet, monsieur Lucien? demanda le bandit.

— Oui, et, si vous voulez me suivre...

— A vos ordres.

Lucien se retourna vers moi.

— Vous m'excuserez, n'est-ce pas? me dit-il.

— Comment donc! faites.

Tous deux s'éloignèrent, et, montant sur la brèche par laquelle Orlandi nous était apparu, s'arrêtèrent là debout, se détachant en vigueur sur la lueur de la lune, qui semblait baigner les contours de leurs deux silhouettes sombres d'un fluide d'argent.

Alors seulement je pus regarder Orlandi avec attention.

C'était un homme de haute taille, portant la barbe dans toute sa longueur, et vêtu exactement de la même façon que le jeune de Franchi, à l'exception cependant que ses habits portaient la trace d'un fréquent contact avec le maquis dans lequel vivait leur propriétaire, les ronces à travers lesquelles, plus d'une fois, il avait été obligé de fuir, et la terre sur laquelle il couchait chaque nuit.

Je ne pouvais entendre ce qu'ils disaient, d'abord parce qu'ils étaient à une vingtaine de pas de moi, ensuite parce qu'ils parlaient le dialecte corse.

Mais je m'apercevais facilement à leurs gestes que le bandit réfutait, avec une grande chaleur, une suite de raisonnements que le jeune homme exposait avec un calme qui faisait honneur à l'impartialité qu'il mettait dans cette affaire.

Enfin, les gestes d'Orlandi devinrent moins fréquents et plus énergiques; sa parole elle-même sembla s'alanguir; sur une dernière observation, il baissa la tête; puis enfin, au bout d'un instant, tendit la main au jeune homme.

La conférence, selon toute probabilité, était finie, car tous deux revinrent vers moi.

— Mon cher hôte, me dit le jeune homme, voici Orlandi qui désire vous serrer la main pour vous remercier.

— Et de quoi? lui demandai-je.

— Mais de vouloir bien être un de ses parrains. Je me suis engagé pour vous.

— Si vous vous êtes engagé pour moi, vous comprenez que j'accepte sans même savoir de quoi il est question.

— Je tendis la main au bandit, qui me fit l'honneur de la toucher du bout des doigts.

— De cette façon, continua Lucien, vous pourrez dire à mon frère que tout est arrangé selon ses désirs, et même que vous avez signé au contrat.

— Il y a donc un mariage?

— Non, pas encore; mais peut-être cela viendra-t-il.

Un sourire dédaigneux passa sur les lèvres du bandit.

Un sourire dédaigneux passa sur les lèvres du bandit. — PAGE 20.

— La paix, dit-il, puisque vous la voulez absolument, monsieur Lucien, mais pas d'alliance : ceci n'est point porté au traité.

— Non, dit Lucien, c'est seulement écrit selon toute probabilité dans l'avenir. Mais parlons d'autre chose. N'avez-vous rien entendu pendant que je causais avec Orlandi ?

— De ce que vous disiez ?

— Non, mais de ce que disait un faisan dans les environs d'ici.

— En effet, il me semble que j'ai entendu coqueter ; mais j'ai cru que je me trompais.

— Vous ne vous trompiez pas : il y a un coq branché dans le grand châtaignier que vous savez, monsieur Lucien, à cent pas d'ici. Je l'ai entendu tout à l'heure en passant.

— Eh bien ! mais, dit gaiement Lucien, il faut le manger demain.

— Il serait déjà à bas, dit Orlandi, si je n'avais pas craint qu'on crût au village que je tirais sur autre chose que sur un faisan.

— J'ai prévenu, dit Lucien. A propos, ajouta-t il en se retournant vers moi et en rejetant sur son épaule son fusil qu'il venait d'armer, à vous l'honneur.

— Un instant, je ne suis pas si sûr que vous de

mon coup, moi ; et je tiens beaucoup à manger ma part de votre faisan : ainsi, tirez-le.

— Au fait, dit Lucien, vous n'avez pas comme nous l'habitude de la chasse de nuit, et vous tireriez certainement trop bas, d'ailleurs, si vous n'avez rien à faire demain dans la journée, vous prendrez votre revanche.

IX

Nous sortîmes des ruines par le côté opposé où nous étions entrés, Lucien marchant le premier.

Au moment où nous mettions le pied dans le maquis, le faisan, se dénonçant lui-même, se mit à coqueter de nouveau.

Il était à quatre-vingts pas de nous à peu près, caché dans les branches d'un châtaignier, dont l'approche était de tous côtés défendue par un épais maquis.

— Comment arriverez-vous à lui sans qu'il vous entende? demandai-je à Lucien. Cela ne me paraît pas facile.

— Non, me répondit-il ; si je pouvais seulement le voir, je le tirerais d'ici.

— Comment d'ici? avez-vous un fusil qui tue les faisans à quatre-vingts pas?

— A plomb, non ; à balle, oui.

— Ah! à balle, n'en parlons plus, c'est autre chose ; et vous avez bien fait de vous charger du coup.

— Voulez-vous le voir? demanda Orlandi.

— Oui, dit Lucien, j'avoue que cela me ferait plaisir.

— Attendez, alors.

Et Orlandi se mit à imiter le gloussement de la poule faisane.

Au même instant, sans apercevoir le faisan, nous vîmes un mouvement dans les feuilles du châtaignier ; le faisan montait de branche en branche, tout en répondant par son coquetage aux avances que lui faisait Orlandi.

Enfin, il parut à la cime de l'arbre parfaitement visible, et se détachant en vigueur sur le blanc mat du ciel.

Orlandi se tut et le faisan demeura immobile.

Au même instant, Lucien abaissa son fusil, et, après avoir ajusté une seconde, lâcha le coup.

Le faisan tomba comme une pelote.

— Va chercher, dit Lucien à Diamante.

Le chien s'élança dans le maquis, et, cinq minutes après, revint le faisan dans la gueule.

La balle lui avait traversé le corps.

— Voilà un beau coup, dis-je, et dont je vous fais mon compliment, surtout avec un fusil double.

— Oh! dit Lucien, il y a moins de mérite à ce que j'ai fait que vous ne le pensez ; un des canons est rayé et porte la balle comme une carabine.

— N'importe, même avec une carabine le coup mériterait encore une mention honorable.

— Bah! dit Orlandi, avec une carabine, M. Lucien touche à trois cents pas une pièce de cinq francs.

— Et tirez-vous le pistolet aussi bien que le fusil?

— Mais, dit Lucien, à peu près ; à vingt-cinq pas je couperai toujours six balles sur douze à la lame d'un couteau.

J'ôtai mon chapeau et je saluai Lucien.

— Et votre frère, lui demandai-je, est-il de votre force?

— Mon frère! reprit-il, pauvre Louis! Il n'a jamais touché ni un fusil ni un pistolet. Aussi ma crainte est-elle toujours qu'il ne se fasse à Paris quelque mauvaise affaire. Car, brave comme il est, et pour soutenir l'honneur du pays, il se ferait tuer.

Et Lucien poussa le faisan dans le fond de sa grande poche de velours.

— Maintenant, dit-il, mon cher Orlandi, à demain.

— A demain, monsieur Lucien.

— Je connais votre exactitude ; à dix heures, vous, vos amis et vos parents, vous serez au bout de la rue, n'est-ce pas? Du côté de la montagne, à la même heure, et au bout opposé de la rue, Colona se trouvera de son côté avec ses parents et ses amis. Nous, nous serons sur les marches de l'église.

— C'est dit, monsieur Lucien ; merci de la peine. Et vous, monsieur, continua Orlandi en se tournant de mon côté et en me saluant, merci de l'honneur.

Et, sur cet échange de compliments, nous nous

séparâmes, Orlandi rentrant dans le maquis, et nous reprenant le chemin du village.

Quant à Diamante, il resta un moment indécis entre Orlandi et nous, regardant alternativement à droite et à gauche. Après cinq minutes d'hésitation, il nous fit l'honneur de nous donner la préférence.

J'avoue que je n'avais pas été sans inquiétude, lorsque j'escaladai la double muraille de roches dont j'ai parlé, sur la manière dont je descendrais, la descente, on le sait, étant, en général, bien autrement difficile que la montée.

Je vis avec un certain plaisir que Lucien, devinant sans doute ma pensée, prenait un autre chemin que celui par lequel nous étions venus.

Cette route m'offrait encore un autre avantage : c'était celui de la conversation qu'interrompaient naturellement les endroits escarpés.

Or, comme la pente était douce et le chemin facile, je n'eus pas fait cinquante pas que je me laissai aller à mes interrogations habituelles.

— Ainsi, dis-je, la paix est faite?

— Oui, et, comme vous avez pu voir, ce n'est pas sans peine. Enfin, je lui ai fait comprendre que toutes les avances étaient faites par les Colona. D'abord ils avaient eu cinq hommes tués, tandis que les Orlandi n'en avaient eu que quatre. Les Colona avaient consenti hier à la réconciliation, tandis que les Orlandi n'y consentaient qu'aujourd'hui. Enfin, les Colona s'engageaient publiquement à rendre une poule vivante aux Orlandi, concession qui prouvait qu'ils reconnaissaient avoir eu tort. Cette dernière considération l'a déterminé.

— Et c'est demain que cette touchante réconciliation doit avoir lieu?

— Demain, à dix heures. Vous voyez que vous n'êtes pas encore trop malheureux. Vous espériez voir une vendette !

Le jeune homme reprit en riant d'un rire amer :

— Bah ! la belle chose qu'une vendette ! Depuis quatre cents ans, en Corse, on n'entend parler que de cela. Vous verrez une réconciliation. Ah ! c'est bien autrement rare qu'une vendette !

Je me mis à rire.

— Vous voyez bien, me dit-il, que vous riez de nous, et vous avez raison ; nous sommes, en vérité, de drôles de gens.

— Non, lui dis-je, je ris d'une chose étrange : c'est de vous voir furieux contre vous-même d'avoir si bien réussi.

— N'est-ce pas? Ah ! si vous aviez pu me comprendre, vous eussiez admiré mon éloquence. Mais revenez dans dix ans, et, soyez tranquille, tout ce monde parlera français.

— Vous êtes un excellent avocat.

— Non pas, entendons-nous, je suis arbitre. Que diable voulez-vous? le devoir d'un arbitre, c'est la conciliation. On me nommerait arbitre entre le bon Dieu et Satan que je tâcherais de les raccommoder, quoiqu'au fond du cœur je serais bien convaincu qu'en m'écoutant le bon Dieu ferait une sottise.

Comme je vis que ce genre d'entretien ne faisait qu'aigrir mon compagnon de route, je laissai tomber la conversation, et, comme, de son côté, il n'essaya pas de la relever, nous arrivâmes à la maison sans avoir prononcé un mot de plus.

X

Griffo attendait.

Avant que son maître ne lui adressât une parole, il avait fouillé dans la poche de sa veste et en avait tiré le faisan. Il avait entendu et reconnu le coup de fusil.

Madame de Franchi n'était pas encore couchée ; seulement elle s'était retirée dans sa chambre en chargeant Griffo de prier son fils d'entrer chez elle avant de se coucher.

Le jeune homme s'informa si je n'avais besoin de rien, et, sur ma réponse négative, me demanda la permission de se rendre aux ordres de sa mère.

Je lui donnai toute liberté, et je montai dans ma chambre.

Je la revis avec un certain orgueil. Mes études sur les analogies ne m'avaient pas trompé, et j'étais fier d'avoir deviné le caractère de Louis comme j'eusse deviné celui de Lucien.

Je me déshabillai donc lentement, et, après avoir pris les *Orientales* de Victor Hugo dans la bibliothèque du futur avocat, je me mis au lit, plein de la satisfaction de moi-même.

Je venais de relire pour la centième fois le *Feu du ciel* lorsque j'entendis des pas qui montaient l'escalier et qui s'arrêtaient tout doucement à ma porte ; je me doutai que c'était mon hôte qui venait

Colona

avec l'intention de me souhaiter le bonsoir, mais qui, craignant sans doute que je ne fusse déjà endormi, hésitait à ouvrir la porte.

— Entrez, dis-je en posant mon livre sur la table de nuit.

Effectivement la porte s'ouvrit, et Lucien parut.

— Excusez, me dit-il, mais il me semble, en y réfléchissant, que j'ai été si maussade ce soir, que je n'ai pas voulu me coucher sans vous faire mes excuses; je viens donc faire amende honorable, et, comme vous paraissez encore avoir bon nombre de questions à me faire, me mettre à votre entière disposition.

— Merci cent fois, lui dis-je; grâce à votre obligeance, au contraire, je suis à peu près édifié sur tout ce que je voulais savoir, et il ne me reste à apprendre qu'une chose que je me suis promis de ne pas vous demander.

— Pourquoi?

— Parce qu'elle serait véritablement par trop indiscrète. Cependant, je vous en préviens, ne me pressez pas; je ne réponds pas de moi.

— Eh bien! alors, laissez-vous aller : c'est une mauvaise chose qu'une curiosité qui n'est point satisfaite; cela éveille naturellement des suppositions, et, sur trois suppositions, il y en a toujours deux

Et, se retournant, il vit son frère debout et la main appuyée sur son épaule — Page 26.

au moins qui sont plus préjudiciables à celui qui en est l'objet que ne serait la vérité.

— Rassurez-vous sur ce point : mes suppositions les plus injurieuses à votre égard me mènent tout simplement à croire que vous êtes sorcier.

Le jeune homme se mit à rire.

— Diable ! dit-il, vous allez me rendre aussi curieux que vous ; parlez donc : c'est moi qui vous en prie.

— Eh bien ! vous avez eu la bonté d'éclaircir tout ce qui était obscur pour moi, moins un seul point : vous m'avez montré ces belles armes historiques que je vous demanderai la permission de revoir avant mon départ.

— Et d'une.

— Vous m'avez expliqué ce que signifiait cette double et semblable inscription sur la crosse des deux carabines.

— Et de deux.

— Vous m'avez fait comprendre comment, grâce au phénomène de votre naissance, vous éprouvez, quoique à trois cents lieues de lui, les sensations que ressent votre frère, comme de son côté, sans doute, il éprouve les vôtres.

Paris. — Imp. Simon Raçon & Cie, rue d'Erfurth, 1.

— Et de trois.

— Mais, lorsque madame de Franchi, à propos de ce sentiment de tristesse que vous avez éprouvé, et qui vous fait croire à quelque événement fâcheux arrivé à votre frère, vous a demandé si vous étiez sûr qu'il n'était pas mort, vous avez répondu : — Non; s'il était mort, je l'aurais revu.

— Oui, c'est vrai, j'ai répondu cela.

— Eh bien! si l'explication de ces paroles peut entrer dans une oreille profane, expliquez-les-moi, je vous prie.

La figure du jeune homme avait pris, à mesure que je parlais, une teinte si grave, que je prononçai les derniers mots en hésitant.

Il se fit même, après que j'eus cessé de parler, un moment de silence entre nous deux.

— Tenez, lui dis-je, je vois bien que j'ai été indiscret; prenons que je n'ai rien dit.

— Non, me dit-il; seulement vous êtes un homme du monde, et, par conséquent, vous avez l'esprit quelque peu incrédule. Eh bien! je crains de vous voir traiter de superstition une ancienne tradition de famille qui subsiste chez nous depuis quatre cents ans.

— Écoutez, lui dis-je, je vous jure une chose : c'est que personne, sous le rapport des légendes et des traditions, n'est plus crédule que moi, et il y a même des choses auxquelles je crois tout particulièrement : c'est aux choses impossibles.

— Ainsi, vous croiriez aux apparitions?

— Voulez-vous que je vous dise ce qui m'est arrivé à moi-même?

— Oui, cela m'encouragera.

— Mon père est mort en 1807; par conséquent, je n'avais pas encore trois ans et demi; comme le médecin avait annoncé la fin prochaine du malade, on m'avait transporté chez une vieille cousine qui habitait une maison entre cour et jardin.

Elle m'avait dressé un lit en face du sien, m'y avait couché à mon heure ordinaire, et, malgré le malheur qui me menaçait, et duquel je n'avais d'ailleurs pas la conscience, je m'étais endormi; tout à coup on frappe trois coups violents à la porte de notre chambre; je me réveille, je descends de mon lit, et je m'achemine vers la porte.

« — Où vas-tu? » me demanda ma cousine.

Réveillée comme moi par ces trois coups, elle ne pouvait maîtriser une certaine terreur, sachant bien que, puisque la première porte de la rue était fermée, personne ne pouvait frapper à la porte de la chambre où nous étions.

« — Je vais ouvrir à papa, qui vient me dire adieu, » répondis-je.

Ce fut elle alors qui sauta à bas du lit, et qui me recoucha malgré moi; car je pleurais fort, criant toujours :

« — Papa est à la porte, et je veux voir papa avant qu'il ne s'en aille pour toujours. »

— Et depuis, cette apparition s'est elle renouvelée? demanda Lucien.

— Non, quoique bien souvent je l'aie appelée; mais, peut-être aussi, Dieu accorde-t-il à la pureté de l'enfant des priviléges qu'il refuse à la corruption de l'homme.

— Eh bien! me dit en souriant Lucien, dans notre famille nous sommes plus heureux que vous.

— Vous revoyez vos parents morts?

— Toutes les fois qu'un grand événement va s'accomplir ou s'est accompli.

— Et à quoi attribuez-vous ce privilége accordé à votre famille?

— Voici ce qui s'est conservé chez nous comme tradition : je vous ai dit que Savilia mourut laissant deux fils.

— Oui, je me le rappelle.

— Ces deux fils grandirent, s'aimant de tout l'amour qu'ils eussent reporté sur leurs autres parents, si leurs autres parents eussent vécu. Ils se jurèrent donc que rien ne pourrait les séparer, pas même la mort; et, à la suite de je ne sais quelle puissante conjuration, ils écrivirent, avec leur sang, sur un morceau de parchemin qu'ils échangèrent, le serment réciproque que le premier mort apparaîtrait à l'autre, d'abord au moment de sa propre mort, puis ensuite dans tous les moments suprêmes de sa vie. Trois mois après, l'un des deux frères fut tué dans une embuscade, au moment même où l'autre cachetait une lettre qui lui était destinée; mais, comme il venait d'appuyer sa bague sur la cire encore brûlante, il entendit un soupir derrière lui, et, se retournant, il vit son frère debout et la main appuyée sur son épaule, quoiqu'il ne sentît pas cette main. Alors, par un mouvement machinal, il lui tendit la lettre qui lui était destinée; l'autre prit la lettre et disparut. La veille de sa mort il le revit. Sans doute les deux frères ne s'étaient pas seulement engagés pour eux, mais encore pour leurs descendants, car, depuis cette époque, les apparitions se sont renouvelées, non-seulement au moment de la mort de ceux qui trépassaient, mais encore à la veille de tous les grands événements.

— Et avez-vous jamais eu quelque apparition?

— Non; mais, comme mon père, pendant la nuit qui a précédé sa mort, a été prévenu par son père qu'il allait mourir, je présume que nous jouirons, mon frère et moi, du privilége de nos ancêtres, n'ayant rien fait pour démériter de cette faveur.

— Et ce privilége est accordé aux mâles de la famille seulement?

— Oui.

— C'est étrange!

— C'est comme cela.

Je regardais ce jeune homme qui me disait, froid, grave et calme, une chose regardée comme impossible, et je répétais avec Hamlet :

There are more things in heav'n and earth, Horatio,
Than are dreamt of in your philosophy.

A Paris, j'eusse pris ce jeune homme pour un mystificateur; mais au fond de la Corse, dans un petit village ignoré, il fallait tout bonnement le considérer ou comme un fou qui se trompait de bonne foi, ou comme un être privilégié plus heureux ou plus malheureux que les autres hommes.

— Et maintenant, me dit-il après un long silence, savez-vous tout ce que vous voulez savoir?

— Oui, merci, répondis-je; je suis touché de votre confiance en moi, et je vous promets de garder le secret.

— Oh! mon Dieu! me dit-il en souriant, il n'y a point de secret là-dedans, et le premier paysan du village vous aurait raconté cette histoire comme je vous la raconte; seulement, j'espère qu'à Paris mon frère ne se sera point vanté de ce privilége, qui aurait probablement pour résultat de lui faire rire au nez par les hommes, et de donner des attaques de nerfs aux femmes.

Et, à ces mots, il se leva, et, me souhaitant le bonsoir, se retira dans sa chambre.

Quoique fatigué, j'eus quelque peine à m'endormir; encore mon sommeil, une fois venu, fut-il agité.

Je revoyais confusément dans mon rêve tous les personnages avec lesquels j'avais été mis en relation pendant cette journée, mais formant entre eux une action confuse et sans suite. Au jour seulement je m'endormis d'un sommeil réel, et ne me réveillai qu'au son de la cloche qui semblait battre à mes oreilles.

Je tirai ma sonnette, car mon sensuel prédécesseur avait poussé le luxe jusqu'à avoir à la portée de sa main le cordon d'une sonnette, la seule sans doute qui fût dans tout le village.

Aussitôt Griffo parut, de l'eau chaude à la main.

Je vis que M. Louis de Franchi avait assez bien dressé cette espèce de valet de chambre.

Lucien avait déjà demandé deux fois si j'étais réveillé, et avait déclaré qu'à neuf heures et demie, si je ne remuais pas, il entrerait dans ma chambre.

Il était neuf heures vingt-cinq minutes, aussi ne tardai-je pas à le voir paraître.

Cette fois, il était vêtu en Français, et même en Français élégant. Il portait une redingote noire, un gilet de fantaisie et un pantalon blanc, car, au commencement de mars, on porte déjà depuis longtemps des pantalons blancs en Corse.

Il vit que je le regardais avec une certaine surprise.

— Vous admirez ma tenue, me dit-il; c'est une nouvelle preuve que je me civilise.

— Oui, ma foi, répondis-je, et je vous avoue que je ne suis pas médiocrement étonné de trouver un tailleur de cette force à Ajaccio. Mais moi, avec mon costume de velours, je vais avoir l'air de Jean de Paris auprès de vous.

— Aussi, ma toilette est-elle de l'Humann tout pur; rien que cela, mon cher hôte. Comme nous sommes, mon frère et moi, absolument de la même taille, mon frère m'a fait cette plaisanterie de m'envoyer une garde-robe complète, que je n'endosse, comme vous le pensez bien, que dans les grandes occasions : quand M. le préfet passe; quand M. le général commandant le quatre-vingt-sixième département fait sa tournée; ou bien encore quand je reçois un hôte comme vous, et que ce bonheur se combine avec un événement aussi solennel que celui qui va s'accomplir.

Il y avait dans ce jeune homme une ironie éternelle conduite par un esprit supérieur, qui, tout en mettant son interlocuteur mal à l'aise avec lui, ne dépassait cependant jamais les bornes d'une parfaite convenance.

Je me contentai donc de m'incliner en signe de remercîment, tandis qu'il passait, avec toutes les précautions d'usage, une paire de gants jaunes moulés sur sa main par Boivin ou par Rousseau.

Dans cette tenue, il avait véritablement l'air d'un élégant Parisien.

Pendant ce temps, j'achevai moi-même ma toilette.

Dix heures moins un quart sonnèrent.

— Allons, me dit-il, si vous voulez voir le spectacle, je crois qu'il est temps que nous prenions nos stalles; à moins, toutefois, que vous ne préfériez déjeuner, ce qui serait bien plus raisonnable, ce me semble.

— Merci, je mange rarement avant onze heures ou midi; je puis donc faire face aux deux opérations.

— Alors, venez.

Je pris mon chapeau et je le suivis.

XI

Du haut de cet escalier de huit marches, par lequel on arrivait à la porte du château-fort habité par madame de Franchi et son fils, on dominait la place.

Cette place, tout au contraire de la veille, était couverte de monde ; cependant toute cette foule se composait de femmes et d'enfants au-dessous de douze ans : pas un homme ne paraissait.

Sur la première marche de l'église se tenait un homme solennellement ceint d'une écharpe tricolore : c'était le maire.

Sous le portique, un autre homme vêtu de noir était assis devant une table, un papier griffonné à portée de sa main. Cet homme, c'était le notaire ; ce papier griffonné, c'était l'acte de réconciliation.

Je pris place à l'un des côtés de la table avec les parrains d'Orlandi. De l'autre côté étaient les parrains de Colona ; derrière le notaire se plaça Lucien, qui était également pour l'un et pour l'autre.

Au fond, dans le chœur de l'église, on voyait les prêtres prêts à dire la messe.

La pendule sonna dix heures.

Au même instant, un frémissement courut par la foule, et les yeux se portèrent aux deux extrémités de la rue, si l'on peut appeler rue l'intervalle inégal laissé par le caprice d'une cinquantaine de maisons bâties à la fantaisie de leurs propriétaires.

Aussitôt on vit apparaître, du côté de la montagne, Orlandi, et, du côté du fleuve, Colona : chacun était suivi de ses partisans ; mais, selon le programme arrêté, pas un seul ne portait ses armes : on eût dit, moins les figures quelque peu rébarbatives, d'honnêtes marguilliers suivant une procession.

Les deux chefs des deux partis présentaient un contraste physique bien tranché.

Orlandi, comme je l'ai dit, était grand, mince, brun, agile.

Colona était court, trapu, vigoureux ; il avait la barbe et les cheveux roux ; barbe et cheveux étaient courts et frisés.

Tous deux portaient à la main une branche d'olivier, symbolique emblème de la paix qu'ils allaient sceller, et qui était une poétique invention du maire.

Colona tenait de plus par les pattes une poule blanche, destinée à remplacer, à titre de dommages-intérêts, la poule qui, dix ans auparavant, avait donné naissance à la querelle.

La poule était vivante.

Ce point avait été longtemps discuté et avait failli faire manquer l'affaire, Colona regardant comme une double humiliation de rendre vivante cette poule que sa tante avait jetée morte au visage de la cousine d'Orlandi.

Cependant, à force de logique, Lucien avait déterminé Colona à donner la poule, comme, à force de dialectique, il avait déterminé Orlandi à la recevoir.

Au moment où parurent les deux ennemis, les cloches, qui un instant avaient fait silence, sonnèrent à toute volée.

En s'apercevant, Orlandi et Colona firent un même mouvement, indiquant bien clairement une répulsion réciproque ; cependant ils continuèrent leur chemin.

Juste en face de la porte l'église, ils s'arrêtèrent à quatre pas l'un de l'autre à peu près.

Si trois jours auparavant ces deux hommes se fussent rencontrés à cent pas de distance, l'un des deux serait bien certainement resté sur la place.

Il se fit pendant cinq minutes, non-seulement dans les deux groupes, mais encore dans toute la foule, un silence qui, malgré le but conciliateur de la cérémonie, n'avait rien de pacifique.

Alors M. le maire prit la parole.

— Eh bien ! dit-il, Colona, ne savez-vous pas que c'est à vous de parler le premier ?

Colona fit un effort sur lui-même, et prononça quelques mots en patois corse.

Je crus comprendre qu'il exprimait son regret d'avoir été dix ans en vendette avec son bon voisin Orlandi, et qu'il lui offrait en réparation la poule blanche qu'il tenait à la main.

Orlandi attendit que la phrase de son adversaire fût bien nettement terminée, et répondit par quelques autres mots corses qui étaient de sa part la promesse de ne se souvenir de rien que de la réconciliation solennelle qui avait lieu sous les aus-

Par un mouvement instinctif, les deux ennemis portèrent leurs mains derrière leur dos.

pices de M. le maire, sous l'arbitrage de M. Lucien, et sous la rédaction de M. le notaire.

Puis tous deux gardèrent de nouveau le silence.

— Eh bien! messieurs, dit le maire, il était convenu, ce me semble, qu'on se donnerait la main.

Par un mouvement instinctif, les deux ennemis portèrent leurs mains derrière leur dos.

Le maire descendit la marche sur laquelle il était monté, alla chercher derrière son dos la main de Colona, revint prendre derrière le sien la main d'Orlandi; puis, après quelques efforts qu'il essayait de dissimuler à ses administrés sous un sourire, il parvint à joindre les deux mains.

Le notaire saisit le moment : il se leva et lut, tandis que le maire tenait toujours ferme les deux mains, qui firent d'abord ce qu'elles purent pour se dégager, mais qui enfin se résignèrent à rester l'une dans l'autre.

« Par-devant nous, Giuseppe-Antonio Sarrola, notaire royal à Sullacaro, province de Sartène;

« Sur la grande place du village, en face de l'é-

« glise, en présence de M. le maire, des parrains et « de toute la population ;

« Entre Gaetano Orso Orlandi, dit Orlandini,

« Et Marco-Vicenzio Colona, dit Schioppone,

« A été arrêté solennellement ce qui suit :

« A partir de cejourd'hui, 4 mars 1841, la vendette déclarée depuis dix ans entre eux cessera.

« A partir du même jour, ils vivront ensemble en « bons voisins et compères, comme vivaient leurs « parents avant la malheureuse affaire qui a mis la « désunion entre leurs familles et leurs amis.

« En foi de quoi, ils ont signé les présentes, sous « le portique de l'église du village, avec M. Polo Ar- « bori, maire de la commune ; M. Lucien de Fran- « chi, arbitre ; les parrains de chacun des deux con- « tractants, et nous, notaire.

« Sullacaro, ce 4 mars 1841. »

Je vis avec admiration que, par excès de prudence, le notaire n'avait pas touché le moindre mot de la poule qui mettait Colona en si mauvaise position devant Orlandi.

Aussi la figure de Colona s'éclaircit-elle en raison inverse de ce que la figure d'Orlandi se rembrunissait. Ce dernier regarda la poule qu'il tenait à la main en homme qui éprouvait visiblement une violente tentation de l'envoyer à la figure de Colona. Mais un coup d'œil de Lucien de Franchi arrêta cette mauvaise intention dans son germe.

Le maire vit qu'il n'y avait pas de temps à perdre ; il monta à reculons en tenant toujours les deux mains l'une dans l'autre, et sans perdre un instant de vue les nouveaux réconciliés.

Puis, pour prévenir un nouveau débat qui ne pouvait manquer d'arriver au moment de signer, vu que chacun des deux adversaires ne pouvait manquer de regarder comme une concession de signer le premier, il prit la plume et signa lui-même, et, convertissant la honte en honneur, passa la plume à Orlandi, qui la prit de ses mains, signa et la passa à Lucien, lequel, usant du même subterfuge pacifique, la passa à son tour à Colona, qui fit sa croix.

Au moment même, les chants ecclésiastiques retentirent, comme on chante le *Te Deum* après la victoire.

Nous signâmes tous ensuite, sans distinction de rang ni de titre, comme la noblesse de France avait signé cent vingt-trois ans auparavant la protestation contre M. le duc du Maine.

Puis les deux héros de la journée entrèrent dans l'église, et allèrent s'agenouiller de chaque côté du chœur, chacun à la place qui lui était destinée.

Je vis qu'à partir de ce moment Lucien était parfaitement tranquille : tout était fini, la réconciliation était jurée, non-seulement devant les hommes, mais encore devant Dieu.

Le reste de l'office divin s'écoula donc sans aucun événement qui mérite d'être rapporté.

La messe terminée, Orlandi et Colona sortirent avec le même cérémonial.

A la porte, sur l'invitation du maire, ils se touchèrent encore la main ; puis chacun reprit, avec son cortége d'amis et de parents, le chemin de sa maison, où, depuis trois ans, ni l'un ni l'autre n'était rentré.

Quant à Lucien et à moi, nous rentrâmes chez madame de Franchi, où le dîner nous attendait.

Il me fut facile de voir, au surcroît d'attentions dont j'étais l'objet, que Lucien avait lu mon nom par-dessus mon épaule au moment où je l'apposais au bas de l'acte, et que ce nom ne lui était pas tout à fait inconnu.

Le matin, j'avais annoncé à Lucien ma résolution de partir après le dîner ; j'étais impérieusement rappelé à Paris par mes répétitions d'*Un Mariage sous Louis XV*, et, malgré les instances de la mère et du fils, je persistai dans ma première décision.

Lucien me demanda alors la permission d'user de mon offre en écrivant à son frère, et madame de Franchi, qui, sous sa force antique, n'en cachait pas moins le cœur d'une mère, me fit promettre que je remettrais moi-même cette lettre à son fils.

Le dérangement, au reste, n'était pas grand : Louis de Franchi, en véritable Parisien qu'il était, demeurait rue du Helder, n° 7.

Je redemandai à voir une dernière fois la chambre de Lucien, lequel m'y conduisit lui-même, et, me montrant de la main tout ce qui en faisait partie :

— Vous savez, me dit-il, que, si quelque objet vous agrée, il faut le prendre, car cet objet est à vous

J'allai décrocher un petit poignard placé dans un coin assez obscur pour m'indiquer qu'il n'avait aucune valeur, et, comme j'avais vu Lucien jeter un regard de curiosité sur ma ceinture de chasse et en louer l'arrangement, je le priai de l'accepter. Il eut le bon goût de la prendre sans me faire répéter ma prière une seconde fois.

En ce moment, Griffo parut sur la porte.

Il venait m'annoncer que le cheval était sellé et que le guide m'attendait.

J'avais mis de côté l'offrande que je destinais à Griffo : c'était une espèce de couteau de chasse, avec deux pistolets collés le long de la lame, et dont les batteries étaient cachées dans la poignée.

Je n'ai jamais vu ravissement pareil au sien.

Je descendis, et je trouvai madame de Franchi au bas de l'escalier ; elle m'attendait, pour me souhaiter le bon voyage, à la même place où elle m'avait souhaité la bienvenue. Je lui baisai la main; je me sentais un grand respect pour cette femme si simple et en même temps si digne.

Lucien me conduisit jusqu'à la porte.

— Dans un tout autre jour, dit-il, je sellerais mon cheval et je vous reconduirais jusqu'au delà de la montagne; mais aujourd'hui je n'ose pas quitter Sullacaro, de peur que l'un ou l'autre de nos deux nouveaux amis ne fasse quelque sottise.

— Et vous faites bien, lui dis-je; quant à moi, croyez que je me félicite d'avoir vu une cérémonie aussi nouvelle en Corse que celle à laquelle je viens d'assister.

— Oui, oui, dit-il, félicitez-vous-en, car vous avez vu une chose qui a dû faire tressaillir nos aïeux dans leurs tombeaux.

— Je comprends : chez eux la parole était assez sacrée pour qu'ils n'eussent pas eu besoin qu'un notaire intervînt dans la réconciliation?

— Ceux-là ne se fussent pas réconciliés du tout.

Il me tendit la main.

— Ne me chargez-vous pas d'embrasser votre frère? lui dis-je.

— Oui, sans doute, si cela ne vous dérange pas trop.

— Eh bien! alors, embrassons-nous; je ne puis rendre que ce que j'aurai reçu.

Nous nous embrassâmes.

— Ne vous reverrai-je pas un jour? lui demandai-je.

— Oui, si vous revenez en Corse.

— Non, mais si vous venez à Paris, vous.

— Je n'irai jamais, me répondit Lucien.

— En tout cas, vous trouverez des cartes à mon nom sur la cheminée de votre frère. N'oubliez pas l'adresse.

— Je vous promets que, si un événement quelconque me conduisait sur le continent, vous auriez ma première visite.

— Ainsi, c'est convenu.

Il me tendit une dernière fois la main, et nous nous quittâmes; mais, tant qu'il put me voir descendant dans la rue qui conduisait à la rivière, il me suivit des yeux.

Tout était assez tranquille dans le village, quoiqu'on y pût remarquer encore cette espèce d'agitation qui suit les grands événements, et je m'éloignais en fixant, à mesure que je passais devant elle, les yeux sur chaque porte, comptant toujours en voir sortir mon filleul Orlandi, qui, en vérité, me devait bien un remercîment, et ne me l'avait pas fait.

Mais je dépassai la dernière maison du village, et je m'avançai dans la campagne sans avoir rien vu qui lui ressemblât.

Je croyais avoir été tout à fait oublié, et je dois dire que, au milieu des graves préoccupations que devait éprouver Orlandi dans une pareille journée, je lui pardonnais sincèrement cet oubli, quand tout à coup, en arrivant au maquis de Bicchisano, je vis sortir du fourré un homme qui se plaça au milieu du chemin, et que je reconnus à l'instant même pour celui que, dans mon impatience française et dans mon habitude des convenances parisiennes, je taxais d'ingratitude.

Je remarquai qu'il avait déjà eu le temps d'endosser le même costume que celui sous lequel il m'était apparu dans les ruines de Vicentello, c'est-à-dire qu'il portait sa cartouchière, à laquelle était accroché le pistolet de rigueur, et qu'il était armé de son fusil.

Lorsque je fus à vingt pas de lui, il mit le chapeau à la main, tandis que, de mon côté, je donnais de l'éperon à mon cheval pour ne pas le faire attendre.

— Monsieur, me dit-il, je n'ai pas voulu vous laisser partir ainsi de Sullacaro sans vous remercier de l'honneur que vous avez bien voulu faire à un pauvre paysan comme moi en lui servant de témoin; et, comme là-bas je n'avais ni le cœur à l'aise ni la langue libre, je suis venu vous attendre ici.

— Je vous remercie, lui dis-je; mais il ne fallait pas vous déranger de vos affaires pour cela, et tout l'honneur a été pour moi.

— Et puis, continua le bandit, que voulez-vous, monsieur, on ne perd pas en un instant l'habitude de quatre ans. L'air de la montagne est terrible; quand on l'a respiré une fois, on étouffe partout. Tout à l'heure, dans ces misérables maisons, je croyais à chaque instant que le toit allait me tomber sur la tête.

— Mais, répondis-je, vous allez cependant reprendre votre vie habituelle. Vous avez une maison, m'a-t-on dit, un champ, une vigne?

— Oui, sans doute; mais ma sœur gardait la maison, et les Lucquois étaient là pour labourer mon champ et vendanger mon raisin. Nous autres Corses, nous ne travaillons pas.

— Que faites-vous, alors?

— Nous inspectons les travailleurs, nous nous promenons le fusil sur l'épaule, nous chassons.

— Eh bien! mon cher monsieur Orlandi, lui dis-je en lui tendant la main, bonne chasse. Mais rappelez-vous que mon honneur comme le vôtre est engagé à ce que vous ne tiriez désormais que sur les mouflons, les daims, les sangliers, les faisans et les perdrix, et jamais sur Marco-Vicenzio Colona ni sur personne de sa famille.

— Ah! Excellence, me répondit mon filleul avec une expression de physionomie que je n'avais encore remarquée que sur le visage des plaideurs

— La poule qu'il m'a rendue était bien maigre !

normands, la poule qu'il m'a rendue était bien maigre !

Et, sans ajouter un mot de plus, il se jeta dans le maquis, où il disparut.

Je continuai mon chemin en méditant sur cette cause de rupture probable entre les Orlandi et les Colona.

Le soir, je couchai à Albiteccia. Le lendemain, j'arrivai à Ajaccio.

Huit jours après, j'étais à Paris.

— Je demeurai pétrifié de sa ressemblance avec son frère. — Page 34.

XII

Le jour même de mon arrivée, je me présentai chez M. Louis de Franchi; il était sorti.

Je laissai ma carte avec un petit mot, qui lui annonçait que j'arrivais en droite ligne de Sullacaro, et que j'étais chargé pour lui d'une lettre de M. Lucien, son frère. Je lui demandais son heure, ajoutant que j'avais pris l'engagement de lui remettre cette lettre à lui-même.

Pour me conduire au cabinet de son maître, où je devais écrire ce billet, le domestique me fit successivement traverser la salle à manger et le salon.

Je jetai les yeux autour de moi avec une curiosité que l'on doit comprendre, et je reconnus les mêmes goûts dont j'avais déjà eu un aperçu à Sullacaro;

Paris. — Imp. Simon Raçon & Cie, rue d'Erfurth, 1.

seulement ces goûts étaient relevés de toute l'élégance parisienne. M. Louis de Franchi me parut avoir un charmant logement de garçon.

Le lendemain, comme je m'habillais, c'est-à-dire vers les onze heures du matin, mon domestique m'annonça à son tour M. de Franchi. J'ordonnai de le faire entrer au salon, de lui offrir les journaux, et de lui annoncer que dans un instant j'étais à ses ordres.

En effet, cinq minutes après, j'entrais au salon.

Au bruit que je fis, M. de Franchi, qui, par courtoisie sans doute, s'était mis à lire un feuilleton de moi, qui, à cette époque, paraissait dans la *Presse*, leva la tête.

Je demeurai pétrifié de sa ressemblance avec son frère.

Il se leva.

— Monsieur, me dit-il, j'avais peine à croire à ma bonne fortune en lisant hier le petit billet que m'a remis mon domestique lorsque je suis rentré. Je lui ai fait répéter vingt fois votre signalement, afin de m'assurer qu'il était d'accord avec vos portraits; enfin, ce matin, dans ma double impatience de vous remercier et d'avoir des nouvelles de ma famille, je me suis présenté chez vous sans trop consulter l'heure, ce qui me fait craindre d'avoir été peut-être bien matinal.

— Pardon, lui répondis-je, si je ne réponds pas d'abord à votre gracieux compliment, mais, je vous l'avoue, monsieur, je vous regarde, et je me demande si c'est à M. Louis ou à M. Lucien de Franchi que j'ai l'honneur de parler.

— Oui, n'est-ce pas? la ressemblance est grande, ajouta-t-il en souriant, et, lorsque j'étais encore à Sullacaro, il n'y avait guère que mon frère et moi qui ne nous y trompassions pas; cependant, s'il n'a pas, depuis mon départ, fait abjuration de ses habitudes corses, vous avez dû le voir constamment dans un costume qui met entre nous quelque différence.

— Et justement, repris-je, le hasard a fait que, lorsque je l'ai quitté, il était, moins le pantalon blanc, qui n'est pas encore de mise à Paris, vêtu exactement comme vous l'êtes : il en résulte que je n'ai pas même, pour séparer votre présence de son souvenir, cette différence de costume dont vous me parlez. Mais, continuai-je en tirant la lettre de mon portefeuille, je comprends que vous avez hâte d'avoir des nouvelles de votre famille; prenez donc cette lettre, que j'eusse laissée chez vous hier si je n'eusse promis à madame de Franchi de vous la remettre à vous-même.

— Et vous avez quitté tout le monde bien portant?

— Oui, mais dans l'inquiétude.

— Sur moi?

— Sur vous. Mais lisez cette lettre, je vous prie.

— Vous permettez?

— Comment donc!...

M. de Franchi décacheta la lettre, tandis que je préparais des cigarettes.

Cependant je le suivais des yeux pendant que son regard parcourait rapidement l'épître fraternelle; de temps en temps, il souriait en murmurant :

— Ce cher Lucien! cette bonne mère!... Oui... oui... je comprends...

Je n'étais pas encore revenu de cette étrange ressemblance; cependant, comme me l'avait dit Lucien, je remarquais plus de blancheur dans le teint et une prononciation plus nette de la langue française.

— Eh bien! repris-je lorsqu'il eut fini en lui présentant une cigarette qu'il alluma à la mienne, vous l'avez vu, comme je vous l'ai dit, votre famille était inquiète, et je vois avec bonheur que c'était à tort.

— Non, me dit-il avec tristesse, pas tout à fait. Je n'ai point été malade, il est vrai, mais j'ai eu un chagrin, assez violent même, lequel, je vous l'avoue, s'augmentait encore de l'idée qu'en souffrant ici je faisais là-bas souffrir mon frère.

— M. Lucien m'avait déjà dit ce que vous me dites là, monsieur; mais véritablement, pour que je crusse qu'une chose aussi extraordinaire était la vérité et non point une préoccupation de son esprit, il ne me fallait pas moins que la preuve que j'en ai en ce moment; ainsi, vous-même êtes convaincu, monsieur, que le malaise qu'éprouvait là-bas votre frère dépendait de la souffrance que vous ressentiez ici?

— Oui, monsieur, parfaitement.

— Alors, repris-je, comme votre réponse affirmative a pour résultat de m'intéresser doublement à ce qui vous arrive, permettez-moi de vous demander, par intérêt et non par curiosité, si le chagrin dont vous me parliez tout à l'heure est passé et si vous êtes en voie de consolation.

— Oh! mon Dieu! vous le savez, monsieur, me dit-il, les douleurs les plus vives s'engourdissent avec le temps, et, si aucun accident ne vient envenimer la plaie de mon cœur, eh bien! elle saignera encore quelque temps, puis enfin elle se cicatrisera. En attendant, recevez de nouveau tous mes remercîments, et accordez-moi de temps en temps la permission de venir vous parler de Sullacaro.

— Avec le plus grand plaisir, lui dis-je; mais pourquoi dans ce moment même ne continuons-nous pas une conversation qui m'est aussi agréable qu'à vous? Tenez, voici mon domestique qui vient m'annoncer que le déjeuner est servi. Faites-moi le plaisir de manger une côtelette avec moi, et alors nous causerons tout à notre aise.

— Impossible, et à mon grand regret. J'ai reçu hier une lettre de M. le garde des sceaux, qui me prie de passer aujourd'hui, à midi, au ministère de la justice, et vous comprenez bien que moi, pauvre petit avocat en herbe, je ne puis faire attendre un si grand personnage.

— Ah! mais c'est probablement pour l'affaire des Orlandi et des Colona qu'il vous fait appeler.

— Je le présume, et, comme mon frère me dit que la querelle est terminée...

— Par-devant notaire, je puis vous en donner des nouvelles certaines; j'ai signé au contrat comme parrain d'Orlandi.

— En effet, mon frère me dit quelques mots de cela.

— Écoutez, me dit-il en tirant sa montre, il est midi moins quelques minutes; je vais d'abord annoncer à M. le garde des sceaux que mon frère a acquitté ma parole.

— Oh! religieusement, je vous en réponds.

— Ce cher Lucien! je savais bien que, quoique ce ne fût pas dans ses sentiments, il le ferait.

— Oui, et il faut lui en savoir gré, car, je vous en réponds, la chose lui a coûté.

— Nous reparlerons de tout cela plus tard, car, vous le comprenez bien, il y a un grand bonheur pour moi à revoir, avec les yeux de la pensée, évoqués par vous, ma mère, mon frère, mon pays! Ainsi, si vous voulez bien me dire votre heure...

— C'est assez difficile maintenant. Pendant les premiers jours qui vont suivre mon retour, je vais être quelque peu vagabond. Mais dites-moi vous-même où je puis vous trouver.

— Écoutez, me dit-il, c'est demain la Mi-Carême, n'est-ce pas?

— Demain?

— Oui.

— Eh bien?

— Allez-vous au bal de l'Opéra?

— Oui et non. Oui, si vous me demandez cela pour m'y donner rendez-vous; non, si je n'ai aucun intérêt à y aller.

— Il faut que j'y aille, moi; je suis obligé d'y aller.

— Ah! ah! fis-je en souriant, je vois bien, comme vous le disiez tout à l'heure, que le temps engourdit les plus vives douleurs, et que la plaie de votre cœur se cicatrisera.

— Vous vous trompez, car j'y vais probablement chercher de nouvelles angoisses.

— Alors, n'y allez pas.

— Eh! mon Dieu! fait-on ce qu'on veut dans ce monde : je suis entraîné malgré moi; je vais où la fatalité me pousse. Il vaudrait mieux que je n'y allasse pas, je le sais bien, et cependant j'irai.

— Ainsi donc, demain à l'Opéra?

— Oui.

— A quelle heure?

— A minuit et demi, si vous le voulez.

— Où cela?

— Au foyer. A une heure, j'ai rendez-vous devant la pendule.

— C'est convenu.

Nous nous serrâmes la main, et il sortit vivement.

Midi était prêt à sonner.

Quant à moi, j'occupai l'après-midi et toute la journée du lendemain à ces courses indispensables à un homme qui vient de faire un voyage de dix-huit mois.

Et le soir, à minuit et demi, j'étais au rendez-vous.

Louis se fit attendre quelque temps; il avait suivi dans les corridors un masque qu'il avait cru reconnaître, mais le masque s'était perdu dans la foule, et il n'avait pu le rejoindre.

Je voulus parler de la Corse, mais Louis était trop distrait pour suivre un si grave sujet de conversation; ses yeux étaient constamment fixés sur la pendule, et tout à coup il me quitta en s'écriant :

— Ah! voilà mon bouquet de violettes, dit-il.

Et il fendit la foule pour arriver jusqu'à une femme qui, effectivement, tenait un énorme bouquet de violettes à la main.

Comme, heureusement pour les promeneurs, il y avait au foyer des bouquets de toute espèce, je fus bientôt accosté moi-même par un bouquet de camélias qui voulut bien m'adresser ses félicitations sur mon heureux retour à Paris.

Au bouquet de camélias succéda un bouquet de roses-pompons.

Au bouquet de roses-pompons, un bouquet d'héliotropes.

Enfin, j'en étais à mon cinquième bouquet lorsque je rencontrai D.....

— Ah! c'est vous, mon cher, me dit-il; soyez le bienvenu, car vous arrivez à merveille; nous soupons ce soir chez moi avec un tel et un tel, — il me nomma trois ou quatre de nos amis communs, — et nous comptons sur vous.

— Mille fois merci, très-cher, répondis-je; mais, malgré mon grand désir d'accepter votre invitation, je ne le puis, attendu que je suis avec quelqu'un.

— Mais il me semble qu'il va sans dire que tout le monde aura le droit d'amener son quelqu'un; il est parfaitement convenu qu'il y aura sur la table six carafes d'eau qui n'auront d'autre destination que de tenir les bouquets frais.

— Eh! cher ami, voilà qui vous trompe; je n'ai pas de bouquets à mettre dans vos carafes : je suis avec un ami.

— Eh bien! mais vous savez le proverbe: les amis de nos amis...

— C'est un jeune homme que vous ne connaissez pas.

— Eh bien! nous ferons connaissance.

— Je lui proposerai cette bonne fortune.

— Oui, et, s'il refuse, amenez-le de force.

— Je ferai ce que je pourrai, je vous le promets... Et à quelle heure se met-on à table?

Un bouquet de myosotis, qui peut-être avait entendu la dernière partie de notre conversation, prit alors le bras de D....

— A trois heures; mais, comme on y restera jusqu'à six, vous avez de la marge.

— C'est bien.

Un bouquet de myosotis, qui peut-être avait entendu la dernière partie de notre conversation, prit alors le bras de D..., et s'éloigna avec lui.

Quelques instants après, je rencontrai Louis, qui, selon toute probabilité, en avait fini avec son bouquet de violettes.

Comme mon domino était doué d'un esprit assez médiocre, je l'envoyai intriguer un de mes amis, et je repris le bras de Louis.

— Eh bien! lui dis-je, avez-vous appris ce que vous vouliez savoir?

— Oh! mon Dieu oui : vous savez bien qu'en général on ne nous dit au bal masqué que les choses qu'on devrait nous laisser ignorer.

— Mon pauvre ami! lui dis-je... Pardon de vous appeler ainsi; mais il me semble que je vous connais depuis que je connais votre frère... Voyons... vous êtes malheureux, n'est-ce pas?... Qu'y a-t-il donc?

— Oh! mon Dieu! rien qui vaille la peine d'être redit.

M. de Château-Renaud

Je vis qu'il voulait garder son secret, et je me tus.

Nous fîmes deux ou trois tours en silence; moi, assez indifférent, car je n'attendais personne; lui, l'œil toujours au guet et examinant chaque domino qui passait à la portée de notre vue.

— Tenez, lui dis-je, savez-vous ce que vous devriez faire?

Il tressaillit comme un homme qu'on arrache à ses pensées.

— Moi!... non!... Que dites-vous? Pardon...

— Je vous propose une distraction dont vous me paraissez avoir besoin.

— Laquelle?

— Venez souper avec moi chez un ami.

— Oh! non, par exemple... Je serais un trop maussade convive.

— Bah! on dira des folies, et cela vous égayera.

— D'ailleurs, je ne suis pas invité.

— C'est ce qui vous trompe : vous l'êtes.

— C'est fort gracieux à votre amphitryon; mais, parole d'honneur, je ne me sens pas digne...

En ce moment, nous croisâmes D ... Il paraissait fort occupé de son bouquet de myosotis.

Cependant il me vit.

— Eh bien! me dit-il, c'est convenu, n'est-ce pas? A trois heures.

— Moins convenu que jamais, cher ami; je ne puis pas être des vôtres.

— Allez au diable, alors!

Et il continua son chemin.

— Quel est ce monsieur? me demanda Louis pour me dire visiblement quelque chose.

— Mais c'est D..., un de nos amis, garçon de beaucoup d'esprit, quoiqu'il soit gérant d'un de nos premiers journaux.

— M. D...! s'écria Louis, M. D...! vous le connaissez?

— Sans doute; je suis depuis deux ou trois ans en relation d'intérêts et surtout d'amitié avec lui.

— Serait-ce chez lui que vous deviez souper ce soir?

— Justement.

— Alors c'était chez lui que vous m'offriez de me conduire?

— Oui.

— En ce cas, c'est autre chose: j'accepte, oh! j'accepte avec grand plaisir.

— A la bonne heure! ce n'est pas sans peine.

— Peut être ne devrais je pas y aller, reprit en souriant avec tristesse Louis; mais vous savez ce que je vous disais avant-hier : on ne va pas où l'on devrait aller, on va où le destin nous pousse; et la preuve, c'est que j'aurais mieux fait de ne pas venir ce soir ici.

En ce moment, nous croisâmes de nouveau D....

— Mon cher ami, lui dis-je, j'ai changé d'avis.

— Et vous êtes des nôtres?

— Oui.

— Ah! bravo! Cependant je dois vous prévenir d'une chose.

— De laquelle?

— C'est que quiconque soupe avec nous ce soir doit y souper encore après-demain.

— Et en vertu de quelle loi?

— En vertu d'un pari fait avec Château-Renaud.

Je sentis tressaillir vivement Louis, dont le bras était passé sous le mien.

Je me retournai; mais, quoiqu'il fût plus pâle qu'un instant auparavant, son visage était resté impassible.

— Et quel est ce pari? demandai-je à D....

— Oh! ce serait trop longtemps à vous dire ici. Puis il y a une personne intéressée dans ce pari qui pourrait le lui faire perdre si elle en entendait parler.

— A merveille! A trois heures.

— A trois heures.

Nous nous séparâmes de nouveau : en passant devant la pendule, je jetai les yeux sur le cadran : il était deux heures trente-cinq minutes.

— Connaissez-vous ce M. de Château-Renaud? me demanda Louis avec une voix dont il essayait vainement de dissimuler l'émotion.

— De vue seulement; je l'ai rencontré parfois dans le monde.

— Alors, ce n'est pas un de vos amis?

— Ce n'est pas même une simple connaissance.

— Ah! tant mieux! me dit Louis.

— Pourquoi cela?

— Pour rien.

— Mais, vous-même, le connaissez-vous?

— Indirectement.

Malgré l'évasif de la réponse, il me fut facile de voir qu'il y avait entre M. de Franchi et M. de Château-Renaud quelqu'une de ces relations mystérieuses dont une femme est le conducteur. Un sentiment instinctif me fit comprendre alors qu'il vaudrait mieux pour mon compagnon que nous rentrassions chacun chez nous.

— Tenez, lui dis-je, monsieur de Franchi, voulez-vous en croire mon conseil?

— En quoi, dites?

— N'allons pas souper chez D....

— A quel propos? Ne nous attend-il pas, ou plutôt ne lui avez-vous pas dit que vous lui ameniez un convive?

— Si fait; ce n'est point pour cela.

— Et pourquoi alors?

— Parce que je crois tout simplement qu'il vaut mieux que nous n'y allions pas.

— Mais enfin vous avez une raison pour avoir changé d'avis; tout à l'heure vous insistiez pour m'y conduire presque malgré moi.

— Nous n'aurions qu'à rencontrer M. de Château-Renaud.

— Tant mieux! on le dit fort aimable, et je serais enchanté de faire avec lui plus ample connaissance.

— Eh bien! soit, repris-je. Allons-y donc, puisque vous le voulez.

— Nous descendîmes prendre nos paletots.

D... demeurait à deux pas de l'Opéra; il faisait beau : je pensai que le grand air calmerait toujours quelque peu l'esprit de mon compagnon. Je lui proposai d'aller à pied : il accepta.

XIII

Nous trouvâmes au salon plusieurs de mes amis, des habitués du foyer de l'Opéra, des locataires de la loge infernale, de B..., L..., V..., AA.... De plus, comme je m'en étais douté, deux ou trois dominos démasqués qui tenaient leurs bouquets à la main en attendant le moment de les planter dans les carafes.

Je présentai Louis de Franchi aux uns et aux autres; il est inutile de dire qu'il fut gracieusement accueilli des uns et des autres.

Dix minutes après, D... rentra à son tour, ramenant le bouquet de myosotis, lequel se démasqua avec un abandon et une facilité qui indiquaient la jolie femme d'abord, et ensuite la femme habituée à ces sortes de parties.

Je présentai M. de Franchi à D....

— Maintenant, dit de B..., si toutes les présentations sont faites, je demande qu'on se mette à table.

— Toutes les présentations sont faites, mais tous les convives ne sont pas arrivés, répondit D....

— Et qui nous manque-t-il donc?

— Il nous manque encore Château-Renaud.

— Ah! c'est juste. N'y a-t-il pas un pari? demanda V....

— Oui, un pari pour un souper de douze personnes, qu'il ne nous amène pas une certaine dame qu'il s'est engagé à nous amener.

— Et quelle est donc cette dame, demanda le bouquet de myosotis, qui est si farouche qu'on engage à son endroit de semblables paris?

Je regardais de Franchi; il était calme en apparence, mais pâle comme la mort.

— Ma foi, répondit D..., je ne crois pas qu'il y ait grande indiscrétion à vous nommer le masque, d'autant plus que, selon toute probabilité, vous ne le connaissez pas. C'est madame...

Louis posa la main sur le bras de D....

— Monsieur, lui dit-il, en faveur de notre nouvelle connaissance, accordez-moi une grâce.

— Laquelle, monsieur?

— Ne nommez pas la personne qui doit venir avec M. de Château-Renaud : vous savez que c'est une femme mariée.

— Oui, mais dont le mari est à Smyrne, aux Indes, au Mexique, je ne sais où. Quand on a un mari si loin, vous le savez, c'est comme si on n'en avait pas.

— Son mari revient dans quelques jours; je le connais : c'est un galant homme, et je voudrais, si c'est possible, lui épargner le chagrin d'apprendre, à son retour, que sa femme a fait une pareille inconséquence.

— Alors, monsieur, excusez-moi, dit D.... J'ignorais que vous connussiez cette dame; je doutais même qu'elle fût mariée; mais, puisque vous la connaissez, puisque vous connaissez son mari...

— Je les connais.

— Nous y mettrons la plus grande discrétion. Messieurs et mesdames, que Château-Renaud vienne ou ne vienne pas, qu'il vienne seul ou accompagné, qu'il perde ou gagne son pari, je vous demande le secret sur toute cette aventure.

Le secret fut promis d'une seule voix, non pas probablement par un sentiment bien profond des convenances sociales, mais parce qu'on avait très-faim, et, par conséquent, qu'on était pressé de se mettre à table.

— Merci, monsieur, dit de Franchi à D... en lui tendant la main; je vous assure que vous venez de faire acte de galant homme.

On passa dans la salle à manger, et chacun prit sa place. Deux places restèrent vacantes : c'étaient celles de Château-Renaud et de la personne qu'il devait amener.

Le domestique voulut enlever les couverts.

— Non, dit le maître de la maison, laissez; Château-Renaud a jusqu'à quatre heures. A quatre heures, vous desservirez; à quatre heures sonnant, il aura perdu.

Je ne perdais pas du regard M. de Franchi; je le vis tourner les yeux vers la pendule; elle marquait trois heures quarante minutes.

— Allez-vous bien? demanda Louis froidement.

— Cela ne me regarde pas, dit en riant D...; cela regarde Château-Renaud; j'ai fait régler ma pendule sur sa montre, afin qu'il ne se plaigne pas d'avoir été surpris.

— Eh! messieurs, dit le bouquet de myosotis, pour Dieu! puisqu'on ne peut pas parler de Château-Renaud et de son inconnue, n'en parlons pas; car nous allons tomber dans les symboles, dans les al-

— A la santé de celles-là! dit D...

légories et dans les énigmes, ce qui est mortellement ennuyeux.

— Vous avez raison, Est..., répondit V...; il y a tant de femmes dont on peut parler et qui ne demandent pas mieux qu'on parle d'elles.

— A la santé de celles-là! dit D...

Et l'on commença à remplir les verres de champagne glacé. Chaque convive avait sa bouteille près de lui.

Je remarquai que Louis effleurait à peine son verre de ses lèvres.

— Buvez donc, lui dis-je; vous voyez bien qu'il ne viendra pas.

— Il n'est encore que quatre heures moins un quart, dit-il. A quatre heures, tout en retard que je serai, je vous promets de rattraper celui qui sera le plus en avance.

— A la bonne heure!

Pendant que nous échangions ces paroles à voix basse, la conversation devenait générale et bruyante; de temps en temps, D... et Louis jetaient les yeux sur la pendule, qui continuait à poursuivre sa marche impassible, malgré l'impatience des deux personnes qui consultaient son aiguille.

A quatre heures moins cinq minutes, je regardai Louis.

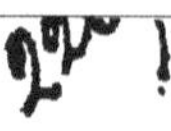

— C'est bien, madame, dit-il, vous êtes libre, je sais à qui m'en prendre — PAGE 42.

— A votre santé! lui dis-je.

Il prit son verre en souriant et le porta à ses lèvres.

Il en avait bu la moitié à peu près quand un coup de sonnette retentit.

J'aurais cru qu'il ne pouvait pas devenir plus pâle; je me trompais.

— C'est lui! dit-il.

— Oui, mais ce n'est peut-être pas elle, répondis-je.

— C'est ce que nous allons voir à l'instant.

Le coup de sonnette avait éveillé l'attention de tout le monde, et le silence le plus profond avait immédiatement succédé à la bruyante conversation qui courait tout autour de la table, et qui, de temps en temps, sautait par-dessus.

On entendit alors comme un débat dans l'antichambre.

D... se leva aussitôt, et alla ouvrir la porte.

— J'ai reconnu sa voix, me dit Louis en me saisissant le poignet, qu'il serra avec force.

— Allons, allons, du courage, soyez homme, répondis-je; il est évident que, si elle vient souper ainsi chez un homme qu'elle ne connaît pas et avec

Paris. — Imp. Simon Raçon & Cie, rue d'Erfurth, 1.

des gens qu'elle ne connaît pas davantage, c'est une catin, et une catin n'est pas digne de l'amour d'un galant homme.

— Mais, je vous en supplie, madame, disait D... dans l'antichambre, entrez donc; je vous assure que nous sommes tout à fait entre amis.

— Mais entre donc, ma chère Émilie, disait M. de Château-Renaud; tu ne te démasqueras pas si tu veux.

— Le misérable! murmura Louis de Franchi.

En ce moment, une femme entra, traînée plutôt que conduite par D..., qui croyait accomplir son office de maître de maison, et par Château-Renaud.

— Quatre heures moins trois minutes, dit tout bas Château-Renaud à D....

— Très-bien, mon cher, vous avez gagné.

— Pas encore, monsieur, dit la jeune femme inconnue en s'adressant à Château-Renaud et en se redressant de toute sa hauteur, car je comprends votre insistance maintenant... vous aviez parié de m'amener souper ici, n'est-ce pas?

Château-Renaud se tut. Elle s'adressa à D....

— Puisque cet homme ne répond pas, répondez, vous, monsieur, dit-elle : N'est-ce pas que M. de Château-Renaud avait parié qu'il m'amènerait souper chez vous?

— Je ne puis pas vous cacher, madame, que M. de Château-Renaud m'avait flatté de cet espoir.

— Eh bien! M. de Château-Renaud a perdu, car j'ignorais où il me conduisait et croyais aller souper chez une de mes amies; or, comme je ne suis pas venue volontairement, M. de Château-Renaud doit, ce me semble, perdre le bénéfice de la gageure.

— Mais, maintenant que vous y êtes, chère Émilie, reprit M. de Château-Renaud, vous resterez, n'est-ce pas? Voyez, nous avons bonne compagnie en hommes et joyeuse compagnie en femmes.

— Maintenant que j'y suis, dit l'inconnue, je remercierai monsieur, qui me paraît le maître de la maison, du bon accueil qu'il veut bien me faire; mais, comme malheureusement je ne puis répondre à sa gracieuse invitation, je prierai M. Louis de Franchi de me donner le bras et de me reconduire chez moi.

Louis de Franchi ne fit qu'un bond, et se trouva, en une seconde, entre M. de Château-Renaud et l'inconnue.

— Je vous ferai observer, madame, dit-il les dents serrées par la colère, que c'est moi qui vous ai amenée, et que, par conséquent, c'est à moi de vous reconduire.

— Messieurs, dit l'inconnue, vous êtes ici cinq hommes; je me mets sous la sauvegarde de votre honneur; vous empêcherez bien, je l'espère, M. de Château-Renaud de me faire violence.

Château-Renaud fit un mouvement; nous nous levâmes tous.

— C'est bien, madame, dit-il, vous êtes libre; je sais à qui je dois m'en prendre.

— Si c'est à moi, monsieur, dit Louis de Franchi avec un air de hauteur impossible à exprimer, vous me trouverez demain toute la journée, rue du Helder, n° 7.

— C'est bien, monsieur; peut-être n'aurai-je pas l'honneur de me présenter chez vous moi-même; mais j'espère qu'en mon lieu et place vous voudrez bien recevoir deux de mes amis.

— Il vous manquait, monsieur, dit Louis de Franchi en haussant les épaules, de donner un pareil rendez-vous devant une femme. Venez, madame, continua-t-il en prenant le bras de l'inconnue, et croyez que je vous remercie du fond du cœur de l'honneur que vous me faites.

Et tous deux sortirent au milieu d'un profond silence.

— Eh bien! quoi, messieurs? dit Château-Renaud quand la porte se fut refermée : j'ai perdu, voilà tout. A après-demain soir, tous tant que nous sommes ici, aux Frères-Provençaux.

Et il s'assit à l'une des deux places vides, et tendit son verre à D...., qui le remplit bord à bord.

Cependant, comme on le comprend bien, malgré la bruyante hilarité de M. de Château-Renaud, le reste du souper fut assez maussade.

XIV

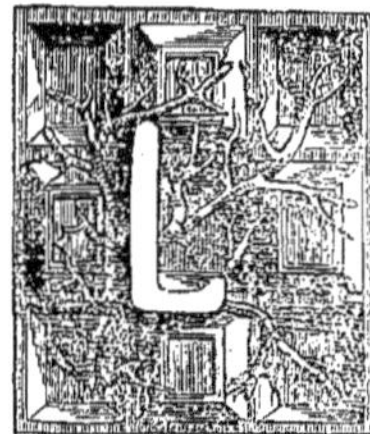

e lendemain, ou plutôt le jour même, j'étais à dix heures du matin à la porte de M. Louis de Franchi.

Comme je montais l'escalier, je rencontrai deux jeunes gens qui descendaient : l'un était évidemment un homme du monde ; l'autre, décoré de la Légion d'honneur, paraissait, quoique habillé en bourgeois, être un militaire.

Je me doutai que ces deux messieurs sortaient de chez M. Louis de Franchi, et je les suivis des yeux jusqu'au bas de l'escalier ; puis je continuai mon chemin, et je sonnai.

Le domestique vint m'ouvrir ; son maître était dans son cabinet.

Lorsqu'il entra pour m'annoncer, Louis, qui était assis et occupé à écrire, retourna la tête.

— Eh! justement, dit-il en tordant le billet commencé et en le jetant au feu, ce billet était à votre intention, et j'allais envoyer chez vous. C'est bien, Joseph, je n'y suis pour personne.

Le domestique sortit.

— N'avez-vous pas rencontré deux messieurs sur l'escalier? continua Louis en avançant un fauteuil.

— Oui, dont l'un est décoré.

— C'est cela même.

— Je me suis douté qu'ils sortaient de chez vous.

— Et vous avez deviné juste.

— Venaient-ils de la part de M. de Château-Renaud?

— Ce sont ses témoins.

— Ah ! diable! il a pris la chose au sérieux, à ce qu'il paraît.

— Il ne pouvait guère faire autrement, vous en conviendrez, répondit Louis de Franchi.

— Et ils venaient?...

— Me prier de leur envoyer deux de mes amis pour causer d'affaires avec eux ; c'est alors que j'ai pensé à vous.

— Je suis très-honoré de votre souvenir, mais je ne puis me présenter seul chez eux.

— J'ai fait prier un de mes amis, le baron Giordano-Martelli, de venir déjeuner avec moi. A onze heures, il sera ici. Nous déjeunerons ensemble, et à midi vous aurez la bonté de passer chez ces messieurs, qui ont promis de se tenir chez eux jusqu'à trois heures. Voici leurs noms et leurs adresses.

Louis me présenta deux cartes.

L'un s'appelait le baron René de Châteaugrand ; l'autre, M. Adrien de Boissy.

Le premier demeurait rue la paix, n° 12 ;

Le second, qui, ainsi que je m'en étais douté, appartenait à l'armée, était lieutenant aux chasseurs d'Afrique, et demeurait rue de Lille, n° 29.

Je tournai et retournai les cartes dans ma main.

— Eh bien! qu'y a-t-il qui vous embarrasse? demanda Louis.

— Je voudrais savoir bien franchement de vous si vous regardez cette affaire comme sérieuse. Vous comprenez que toute notre conduite se règlera là-dessus.

— Comment donc! comme très-sérieuse! D'ailleurs, vous avez dû l'entendre, je me suis mis à la disposition de M. de Château-Renaud, et c'est lui qui m'envoie ses témoins. Je n'ai donc qu'à me laisser faire.

— Oui, certainement... mais enfin...

— Achevez donc, reprit Louis en souriant.

— Mais enfin faudrait-il savoir pourquoi vous vous battez. On ne peut pas voir deux hommes se couper la gorge sans savoir au moins le motif du combat. Vous le savez bien, la position du témoin est plus grave que celle du combattant.

— Aussi je vous dirai en deux mots la cause de cette querelle. La voici :

« A mon arrivée à Paris, un de mes amis, capitaine de frégate, me présenta à sa femme. Elle était belle, elle était jeune ; sa vue me fit une impression si profonde, que, craignant d'en devenir amoureux, je profitai le plus rarement possible de la permission qui m'était accordée de venir à toute heure dans la maison.

« Mon ami se plaignait de mon indifférence, et alors je lui dis franchement la vérité, c'est-à-dire que sa femme était trop charmante en tout pour que je m'exposasse à la voir souvent. Il sourit, me tendit la main, et exigea que je vinsse dîner avec lui le jour même.

« Mon cher Louis, me dit-il au dessert, je pars dans trois semaines pour le Mexique ; peut-être resterai-je absent trois mois, peut-être six mois, peut-être plus longtemps. Nous autres marins, nous connaissons quelquefois l'heure du départ, mais jamais celle du retour. Je vous recommande Émilie en mon absence. Émilie, je vous prie de traiter Louis de Franchi comme votre frère.

« La jeune femme répondit en me tendant la main.

« J'étais stupéfait : je ne sus que répondre, et je dus paraître fort niais à ma future sœur.

« Trois semaines après, effectivement, mon ami partit.

« Pendant ces trois semaines, il avait exigé que je vinsse dîner en famille avec lui au moins une fois par semaine.

« Émilie resta avec sa mère : je n'ai pas besoin de dire que la confiance de son mari me l'avait rendue sacrée, et que, tout en l'aimant plus que ne devait le faire un frère, je ne la regardai jamais que comme une sœur.

« Six mois s'écoulèrent.

« Émilie demeurait avec sa mère, et, en partant, son mari avait exigé qu'elle continuât de recevoir. Mon pauvre ami ne craignait rien tant que la réputation d'homme jaloux : le fait est qu'il adorait Émilie, et qu'il avait entière confiance en elle.

« Émilie continua donc de recevoir. D'ailleurs, les réceptions étaient intimes, et la présence de sa mère ôtait aux plus mauvais esprits tout prétexte de blâme : aussi personne ne s'avisa-t-il de dire un mot qui pût porter atteinte à sa réputation.

« Il y a trois mois à peu près, M. de Château-Renaud se fit présenter.

« Vous croyez aux pressentiments, n'est-ce pas? A son aspect, je tressaillis; il ne m'adressa point la parole; il fut ce que doit être dans un salon un homme du monde, et cependant, lorsqu'il sortit, je le haïssais déjà.

« Pourquoi? Je n'en savais rien moi-même.

« Ou plutôt je m'étais aperçu que cette impression que j'avais éprouvée en voyant pour la première fois Émilie, il l'avait éprouvée lui-même.

« De son côté, il me semblait qu'Émilie l'avait reçu avec une coquetterie inaccoutumée : sans doute je me trompais; mais, je vous l'ai dit, au fond du cœur je n'avais pas cessé d'aimer Émilie, et j'étais jaloux.

« Aussi, à la prochaine soirée, ne perdis-je pas de vue M. de Château-Renaud : peut-être s'aperçut-il de mon affectation à le suivre des yeux, et il me sembla qu'en causant à demi-voix avec Émilie il essayait de me tourner en ridicule.

« Si je n'avais écouté que la voix de mon cœur, dès ce soir-là je lui eusse cherché une querelle sous un prétexte quelconque et me fusse battu avec lui; mais je me contins en me répétant à moi-même qu'une telle conduite serait absurde.

« Que voulez-vous? chaque vendredi fut pour moi désormais un supplice.

« M. de Château-Renaud est tout à fait un homme du monde, un élégant, un lion ; je reconnaissais sous beaucoup de rapports sa supériorité sur moi, mais il me semblait qu'Émilie le mettait encore plus haut qu'il ne méritait d'être.

« Bientôt il me sembla que je n'étais point le seul qui s'aperçût de cette préférence d'Émilie pour M. de Château-Renaud, et cette préférence s'augmenta de telle façon et devint enfin si visible, qu'un jour Giordano, qui était comme moi un habitué de la maison, m'en parla.

« Dès lors, mon parti fut pris : je résolus d'en parler à mon tour à Émilie, convaincu que j'étais encore qu'il n'y avait de sa part que de l'inconséquence, et que je n'avais qu'à lui ouvrir les yeux sur sa propre conduite pour qu'elle en réformât tout ce qui jusque-là avait pu la faire accuser de légèreté.

« Mais, à mon grand étonnement, Émilie prit mes observations en plaisanterie, prétendant que j'étais fou, et que ceux qui partageaient mes idées étaient aussi fous que moi.

« J'insistai.

« Émilie me répondit qu'elle ne s'en rapporterait pas à moi dans une pareille affaire, et qu'un homme amoureux était nécessairement un juge prévenu.

« Je demeurai stupéfait; son mari lui avait tout dit.

« Dès lors, vous le comprenez, mon rôle, envisagé sous le point de vue d'amant malheureux et jaloux, devenait ridicule et presque odieux; je cessai d'aller chez Émilie.

« Quoique ayant cessé d'assister aux soirées d'Émilie, je n'en avais pas moins de ses nouvelles; je n'en savais pas moins ce qu'elle faisait, et je n'en étais pas moins malheureux, car on commençait à remarquer les assiduités de M. de Château-Renaud près d'Émilie et à en parler tout haut.

« Je me résolus à lui écrire; je le fis avec toute la mesure dont j'étais capable, la suppliant, au nom de son honneur compromis, au nom de son mari absent et plein de confiance en elle, de veiller sévèrement sur ce qu'elle faisait. Elle ne me répondit pas.

« Que voulez-vous? l'amour est indépendant de la volonté; la pauvre créature aimait, et, comme elle aimait, elle était aveugle ou plutôt voulait absolument l'être.

« Quelque temps après, j'entendis dire tout haut qu'Émilie était la maîtresse de M. de Château-Renaud.

« Ce que je souffris ne peut pas s'exprimer.

« Ce fut alors que mon pauvre frère éprouva le contre-coup de ma douleur.

« Cependant une douzaine de jours s'écoulèrent, et, sur ces entrefaites, vous arrivâtes.

« Le jour même où vous vous présentâtes chez moi, j'avais reçu une lettre anonyme. Cette lettre

Émilie.

était de la part d'une dame inconnue qui me donnait rendez-vous au bal de l'Opéra.

« Cette dame me disait qu'elle avait certains renseignements à me communiquer sur une dame de mes amies, dont elle se contentait pour le moment de me dire le prénom.

« Ce prénom était *Émilie*.

« Je devais la reconnaître à un bouquet de violettes.

« Je vous dis alors que j'aurais dû ne point aller à ce bal; mais, je vous le répète, j'étais poussé par la fatalité.

« J'y vins; j'y trouvai mon domino à l'heure et à la place indiquées. Il me confirma ce qu'on m'avait déjà dit que M. de Château-Renaud était l'amant d'Émilie, et, comme j'en doutais, ou plutôt comme je faisais semblant d'en douter, il me donna cette preuve que M. de Château-Renaud avait parié qu'il conduirait sa nouvelle maîtresse souper chez M. D....

« Le hasard a fait que vous connaissiez M. D...; que vous étiez invité à souper; que vous aviez la faculté d'y mener un ami; que vous avez proposé de m'y conduire, et que j'ai accepté.

« Vous savez le reste.

« Maintenant, que puis-je faire autrement sinon que d'attendre et d'accepter les propositions qui me seront faites? »

Il n'y avait rien à répondre à cela : j'inclinai donc la tête.

— Mais, repris-je au bout d'un instant avec un sentiment de crainte, je crois me rappeler, je me trompe, j'espère, que votre frère m'a dit que vous n'aviez jamais touché ni à un pistolet ni à une épée.

— C'est vrai.

— Mais alors vous êtes à la merci de votre adversaire.

— Que voulez-vous? Dieu y pourvoira!

XV

n ce moment, le valet de chambre annonça le baron Giordano-Martelli.

C'était, comme Louis de Franchi, un jeune Corse de la province de Sartène; il servait dans le 11e régiment, où deux ou trois faits d'armes admirables l'avaient fait nommer capitaine à l'âge de vingt-trois ans. Il va sans dire qu'il était vêtu en bourgeois.

— Eh bien! lui dit-il après m'avoir salué, la chose en est donc arrivée enfin où elle en devait venir, et, d'après ce que tu m'écris, tu auras, selon toute probabilité, la visite des témoins de M. de Château-Renaud dans la journée?

— Je l'ai eue, dit Louis.

— Ces messieurs ont laissé leurs noms et leurs adresses?

— Voici leurs cartes.

— Bien! ton valet de chambre m'a dit que nous étions servis; déjeunons, et nous irons ensuite leur rendre leur visite.

Nous passâmes dans la salle à manger, et il ne fut plus question de l'affaire qui nous réunissait.

Ce fut alors que Louis m'interrogea sur mon voyage en Corse, et que je trouvai seulement l'occasion de lui raconter tout ce que le lecteur sait déjà.

A cette heure que l'esprit du jeune homme était calmé par l'idée qu'il se battait le lendemain avec M. de Château-Renaud, tous les sentiments de patrie et de famille lui revenaient au cœur.

Il me fit vingt fois répéter ce que m'avaient dit son frère et sa mère. Il était surtout fort touché, connaissant les mœurs véritablement corses de Lucien, des soins qu'il avait mis à apaiser la querelle des Orlandi et des Colona.

Midi sonna.

— Je crois, sans vous chasser le moins du monde, messieurs, dit Louis, qu'il serait temps de rendre à ces messieurs leur visite; en tardant davantage, ils pourraient croire que nous y mettons de la négligence.

— Oh! sur ce point, rassurez-vous, repartis-je; ils sortent d'ici il y a deux heures à peine, et il vous a fallu le temps de nous prévenir.

— N'importe, dit le baron Giordano, Louis a raison.

— Maintenant, dis-je à Louis, il faut cependant que nous sachions quelle arme vous préférez de l'épée ou du pistolet.

— Oh! mon Dieu! je vous l'ai dit, cela m'est parfaitement égal, attendu que je ne suis familier ni avec l'une ni avec l'autre. D'ailleurs M. de Château-Renaud m'épargnera l'embarras du choix. Il se regardera sans doute comme l'offensé, et, à ce titre, il pourra prendre l'arme qui lui conviendra.

— Cependant l'offense est discutable. Vous n'avez rien fait autre chose que présenter le bras qu'on réclamait de vous.

— Écoutez, me dit Louis : toute discussion, à mon avis, pourrait prendre la tournure d'un désir d'arrangement. J'ai des goûts fort paisibles, comme vous le savez; je suis loin d'être duelliste, puisque c'est la première affaire que j'ai, mais c'est justement à cause de toutes ces raisons que je veux être beau joueur.

— Cela vous est bien aisé à dire, mon cher; vous ne jouez que votre vie, vous, et vous nous laissez à nous, en face de toute votre famille, la responsabilité de ce qui arrivera.

— Oh! quant à cela, soyez tranquille : je connais ma mère et mon frère. Ils vous demanderont : « Louis s'est-il conduit en galant homme? » et, quand vous aurez répondu : « Oui, » ils répondront : « C'est bien. »

— Mais enfin, que diable! faut-il cependant que nous sachions quelle arme vous préférez!

— Eh bien ! si l'on propose le pistolet, acceptez tout de suite.

— C'était mon avis aussi, dit le baron.

— Va donc pour le pistolet, répondis-je, puisque c'est votre avis à tous deux. Mais le pistolet est une vilaine arme.

— Ai-je le temps d'apprendre à tirer l'épée d'ici à demain ?

— Non. Mais, cependant, avec une bonne leçon de Grisier, peut-être arriveriez-vous à vous défendre.

Louis sourit.

— Croyez-moi, dit-il, ce qu'il arrivera de moi demain matin est déjà écrit là-haut, et, quelque chose que nous y puissions faire, vous et moi, nous n'y changerons rien.

Sur ce, nous lui serrâmes la main et nous descendîmes.

Notre première visite fut naturellement pour le témoin de notre adversaire qui se trouvait le plus proche de nous ; nous nous rendîmes donc chez M. René de Châteaugrand, qui demeurait, comme nous l'avons dit, rue de la Paix, n° 12.

La porte était interdite à quiconque ne se présenterait point de la part de M. Louis de Franchi.

Nous déclinâmes notre mission, présentâmes nos cartes, et fûmes introduits à l'instant même.

Nous trouvâmes dans M. de Châteaugrand un homme du monde parfaitement élégant. Il ne voulut point que nous nous donnassions la peine de passer chez M. de Boissy, nous disant qu'ils étaient convenus ensemble que le premier chez lequel nous nous présenterions enverrait chercher l'autre.

Il envoya donc aussitôt son laquais prévenir M. Adrien de Boissy que nous l'attendions chez lui.

Pendant ce moment d'attente, il ne fut pas une seconde question de l'affaire qui nous amenait. On parla courses, chasse, opéra.

M. de Boissy arriva au bout de dix minutes.

Ces messieurs ne mirent pas même en avant la prétention du choix des armes : l'épée ou le pistolet étant également familiers à M. de Château-Renaud, il s'en remettait du choix à M. de Franchi lui-même ou au hasard.

On jeta un louis en l'air, face pour l'épée, pile pour le pistolet ; le louis retomba pile.

Il fut donc décidé que le combat aurait lieu le lendemain à neuf heures du matin, au bois de Vincennes ; que les adversaires seraient placés à vingt pas de distance ; qu'on frapperait trois coups dans les mains, et qu'au troisième coup ils tireraient.

Nous allâmes rendre cette réponse à de Franchi.

Le même soir, je trouvai en rentrant chez moi les cartes de MM. Châteaugrand et de Boissy.

XVI

Je m'étais présenté à huit heures du soir chez M. de Franchi pour lui demander s'il n'avait pas quelque recommandation à me faire ; mais il m'avait prié d'attendre au lendemain en me répondant d'un air étrange :

— La nuit porte conseil.

Le lendemain donc, au lieu d'aller le prendre à huit heures, ce qui nous donnait encore marge suffisante pour être au rendez-vous à neuf, j'étais chez Louis de Franchi à sept heures et demie.

Il était déjà dans son cabinet et écrivait.

Au bruit que je fis en ouvrant la porte, il se retourna.

Il était très-pâle.

— Pardon, me dit-il, j'achève d'écrire à ma mère ; asseyez-vous, prenez un journal si les journaux sont arrivés ; tenez, la *Presse*, par exemple : il y un charmant feuilleton de M. Méry.

Je pris le journal indiqué et je m'assis, regardant avec étonnement l'opposition que faisait cette pâleur presque livide du jeune homme avec sa voix douce, grave et calme.

J'essayai de lire, mais je suivais des yeux les caractères sans qu'ils présentassent aucun sens distinct à mon esprit.

Au bout de cinq minutes :

— J'ai fini, dit-il.

Et sonnant aussitôt son valet de chambre :

— Joseph, je n'y suis pour personne, pas même pour Giordano ; faites-le entrer au salon ; je désire, sans être interrompu par qui que ce soit, être dix minutes seul avec monsieur.

Le valet referma la porte.

— Tenez, voici ce que j'écris à ma mère ; lisez cette lettre.

— Tenez, me dit-il, mon cher Alexandre, Giordano est Corse ; il a des idées corses ; je ne puis donc me fier à lui dans ce que je désire ; je lui demanderai le secret, et voilà tout. Quant à vous, il faut que vous me promettiez d'exécuter de point en point mes instructions.

— Certainement ; n'est-ce pas un devoir pour un témoin ?

— Un devoir d'autant plus réel, qu'ainsi vous épargnerez peut-être à notre famille un second malheur.

— Un second malheur? demandai-je étonné.

— Tenez, me dit-il, voici ce que j'écris à ma mère ; lisez cette lettre.

Je pris la lettre des mains de Franchi, et je lus avec un étonnement croissant :

« Ma bonne mère,

« Si je ne vous savais pas à la fois forte comme une Spartiate et soumise comme une chrétienne, j'emploierais tous les moyens possibles pour vous préparer à l'événement affreux qui va vous frapper ; quand vous recevrez cette lettre, vous n'aurez plus qu'un fils.

— Pensez à Dieu, mon fils ! — Page 50.

« Lucien, mon excellent frère, aime ma mère pour nous deux !

« Avant-hier, j'ai été atteint d'une fièvre cérébrale ; j'ai fait peu d'attention aux premiers symptômes ; le médecin est arrivé trop tard ; ma bonne mère, il n'y a plus d'espoir pour moi, à moins d'un miracle, et quel droit ai-je d'espérer que Dieu fera ce miracle pour moi?

« Je vous écris dans un moment lucide ; si je meurs, cette lettre sera mise à la poste un quart d'heure après ma mort ; car, dans l'égoïsme de mon amour pour vous, je veux que vous sachiez que je suis mort en ne regrettant du monde entier que votre tendresse et celle de mon frère.

« Adieu, ma mère.

« Ne pleurez pas ; c'était l'âme qui vous aimait et non pas le corps, et, partout où elle ira, l'âme continuera de vous aimer.

« Adieu, Lucien.

« Ne quitte jamais notre mère, et songe qu'elle n'a plus que toi.

« Votre fils,

« Ton frère,

« Louis de Franchi »

Paris. — Imp. Simon Raçon & Cie, rue d'Erfurth, 1.

Après ces derniers mots, je me retournai vers celui qui les avait écrits.

— Eh bien! lui dis-je, qu'est-ce que cela signifie?

— Ne comprenez-vous pas? me demanda-t-il.

— Non.

— Je vais être tué à neuf heures dix minutes.

— Vous allez être tué?

— Oui.

— Mais vous êtes fou! Pourquoi vous frapper d'une pareille idée?

— Je ne suis ni fou ni frappé, mon cher ami... Je suis prévenu, voilà tout.

— Prévenu? et par qui?

— Mon frère ne vous a-t-il pas raconté, demanda en souriant Louis, que les mâles de notre famille jouissent d'un singulier privilége?

— C'est vrai, répondis-je en frissonnant malgré moi; il m'a parlé d'apparitions.

— C'est cela. Eh bien! mon père m'est apparu cette nuit; c'est pour cela que vous m'avez trouvé si pâle : la vue des morts pâlit les vivants.

Je le regardai avec un étonnement qui n'était point exempt de terreur.

— Vous avez vu votre père cette nuit, dites-vous?

— Oui.

— Et il vous a parlé?

— Il m'a annoncé ma mort.

— C'était quelque rêve terrible, dis-je.

— C'était une terrible réalité.

— Vous dormiez?

— Je veillais... Ne croyez-vous donc pas qu'un père puisse visiter son fils?

Je baissai la tête, car, au fond du cœur, moi-même je croyais à cette possibilité.

— Comment cela s'est-il passé? demandai-je.

— Oh! mon Dieu! de la façon la plus simple et la plus naturelle. Je lisais en attendant mon père, car je savais que, si je courais quelque danger, mon père m'apparaîtrait, lorsqu'à minuit ma lampe a pâli d'elle-même, la porte s'est ouverte lentement, et mon père a paru.

— Mais comment? demandai-je.

— Mais, comme de son vivant : vêtu de l'habit qu'il portait habituellement; seulement il était très-pâle, et ses yeux étaient sans regard.

— O mon Dieu!...

— Alors, il s'approcha lentement de mon lit. Je me soulevai sur le coude.

« — Soyez le bienvenu, mon père! » lui dis-je.

Il s'approcha de moi, me regarda fixement, et il me sembla que cet œil atone s'animait par la force du sentiment paternel.

— Continuez... C'est terrible!...

— Alors, ses lèvres remuèrent, et, chose étrange! quoique ses paroles ne produisissent aucun son, je les entendais retentir au dedans de moi-même, distinctes et vibrantes comme un écho.

— Et que vous a-t-il dit?

« — Pense à Dieu, mon fils!

« — Je serai donc tué dans ce duel? » demandai-je. Je vis deux larmes couler de ses yeux sans regard sur le visage pâle du spectre. « Et à quelle heure? » Il tourna le doigt vers la pendule. Je suivis la direction indiquée. La pendule marquait neuf heures dix minutes.

« — C'est bien, mon père, répondis-je alors. Que la volonté de Dieu soit faite! Je quitte ma mère, c'est vrai, mais pour vous rejoindre, vous. »

Alors un pâle sourire passa sur ses lèvres, et, me faisant un signe d'adieu, il s'éloigna.

La porte s'ouvrit d'elle-même devant lui... Il disparut, et la porte se referma.

Ce récit était si simplement et si naturellement fait, qu'il était évident ou que la scène que racontait de Franchi avait eu lieu effectivement, ou qu'il avait été, dans la préoccupation de son esprit, le jouet d'une illusion qu'il avait prise pour la réalité, et qui, par conséquent, était aussi terrible qu'elle.

J'essuyai la sueur qui me coulait du front.

— Maintenant, continua Louis, vous connaissez mon frère, n'est-ce pas?

— Oui.

— Que croyez-vous qu'il fasse s'il apprend que j'ai été tué en duel?

— Il partira à l'instant même de Sullacaro pour venir se battre avec celui qui vous aura tué.

— Justement, et, s'il est tué à son tour, ma mère sera trois fois veuve, veuve de son mari, veuve de ses deux fils.

— Oh! je comprends, c'est affreux!

— Eh bien! c'est ce qu'il faut éviter. Voilà pourquoi j'ai voulu écrire cette lettre. Croyant que je suis mort d'une fièvre cérébrale, mon frère ne s'en prendra à personne, et ma mère se consolera plus facilement, me croyant atteint par la volonté de Dieu, que si elle me sait frappé par la main des hommes. A moins que...

— A moins que?... répétai-je.

— Oh! non... reprit Louis; j'espère que ce ne sera pas.

Je vis qu'il répondait à une crainte personnelle, et je n'insistai point.

En ce moment, la porte s'entr'ouvrit.

— Mon cher de Franchi, dit le baron de Giordano, j'ai respecté ta consigne tant que la chose a été possible. Mais il est huit heures; le rendez-vous est à neuf; nous avons une lieue et demie à faire : il faut partir.

— Je suis prêt, mon très-cher, dit Louis. Entre donc. J'ai dit à monsieur ce que j'avais à lui dire.

Il mit un doigt sur sa bouche en me regardant.

— Quant à toi, mon ami, continua-t-il en se retournant vers la table et en y prenant une lettre cachetée, voici ton affaire. S'il m'arrivait malheur, lis ce billet, et conforme-toi, je te prie, à ce que je te demande.

— A merveille !

— Vous vous étiez chargé des armes?

— Oui, répondis-je... Mais, au moment de partir, je me suis aperçu que l'un des chiens jouait mal. Nous prendrons en passant une boîte de pistolets chez Devisme.

Louis me regarda en souriant et me tendit la main. Il avait compris que je ne voulais pas qu'il fût tué avec mes pistolets.

— Avez-vous une voiture? demanda Louis, ou faut-il que Joseph aille en chercher une?

— J'ai mon coupé, dit le baron, et, en nous pressant un peu, nous tiendrons trois. D'ailleurs, comme nous sommes un peu en retard, nous irons toujours plus vite avec mes chevaux qu'avec des chevaux de fiacre.

— Partons, dit Louis.

Nous descendîmes. A la porte, Joseph nous attendait.

— Irai-je avec monsieur? demanda-t-il.

— Non, Joseph, répondit Louis, non, c'est inutile, et je n'ai pas besoin de vous.

Puis, restant un peu en arrière :

— Tenez, mon ami, dit-il en lui mettant dans la main un petit rouleau d'or; et, si parfois, dans mes moments de mauvaise humeur, je vous ai brusqué, pardonnez-le-moi.

— Oh! monsieur, s'écria Joseph les larmes aux yeux, qu'est-ce que cela signifie?

— Chut! dit Louis.

Et, s'élançant dans la voiture, il se plaça entre nous deux.

— C'était un bon serviteur, dit-il en jetant un dernier regard sur Joseph, et, si vous pouvez lui être utile l'un ou l'autre, je vous en serai reconnaissant.

— Est-ce que tu le renvoies? demanda le baron.

— Non, dit en souriant Louis, je le quitte, voilà tout.

Nous nous arrêtâmes à la porte de Devisme, juste le temps nécessaire pour prendre une boîte de pistolets, de la poudre et des balles; puis nous repartîmes au grand trot des chevaux.

XVII

ous étions à Vincennes à neuf heures moins cinq minutes.

Une voiture arrivait en même temps que la nôtre : c'était celle de M. de Château-Renaud.

Nous nous enfonçâmes dans le bois par deux routes différentes. Nos cochers devaient se rejoindre dans la grande allée.

Quelques instants après, nous étions au rendez-vous.

— Messieurs, dit Louis en descendant le premier, vous le savez, pas d'arrangement possible.

— Mais, cependant... dis-je en m'approchant.

— Oh! mon cher, rappelez-vous qu'après la confidence que je vous ai faite vous avez moins que personne le droit d'en proposer ou d'en recevoir.

Je baissai la tête devant cette volonté absolue, qui, pour moi, était une volonté suprême.

Nous laissâmes Louis près de la voiture, et nous nous avançâmes vers M. de Boissy et M. de Châteaugrand.

Le baron de Giordano tenait à la main la boîte de pistolets.

Nous échangeâmes un salut.

— Messieurs, dit le baron Giordano, dans des circonstances pareilles à celles où nous nous trouvons, les plus courts compliments sont les meilleurs ; car, d'un moment à l'autre, nous pouvons être dérangés. Nous nous étions chargés d'apporter les armes, les voici ; veuillez les examiner : nous venons de les prendre à l'intant même chez l'arquebusier, et nous vous donnons notre parole que M. Louis de Franchi ne les a pas même vues.

— Cette parole était inutile, monsieur, répondit le vicomte de Châteaugrand ; nous savons à qui nous avons affaire.

Et, prenant un pistolet, tandis que de M. de Boissy prenait l'autre, les deux témoins en firent jouer les ressorts tout en examinant le calibre.

— Ce sont des pistolets de tir ordinaire, et qui n'ont jamais servi, dit le baron. Maintenant sera-t-on libre de se servir ou non de la double détente ?

— Mais, dit M. de Boissy, mon avis est que chacun doit faire comme cela lui conviendra et selon son habitude.

— Soit, dit le baron Giordano. Toutes chances égales sont agréables.

— Alors vous préviendrez M. de Franchi, et nous nous préviendrons M. de Château-Renaud.

— C'est convenu ; maintenant, monsieur, c'est nous qui avons apporté les armes, continua le baron de Giordano, c'est à vous de les charger.

Les deux jeunes gens prirent chacun un pistolet, mesurèrent rigoureusement la même charge de poudre, prirent au hasard deux balles, et les enfoncèrent dans le canon avec le maillet.

Pendant cette opération, à laquelle je n'avais voulu prendre aucune part, je m'approchai de Louis, qui me reçut le sourire sur les lèvres.

— Vous n'oublieriez rien de ce que je vous ai demandé, me dit-il, et vous obtiendrez de Giordano, auquel je le demande, au reste, par la lettre que je lui ai remise, qu'il ne raconte rien ni à ma mère ni à mon frère. Veillez aussi à ce que les journaux ne parlent point de cette affaire, et, s'ils en parlent, à ce qu'ils ne mettent point les noms.

— Vous êtes donc toujours dans cette terrible conviction que le duel vous sera fatal ? lui demandai-je.

— J'en suis plus convaincu que jamais ; mais vous me rendrez cette justice au moins, n'est-ce pas ? que j'ai regardé venir la mort en vrai Corse.

— Votre calme, mon cher de Franchi, est si grand, qu'il me donne cet espoir que vous n'êtes pas bien convaincu vous-même.

Louis tira sa montre.

— J'ai encore sept minutes à vivre, dit-il ; tenez, voilà ma montre ; gardez-la, je vous prie, en souvenir de moi : c'est une excellente Breguet.

Je pris la montre en serrant la main de Franchi.

— Dans huit minutes, lui dis-je, j'espère vous la rendre.

— Ne parlons plus de cela, me dit-il ; voici ces messieurs qui s'approchent.

— Messieurs, dit le vicomte de Châteaugrand, il doit y avoir ici, à droite, une clairière que j'ai pratiquée pour mon propre compte, l'an dernier ; voulez-vous que nous la cherchions ? nous serons mieux

— J'ai encore sept minutes à vivre, dit-il — Page 52.

que dans une allée, où nous pouvons être vus et dérangés.

— Guidez-nous, monsieur, dit le baron Giordano-Martelli, nous vous suivons.

Le vicomte marcha le premier, et nous le suivîmes en formant deux groupes séparés. Bientôt, en effet, nous nous trouvâmes, après une trentaine de pas d'une descente presque insensible, au milieu d'une clairière qui avait autrefois, sans doute, été une mare dans le genre de celle d'Auteuil, et qui, tout à fait desséchée, formait une fondrière entourée de tous côtés d'une espèce de talus; le terrain paraissait donc fait exprès pour servir de théâtre à une scène dans le genre de celle qui allait s'y passer.

— Monsieur de Martelli, dit le vicomte, voulez-vous mesurer les pas avec moi?

Le baron répondit par un salut d'assentiment; puis, allant se mettre côte à côte avec M. de Château-grand, ils mesurèrent vingt pas ordinaires.

Je restai donc encore quelques secondes seul avec de Franchi.

— A propos, me dit-il, vous trouverez mon testament sur la table où j'écrivais lorsque vous êtes entré.

— C'est bien, répondis-je, soyez tranquille.

— Messieurs, quand vous voudrez, dit le vicomte de Châteaugrand.

— Me voici, répondit Louis. Adieu, cher ami; merci de toute la peine que je vous ai donnée, sans compter, ajouta-t-il avec un sourire mélancolique, celle que je vous donnerai encore.

Je lui pris la main; elle était froide, mais sans aucune agitation.

— Voyons, lui dis-je, oubliez l'apparition de cette nuit et visez de votre mieux.

— Vous rappelez-vous le *Freyzchutz?*

— Oui.

— Eh bien! vous le savez, chaque balle a sa destination... Adieu.

Il rencontra sur sa route le baron Giordano, qui tenait à la main le pistolet qui lui était destiné; il le prit, l'arma, et, sans même y jeter les yeux, alla se placer à son poste indiqué par un mouchoir.

M. de Château-Renaud était déjà au sien.

Il y eut un instant de morne silence, pendant lequel les deux jeunes gens saluèrent leurs témoins, puis ceux de leurs adversaires, et, enfin, se saluèrent l'un l'autre.

M. de Château-Renaud paraissait parfaitement avoir l'habitude de ce genre d'affaires, et il était souriant comme un homme sûr de son adresse. Peut-être savait-il d'ailleurs que c'était la première fois que Louis de Franchi touchait un pistolet.

Louis était calme et froid; sa belle tête avait l'air d'un buste de marbre.

— Eh bien! messieurs, dit Château-Renaud, vous le voyez, nous attendons.

Louis me jeta un dernier regard; puis, avec un sourire, il leva les yeux au ciel.

— Allons, messieurs, dit Châteaugrand, préparez-vous. Puis, frappant ses mains l'une contre l'autre:

— Une fois... dit-il, deux fois... trois fois...

Les deux coups ne formèrent qu'une seule détonation.

Au même instant, je vis Louis de Franchi faire deux tours sur lui-même et tomber sur un genou.

M. de Château-Renaud resta debout; le revers de sa redingote seulement avait été traversé.

Je me précipitai vers Louis de Franchi.

— Vous êtes blessé? lui dis-je.

Il essaya de me répondre, mais inutilement; une mousse sanglante parut sur ses lèvres.

En même temps, il laissa tomber le pistolet et porta la main au côté droit de sa poitrine.

A peine voyait-on sur la redingote un trou à fourrer le bout du petit doigt.

— Monsieur le baron! m'écriai-je, courez à la caserne et amenez le chirurgien du régiment.

Mais de Franchi rassembla ses forces, et, arrêtant Giordano, il lui fit signe de la tête que la chose était inutile.

En même temps il tomba sur le second genou.

M. de Château-Renaud s'éloigna aussitôt, mais ses deux témoins s'approchèrent du blessé.

Pendant ce temps, nous avions ouvert la redingote, déchiré le gilet et la chemise.

La balle entrait au-dessous de la sixième côte droite et sortait un peu au-dessus de la hanche gauche.

A chaque expiration du moribond, le sang jaillissait par les deux blessures.

Il était évident que la plaie était mortelle.

— Monsieur de Franchi, dit le vicomte de Châteaugrand, nous sommes désolés, croyez-le bien, du résultat de cette malheureuse affaire, et nous espérons que vous êtes sans haine contre M. de Château-Renaud.

— Oui, oui... murmura le blessé, oui, je lui pardonne... mais qu'il parte, qu'il parte...

Puis, se retournant avec effort de mon côté:

— Souvenez-vous de votre promesse, me dit-il.

— Oh! je vous jure qu'il sera fait comme vous désirez.

— Et maintenant, dit-il en souriant, regardez la montre.

Et il retomba en poussant un long soupir.

C'était le dernier.

Je regardai la montre: il était juste neuf heures dix minutes.

Puis je portai les yeux sur Louis de Franchi: il était mort!

Nous ramenâmes le cadavre chez lui, et, tandis que le baron de Giordano allait faire la déclaration au commissaire de police du quartier, je le montai avec Joseph dans sa chambre.

Le pauvre garçon pleurait à chaudes larmes.

En entrant, mes yeux se portèrent malgré moi sur la pendule. Elle marquait neuf heures dix minutes.

Sans doute on avait oublié de la remonter, et elle s'était arrêtée juste à cette heure.

Un instant après, le baron Giordano rentra avec les gens de justice, qui, prévenus par lui, venaient mettre les scellés.

Le baron voulait envoyer des lettres de faire part aux amis et connaissances du défunt; mais je le priai auparavant de lire la lettre que lui avait remise Louis de Franchi avant son départ.

Cette lettre contenait la prière de cacher à Lucien la cause de sa mort, et l'invitation, pour que personne ne fût dans la confidence, de faire faire l'enterrement sans aucune pompe et sans aucun bruit.

Le baron Giordano se chargea de tous ces détails, et moi j'allai faire, à l'instant même, une double visite à MM. de Boissy et de Châteaugrand pour les prier de garder le silence sur cette malheureuse affaire, et les engager à inviter M. de Château-Renaud, sans lui dire pour quelle cause on sollicitait son départ, à quitter Paris, au moins pour quelque temps.

Ils me promirent de seconder mon intention autant qu'il serait en leur pouvoir, et, tandis qu'ils se rendaient chez M. de Château-Renaud, j'allai mettre à la poste la lettre qui annonçait à madame de Franchi que son fils venait de mourir d'une fièvre cérébrale.

XVIII

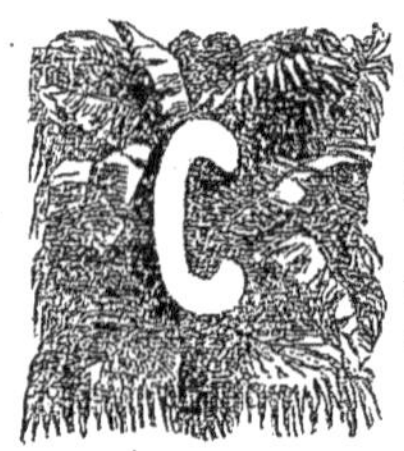

Contre l'habitude de ces sortes d'affaires, ce duel fit peu de bruit.

Les journaux eux-mêmes, ces éclatantes et fausses trompettes de la publicité, se turent.

Quelques amis intimes seulement accompagnèrent le corps du malheureux jeune homme au Père-Lachaise. Seulement, quelque instance qu'on pût faire à M. de Château-Renaud, il refusa de quitter Paris.

J'avais eu un instant l'idée de faire suivre la lettre de Louis à sa famille d'une lettre de moi ; mais, quoique le but fût excellent, ce mensonge à l'endroit de la mort d'un fils et d'un frère m'avait répugné : j'étais convaincu que Louis lui-même avait combattu longtemps, et qu'il avait fallu, pour l'y décider, l'importance des raisons qu'il m'avait données.

J'avais donc, au risque d'être accusé d'indifférence ou même d'ingratitude, gardé le silence, et j'étais convaincu que le baron Giordano en avait fait autant.

Cinq jours après l'événement, vers les onze heures du soir, je travaillais devant ma table, au coin de mon feu, seul, et dans une disposition d'esprit assez maussade, lorsque mon domestique entra, referma la porte vivement, et, d'une voix assez agitée, me dit que M. de Franchi demandait à me parler.

Je me retournai et le regardai fixement : il était fort pâle.

— Que me dites-vous là, Victor? lui demandai-je.

— Oh ! monsieur, reprit-il, en vérité, je n'en sais rien moi-même.

— De quel M. de Franchi voulez vous me parler, voyons?

— Mais de l'ami de monsieur... de celui que j'ai vu venir une ou deux fois chez lui...

— Vous êtes fou, mon cher. Ne savez-vous pas que nous avons eu le malheur de le perdre il y a cinq jours?

— Oui, monsieur; et voilà pourquoi monsieur me voit si troublé. Il a sonné ; j'étais dans l'antichambre, j'ai été ouvrir la porte. Aussitôt j'ai reculé en le voyant.

Alors il est entré, a demandé si monsieur était chez lui ; j'étais tellement troublé, que j'ai répondu

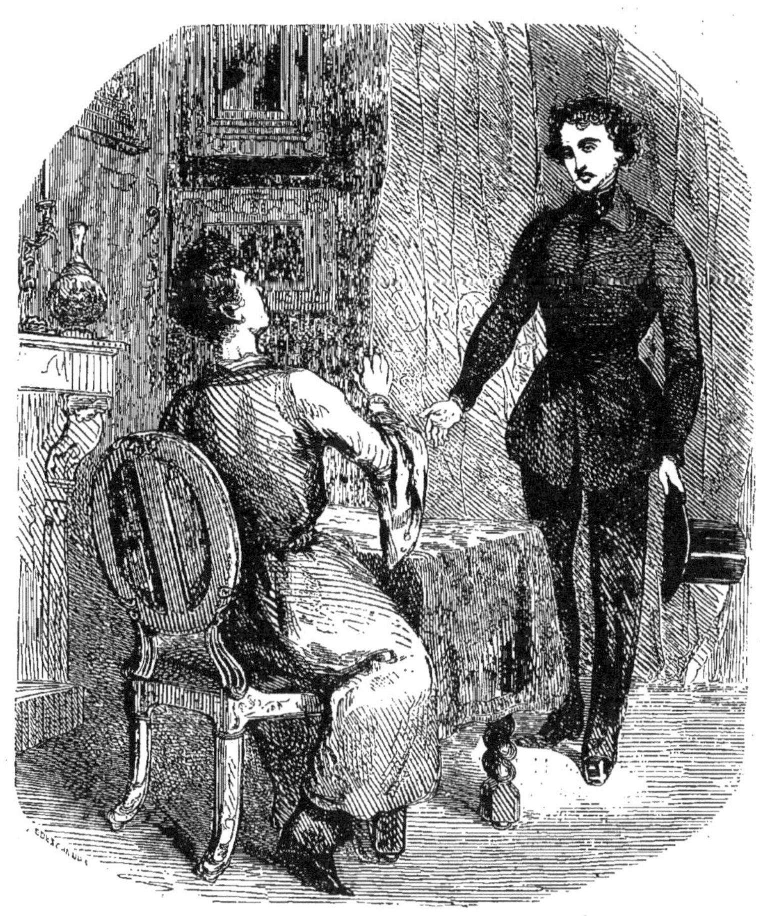

— Je vis effectivement apparaître sur ma porte M. de Franchi.

que oui. Alors il m'a dit : — Allez lui annoncer que M. de Franchi demande à lui parler; sur quoi je suis venu.

— Vous êtes fou, mon cher; l'antichambre était mal éclairée, sans doute, et vous avez mal vu; vous étiez tout endormi encore et vous avez mal entendu. Retournez, et demandez une seconde fois le nom.

— Oh! c'est bien inutile, et je jure à monsieur que je ne me trompe pas; j'ai bien vu et bien entendu.

— Eh bien! alors faites entrer.

Victor retourna tout tremblant vers la porte, l'ouvrit, puis restant dans l'intérieur de ma chambre :

— Que monsieur prenne la peine d'entrer, dit-il.

Aussitôt j'entendis, malgré le tapis qui les assourdissait, des pas qui traversaient le salon et qui s'approchaient de ma chambre; puis, presque aussitôt, je vis effectivement apparaître sur ma porte M. de Franchi.

J'avoue que mon premier sentiment fut un sentiment de terreur; je me levai et fis un pas en arrière.

— Pardon de vous déranger à une pareille heure, me dit M. de Franchi, mais je suis arrivé depuis dix

— Quand je rouvris les yeux, j'étais couché à terre entre les bras d'Orlandini. — Page 58.

minutes, et vous comprenez que je n'ai pas voulu attendre à demain pour venir causer avec vous.

— Oh! mon cher Lucien, m'écriai-je en courant à lui et en le serrant dans mes bras; c'est vous, c'est donc vous!

Et malgré moi quelques larmes s'échappèrent de mes yeux.

— Oui, me dit-il, c'est moi.

Je calculai le temps écoulé : à peine si la lettre devait être arrivée, je ne dirai pas à Sullacaro, mais à Ajaccio.

— O mon Dieu! m'écriai-je; mais alors vous ne savez rien?

— Je sais tout, dit-il.

— Comment, tout?

— Oui.

— Victor, dis-je en me retournant vers mon valet de chambre, assez mal rassuré encore, laissez-nous, ou plutôt revenez dans un quart d'heure avec un plateau tout servi; vous souperez avec moi, Lucien, et vous coucherez ici, n'est-ce pas?

— J'accepte tout cela, dit-il; je n'ai pas mangé

Paris — Imp. Simon Raçon & Cie, rue d'Erfurth, 1.

depuis Auxerre. Puis, comme personne ne me connaissait, ou plutôt, ajouta-t-il avec un sourire profondément triste, comme tout le monde semblait me reconnaître chez mon pauvre frère, on n'a pas voulu m'ouvrir, et je me suis en allé laissant toute la maison en révolution.

— En effet, mon cher Lucien, votre ressemblance avec Louis est si grande, que moi-même, tout à l'heure, j'en ai été frappé.

— Comment! s'écria Victor, qui n'avait pas encore pu prendre sur lui de s'éloigner, monsieur est donc le frère...

— Oui; mais allez, et servez-nous.

Victor sortit, nous nous trouvâmes seuls.

Je pris Lucien par la main, je le conduisis à un fauteuil, et je m'assis près de lui.

— Mais, lui dis-je, de plus en plus étonné de le voir, vous étiez donc en route lorsque vous avez appris la fatale nouvelle?

— Non, j'étais à Sullacaro.

— Impossible; la lettre de votre frère est à peine arrivée maintenant.

— Vous avez oublié la ballade de *Bürger*, mon cher Alexandre: les morts vont vite.

Je frissonnai.

— Que voulez-vous dire? Expliquez-vous, je ne comprends pas.

— Oubliez-vous ce que je vous ai raconté des apparitions familières à notre famille?

— Vous avez revu votre frère? m'écriai-je.

— Oui.

— Et quand cela?

— Pendant la nuit du 16 au 17.

— Et il vous a tout dit?

— Tout.

— Il vous a dit qu'il était mort.

— Il m'a dit qu'il avait été tué; les morts ne mentent plus.

— Il vous a dit comment?

— En duel.

— Par qui?

— Par M. de Château-Renaud.

— Non, n'est-ce pas? non, lui dis-je; vous avez appris cela d'une autre façon?

— Croyez-vous que je sois en disposition de plaisanter?

— Pardon! mais, en vérité, ce que vous me dites est si étrange, et tout ce qui vous arrive, à vous et à votre frère, est tellement en dehors de la loi de la nature...

— Que vous ne voulez pas y croire, n'est-ce pas? je comprends! Mais tenez, me dit-il en ouvrant sa chemise et en me montrant une marque bleue empreinte sur sa peau au-dessus de la sixième côte droite, croirez-vous à cela?

— En vérité! m'écriai-je, c'est juste en cet endroit que votre frère a été touché.

— Et la balle est sortie ici, n'est-ce pas?... continua Lucien en posant le doigt au-dessus de la hanche gauche.

— C'est miraculeux! m'écriai-je.

— Et maintenant, continua-t-il, voulez-vous que je vous dise à quelle heure il est mort?

— Dites!

— A neuf heures dix minutes.

— Tenez, Lucien, racontez-moi tout d'un seul trait: mon esprit se perd à vous interroger et à écouter vos réponses fantastiques, j'aime mieux un récit.

XIX

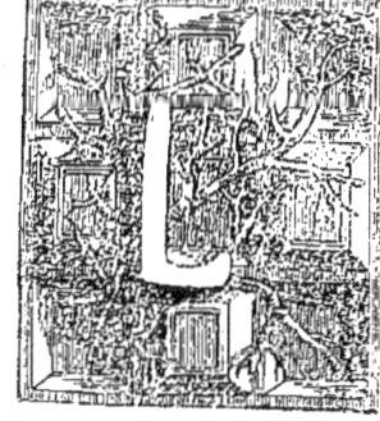

Lucien s'accouda sur son fauteuil, me regarda fixement et continua:

« Oh! mon Dieu, c'est bien simple; le jour où mon frère a été tué, j'étais sorti de bon matin à cheval, et j'allais visiter nos bergers du côté de Carboni, lorsqu'au moment où, après avoir regardé l'heure, je mettais ma montre dans mon gousset, je reçus un coup si violent au côté, que je m'évanouis. Quand je rouvris les yeux, j'étais couché à terre entre les bras d'Orlandini, qui me jetait de l'eau au visage. Mon cheval était à quatre pas, le nez étendu vers moi, soufflant et renaclant.

« — Eh bien! me dit-il, que vous est-il donc arrivé?

« — Oh! mon Dieu, lui dis-je, je n'en sais rien moi-même; mais n'avez-vous pas entendu un coup de feu?

« — Non.

« — C'est qu'il me semble que je viens de recevoir une balle ici. — Et je lui montrai l'endroit où j'éprouvais la douleur.

« — D'abord, reprit-il, il n'y a eu aucun coup de fusil, ni de pistolet tiré; ensuite, vous n'avez pas de trou à votre redingote.

« — Alors, répondis-je, c'est mon frère qui vient d'être tué.

« — Ah! ceci, répondit-il, c'est autre chose.

« J'ouvris ma redingote, et je trouvai la marque que je vous ai montrée tout à l'heure : seulement, au premier abord, elle était vive et comme saignante.

« Un instant je fus tenté, tant je me sentais brisé par la double douleur morale et physique que j'éprouvais, de rentrer à Sullacaro; mais je pensai à ma mère, elle ne m'attendait que pour souper, il fallait donner une raison à ce retour, et je n'avais pas de raison à lui donner.

« D'un autre côté, je ne voulais pas, sans une plus grande certitude, lui annoncer la mort de mon frère.

« Je continuai donc mon chemin, et rentrai seulement à six heures du soir.

« Ma pauvre mère me reçut comme d'habitude; il était évident qu'elle ne se doutait de rien.

« Aussitôt le souper, je remontai dans ma chambre.

« En passant dans le corridor que vous connaissez, le vent souffla ma bougie.

« J'allais descendre pour la rallumer, quand, par les fentes de la porte, je vis de la lumière dans la chambre de mon frère.

« Je crus que Griffo avait eu affaire dans cette chambre et avait oublié d'emporter la lampe.

« Je poussai la porte : un cierge brûlait près du lit de mon frère, et, sur ce lit, mon frère était couché, nu et sanglant.

« Je restai, je l'avoue, un instant immobile de terreur; puis je m'approchai.

« Je le touchai... il était déjà froid.

« Il avait reçu une balle au travers du corps, au même endroit où j'avais ressenti le coup, et quelques gouttes de sang tombaient des lèvres violettes de la plaie.

« Il était évident pour moi que mon frère avait été tué.

« Je tombai à genoux, et, appuyant ma tête contre le lit, je fis ma prière en fermant les yeux.

« Lorsque je les rouvris, j'étais dans l'obscurité la plus profonde; le cierge s'était éteint, la vision avait disparu.

« Je tâtai le lit, il était vide.

« Écoutez, je l'avoue, je me crois aussi brave qu'un autre; mais, lorsque je sortis de la chambre, en tâtonnant, j'avais les cheveux hérissés et la sueur sur le front.

« Je descendis pour prendre une autre bougie; ma mère me vit et jeta un cri.

« — Qu'as-tu donc, me dit ma mère, et pourquoi es-tu si pâle?

« — Je n'ai rien, répondis-je; et, prenant un autre chandelier, je remontai.

« Cette fois la bougie ne se souffla point, et je rentrai dans la chambre de mon frère... Cette fois elle était vide.

« Le cierge avait complétement disparu : aucun poids n'avait affaissé les matelas du lit.

« A terre était ma première bougie, que je rallumai.

« Malgré cette absence de nouvelles preuves, j'en avais vu assez pour être convaincu.

« A neuf heures dix minutes du matin, mon frère avait été tué. Je rentrai et je me couchai fort agité.

« Comme vous pouvez le penser, je fus longtemps à m'endormir; enfin la fatigue l'emporta sur l'agitation, et le sommeil s'empara de moi.

« Alors tout se continua dans la forme d'un rêve, je vis la scène comme elle s'était passée. Je vis l'homme qui l'a tué; j'entendis prononcer son nom : il s'appelle M. de Château-Renaud. »

— Hélas! tout cela n'est que trop vrai, répondis-je; mais que venez-vous faire à Paris?

— Je viens tuer celui qui a tué mon frère.

— Le tuer?...

— Oh! soyez tranquille, pas à la manière corse, derrière une haie ou par-dessus un mur : non, non, à la manière française, avec des gants blancs, un jabot et des manchettes.

— Et madame de Franchi sait que vous êtes venu à Paris dans cette intention?

— Oui.

— Et elle vous a laissé partir?

— Elle m'a embrassé au front et m'a dit : « —Va. » Ma mère est une vraie Corse.

— Et vous êtes venu?

— Me voici.

— Mais, de son vivant, votre frère ne voulait pas être vengé.

— Eh bien! dit Lucien en souriant avec amertume, il aura changé d'avis depuis qu'il est mort.

En ce moment, le valet de chambre entra portant le souper : nous nous mîmes à table.

Lucien mangea comme un homme libre de toute préoccupation.

Après le souper, je le conduisis à sa chambre. Il me remercia, me serra la main, et me souhaita une bonne nuit.

C'était le calme qui suit, dans les âmes fortes, une résolution inébranlablement prise.

Le lendemain, il entra chez moi aussitôt que mon domestique lui dit que j'étais visible.

— Voulez-vous, me dit-il, m'accompagner jusqu'à Vincennes? C'est un pieux pèlerinage que je compte accomplir; si vous n'avez pas le temps, j'irai seul.

— Comment, seul! et qui vous indiquera la place?

Alors il baissa lentement la tête et baisa des lèvres le gazon. — Page 61.

— Oh ! je la reconnaîtrai bien ; ne vous ai-je pas dit que je l'avais vue en rêve?

Je fus curieux de savoir jusqu'où irait cette singulière intuition.

— C'est bien, je vous accompagnerai, lui dis-je.

— Eh bien ! apprêtez-vous tandis que j'écrirai à Giordano; vous me permettez de disposer de votre valet de chambre pour faire porter une lettre, n'est-ce pas?

— Il est à vous.

— Merci.

Il sortit, et rentra dix minutes après avec sa lettre, qu'il recommanda à mon domestique.

J'avais envoyé chercher un cabriolet; nous y montâmes, et nous partîmes pour Vincennes.

En arrivant au carrefour :

— Nous approchons, n'est-ce pas? dit Lucien.

— Oui, à vingt pas d'ici, nous serons à l'endroit où nous entrâmes dans la forêt.

— Nous y voilà, dit le jeune homme en arrêtant le cabriolet.

C'était à l'endroit même.

— Tenez, me dit-il, je lui mettrai ma balle là. — Page 63.

Lucien entra dans le bois sans hésitation, et comme si déjà vingt fois il y était venu. Il marcha droit à la fondrière, et, quand il fut arrivé, s'orienta un instant, puis, s'avançant jusqu'à la place où son frère était tombé, il s'inclina vers le sol, et voyant sur la terre une place rougeâtre : — C'est ici, dit-il.

Alors il baissa lentement la tête et baisa des lèvres le gazon.

Puis, se relevant l'œil en flamme, et traversant toute la profondeur de la fondrière pour atteindre la place d'où avait tiré monsieur de Château-Renaud :

— C'est ici qu'il était, dit-il en frappant du pied; c'est ici que vous le verrez couché demain.

— Comment, lui dis-je, demain?

— Oui. Ou il est un lâche, ou demain il me donnera ici ma revanche.

— Mais, mon cher Lucien, lui dis-je, l'habitude, en France, vous le savez, est qu'un duel n'entraine pas d'autres suites que les suites naturelles de ce duel. M. de Château-Renaud s'est battu avec votre frère, qu'il avait provoqué, mais il n'a rien à faire avec vous.

— Ah! vraiment, M. de Château-Renaud a eu le droit de provoquer mon frère, parce que mon frère offrait son appui à une femme qu'il avait lâchement trompée, et, selon vous, il avait le droit de provoquer mon frère. M. de Château-Renaud a tué mon frère, qui n'avait jamais touché un pistolet; il l'a tué avec autant de sécurité que s'il avait tiré sur ce chevreuil qui nous regarde, et moi, moi, je n'aurais pas le droit de provoquer M. de Château-Renaud? Allons donc!

Je baissai la tête sans répondre.

— D'ailleurs, continua-t-il, vous n'avez rien à faire dans tout cela. Soyez tranquille, j'ai écrit ce matin à Giordano, et, quand nous reviendrons à Paris, tout sera arrangé. Croyez-vous donc que M. de Château-Renaud refusera ma proposition?

— M. de Château-Renaud a malheureusement une réputation de courage qui ne me permet point, je l'avoue, d'élever le moindre doute à cet égard.

— Alors, tout est pour le mieux, dit Lucien... Allons déjeuner.

Nous revînmes à l'allée, et nous remontâmes en cabriolet.

— Cocher, dis-je, rue de Rivoli.

— Non pas, dit Lucien, c'est moi qui vous emmène déjeuner... Cocher, au Café de Paris. N'est-ce point là que dînait ordinairement mon frère?

— Je le crois.

— C'est là, d'ailleurs, que j'ai donné rendez-vous à Giordano.

— Alors, au Café de Paris.

Une demi-heure après, nous étions à la porte du restaurant.

XX

'entrée de Lucien dans la salle fut une nouvelle preuve de cette étrange ressemblance entre lui et son frère.

Le bruit de la mort de Louis s'était répandu, peut-être pas dans tous ses détails, c'est vrai, mais enfin il s'était répandu, et l'apparition de Lucien sembla frapper tout le monde de stupeur.

Je demandai un cabinet, en prévoyant que le baron Giordano devait venir nous rejoindre.

On nous donna alors la chambre du fond.

Lucien se mit à lire les journaux avec un sang-froid qui ressemblait à de l'insensibilité.

Au milieu du déjeuner, Giordano entra.

Les deux jeunes gens ne s'étaient pas vus depuis quatre ou cinq ans; cependant, un serrement de main fut la seule démonstration d'amitié qu'ils se donnèrent.

— Eh bien! tout est arrangé, dit-il.

— M. de Château-Renaud accepte?

— Oui, à la condition, cependant, qu'après vous on le laissera tranquille.

— Oh! qu'il se rassure : je suis le dernier des Franchi. Est-ce lui que vous avez vu ou les témoins?

— C'est lui-même. Il s'est chargé de prévenir MM. de Boissy et de Châteaugrand. Quant aux armes, à l'heure et au lieu, ils seront les mêmes.

— A merveille... Mettez-vous là, et déjeunez.

Le baron s'assit, et l'on parla d'autres choses.

Après le déjeuner, Lucien nous pria de le faire reconnaître par le commissaire de police qui avait mis les scellés, et par le propriétaire de la maison qu'habitait son frère. Il voulait passer dans la chambre même de Louis cette dernière nuit qui le séparait de la vengeance.

Toutes ces démarches prirent une partie de la journée, et ce ne fut que vers cinq heures du soir que Lucien put entrer dans l'appartement de son frère. Nous le laissâmes seul; la douleur a sa pudeur qu'il faut respecter.

Lucien nous donna rendez-vous pour le lendemain à huit heures, en me priant de tâcher d'avoir les mêmes pistolets et de les acheter même s'ils étaient à vendre.

Je me rendis aussitôt chez Devisme, et le marché fut conclu moyennant 600 francs. Le lendemain, à huit heures moins un quart, j'étais chez Lucien.

Quand j'entrai, il était à la même place et écrivait à la même table où j'avais trouvé son frère écrivant. Il avait le sourire sur les lèvres, quoiqu'il fût fort pâle.

— Bonjour, me dit-il ; j'écris à ma mère.

— J'espère que vous lui annoncez une nouvelle moins douloureuse que celle qu'il y a aujourd'hui huit jours lui annonçait votre frère?

— Je lui annonce qu'elle peut prier tranquillement pour son fils et qu'il est vengé.

— Comment pouvez-vous parler avec cette certitude?

— Mon frère ne vous avait-il pas d'avance annoncé sa mort? Moi, d'avance, je vous annonce celle de M. de Château-Renaud.

Il se leva, et en me touchant la tempe :

— Tenez, me dit-il, je lui mettrai ma balle là.

— Et vous?

— Il ne me touchera pas même!

— Mais attendez au moins l'issue du duel pour envoyer cette lettre.

— C'est parfaitement inutile.

Il sonna. Le valet de chambre parut.

— Joseph, dit-il, portez cette lettre à la poste.

— Mais vous avez donc revu votre frère?

— Oui, me dit-il.

C'était une étrange chose que ces deux duels à la suite l'un de l'autre, et dans lesquels, d'avance, un des deux adversaires était condamné. Sur ces entrefaites, le baron Giordano arriva. Il était huit heures. Nous partîmes.

Lucien avait si grande hâte d'arriver et poussa tellement le cocher, que nous étions au rendez-vous plus de dix minutes avant l'heure.

Nos adversaires arrivèrent à neuf heures juste. Ils étaient à cheval tous trois et suivis d'un domestique à cheval aussi.

M. de Château-Renaud avait la main dans son habit, et je crus d'abord qu'il portait son bras en écharpe.

A vingt pas de nous ces messieurs descendirent et jetèrent la bride de leurs chevaux au domestique.

M. de Château-Renaud resta en arrière, mais jeta cependant les yeux sur Lucien; tout éloigné que nous étions de lui, je le vis pâlir. Il se retourna, et, de la cravache qu'il portait à la main gauche, s'amusa à couper les petites fleurs qui poussaient sur le gazon.

— Nous voici, messieurs, dirent messieurs de Châteaugrand et de Boissy. Mais vous savez nos conditions, c'est que ce duel est le dernier, et que, quelle qu'en soit l'issue, M. de Château-Renaud n'aura plus à répondre à personne du double résultat.

— C'est convenu, répondîmes-nous, Giordano et moi.

Lucien s'inclina en signe d'assentiment.

— Vous avez des armes, messieurs? demanda le vicomte de Châteaugrand.

— Les mêmes.

— Et elles sont inconnues à M. de Franchi?

— Beaucoup plus qu'à M. de Château-Renaud. M. de Château-Renaud s'en est servi une fois. M. de Franchi ne les a pas encore vues.

— C'est bien, messieurs. Viens, Château-Renaud.

Aussitôt nous nous enfonçâmes dans le bois sans prononcer une seule parole : chacun, à peine remis de la scène dont nous allions revoir le théâtre, sentait que quelque chose de non moins terrible allait se passer.

Nous arrivâmes à la fondrière.

M. de Château-Renaud, grâce à une grande puissance sur lui-même, paraissait calme ; mais ceux qui l'avaient vu dans ces deux rencontres pouvaient cependant apprécier la différence.

De temps en temps il jetait à la dérobée un regard sur Lucien, et ce regard exprimait une inquiétude qui ressemblait à de l'effroi.

Peut-être était-ce cette grande ressemblance des deux frères qui le préoccupait, et croyait-il voir dans Lucien l'ombre vengeresse de Louis.

Pendant qu'on chargeait les pistolets, je le vis enfin tirer sa main de sa redingote ; sa main était enveloppée d'un mouchoir mouillé qui devait en apaiser les mouvements fébriles.

Lucien attendait, l'œil calme et fixe, en homme qui est sûr de sa vengeance.

Sans qu'on lui indiquât sa place, Lucien alla prendre celle qu'occupait son frère, ce qui força naturellement M. de Château-Renaud à se diriger vers celle qu'il avait déjà occupée.

Lucien reçut son arme avec un sourire de joie.

M. de Château-Renaud, en prenant la sienne, de pâle qu'il était, devint livide. Puis il passa sa main entre sa cravate et son cou, comme si sa cravate l'étouffait.

On ne peut se faire une idée du sentiment de terreur involontaire avec lequel je regardais ce jeune homme, beau, riche, élégant, qui, la veille au matin, croyait encore avoir de longues années à vivre, et qui, aujourd'hui, la sueur au front, l'angoisse au cœur, se sentait condamné.

— Y êtes-vous, messieurs? demanda M. de Châteaugrand.

— Oui, répondit Lucien.

M. de Château-Renaud fit un signe affirmatif.

Quant à moi, n'osant envisager cette scène en face, je me retournai.

J'entendis les deux coups frappés successivement dans la main, et, au troisième, la détonation des deux pistolets.

Je me retournai.

M. de Château-Renaud était étendu sur le sol, tué roide, sans avoir poussé un soupir, sans avoir fait un mouvement.

Je m'approchai du cadavre, mû par cette indicible curiosité qui vous pousse à suivre jusqu'au bout une catastrophe; la balle lui était entrée à la tempe, à l'endroit même que m'avait indiqué Lucien.

Je courus à lui ; il était resté calme et immobile ;

mais, en me voyant à sa portée, il laissa tomber son pistolet et se jeta dans mes bras.

— Oh ! mon frère, mon pauvre frère ! s'écria-t-il.

Et il éclata en sanglots.

C'étaient les premières larmes que le jeune homme avait versées.

— Mais, en me voyant à sa portée il laissa tomber son pistolet et se jeta dans mes bras.

OTHON L'ARCHER

PAR

ALEXANDRE DUMAS

I

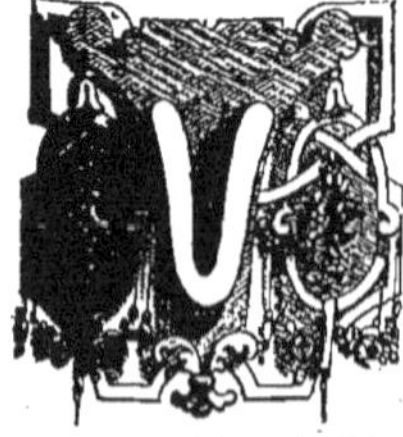

Vers la fin de l'année 1340, par une nuit froide, mais encore belle de l'automne, un cavalier suivait le chemin étroit qui côtoie la rive gauche du Rhin. On aurait pu croire, attendu l'heure avancée et le pas rapide qu'il avait fait prendre à son cheval, si fatigué qu'il fût de la longue journée déjà faite, qu'il allait s'arrêter au moins pendant quelques heures dans la petite ville d'Oberwinter, dans laquelle il venait d'entrer; mais, au contraire, il s'engagea du même pas, et en homme à qui elles sont familières, au milieu de rues étroites et tortueuses qui pouvaient abréger de quelques minutes son chemin, et reparut bientôt de l'autre côté de la ville, sortant par la porte opposée à celle par laquelle il était en-

Paris. — Imp. Simon Raçon & Cie, rue d'Erfurth, 1.

tré. Comme, au moment où l'on baissait la herse derrière lui, la lune, voilée jusque-là, venait justement d'entrer dans un espace pur et brillant comme un lac paisible au milieu de cette mer de nuages qui roulait au ciel ses flots fantastiques, nous profiterons de ce rayon fugitif pour jeter un coup d'œil rapide sur le nocturne voyageur.

C'était un homme de quarante-huit à cinquante ans, de moyenne taille, mais aux formes athlétiques et carrées, et qui semblait, tant ses mouvements étaient en harmonie avec ceux de son cheval, avoir été taillé dans le même bloc de rocher. Comme on était en pays ami et par conséquent éloigné de tout danger, il avait accroché son casque à l'arçon de sa selle, et n'avait, pour garantir sa tête de l'air humide de la nuit, qu'un petit capuchon de mailles doublé de drap, qui, lorsque le casque était en son lieu ordinaire, retombait en pointe entre les deux épaules. Il est vrai qu'une longue et épaisse chevelure, qui commençait à grisonner, rendait à son maître le même service qu'aurait pu faire la coiffure la plus confortable, enfermant en outre, comme dans son cadre naturel, sa figure à la fois grave et paisible comme celle d'un lion. Quant à sa qualité, ce n'eût été un secret que pour le peu de personnes qui, à cette époque, ignoraient la langue héraldique, car, en jetant les yeux sur son casque, on en voyait sortir, à travers une couronne de comte qui en formait le cimier, un bras nu levant une épée nue, tandis que, de l'autre côté de la selle, brillaient sur fond de gueules, au bouclier attaché en regard, les trois étoiles d'or posées deux et une de la maison de Hombourg, l'une des plus vieilles et des plus considérées de toute l'Allemagne. Maintenant, si l'on veut en savoir davantage sur le personnage que nous venons de mettre en scène, nous ajouterons que le comte Karl arrivait de Flandre, où il était allé, sur l'ordre de l'empereur Louis V de Bavière, prêter le secours de sa vaillante épée à Édouard III d'Angleterre, nommé, dix-huit mois auparavant, vicaire général de l'Empire, lequel, grâce aux trêves d'un an qu'il venait de signer avec Philippe de Valois, par l'intercession de madame Jeanne, sœur du roi de France et mère du comte de Hainaut, lui avait rendu momentanément sa liberté.

Parvenu à la hauteur du petit village de Melhem, le voyageur quitta la route qu'il avait suivie depuis Coblentz pour prendre un sentier qui entrait directement dans les terres. Un instant le cheval et le cavalier s'enfoncèrent dans un ravin, puis bientôt reparurent de l'autre côté, suivant à travers la plaine un chemin qu'ils semblaient bien connaître tous deux. En effet, au bout de cinq minutes de marche, le cheval releva la tête et hennit comme pour annoncer son arrivée, et, cette fois, sans que son maître eût besoin de l'exciter ni de la parole ni de l'éperon, il redoubla d'ardeur, si bien qu'au bout d'un instant ils laissèrent dans l'ombre à leur gauche le petit village de Godesberg, perdu dans un massif d'arbres, et, quittant le chemin qui conduit de Rolandseck à Bone, en prenant une seconde fois à gauche, ils s'avancèrent directement vers le château situé au haut d'une colline, et qui porte le même nom que la ville, soit qu'il l'ait reçu d'elle, soit qu'il le lui ait donné.

Il était dès lors évident que le château de Godesberg était le but de la route du comte Karl; mais, ce qui était plus sûr encore, c'est qu'il allait arriver au lieu de sa destination au milieu d'une fête. A mesure qu'il gravissait le chemin en spirale qui partait du bas de la montagne et aboutissait à la grande porte, il voyait chaque façade à son tour jeter de la lumière par toutes ses fenêtres; puis, derrière les tentures chaudement éclairées, se mouvoir des ombres nombreuses dessinant des groupes variés. Il n'en continua pas moins sa route, quoiqu'il eût été facile de juger, au léger froncement de ses sourcils, qu'il eût préféré tomber au milieu de l'intimité de la famille que dans le tumulte d'un bal, de sorte que, quelques minutes après, il franchissait la porte du château.

La cour était pleine d'écuyers, de valets, de chevaux et de litières; car, ainsi que nous l'avons dit, il y avait fête à Godesberg. Aussi, à peine le comte Karl eut-il mis pied à terre, qu'une troupe de valets et de serviteurs se présenta pour s'emparer de son cheval et le conduire dans les écuries. Mais le chevalier ne se séparait pas si facilement de son fidèle compagnon : aussi, n'en voulut-il confier la garde à personne, et, le prenant lui-même par la bride, le conduisit-il dans une écurie isolée, où l'on mettait les propres chevaux du landgrave de Godesberg. Les valets, quoique étonnés de cette hardiesse, le laissèrent faire, car le chevalier avait agi avec une telle assurance, qu'il leur avait inspiré cette conviction qu'il avait le droit de faire ainsi.

Lorsque *Hans*, c'était le nom que le comte donnait à son cheval, eut été attaché à l'une des places vacantes, que sa litière eut été confortablement garnie de paille, son auge d'avoine et son râtelier de foin, le chevalier songea alors à lui-même, et, après avoir fait quelques caresses encore au noble animal, qui interrompit son repas déjà commencé pour répondre par un hennissement, il s'achemina vers le grand escalier, et, malgré l'encombrement formé dans toutes les voies par les pages et les écuyers, il parvint jusqu'aux appartements où se trouvait réunie pour le moment toute la noblesse des environs.

Le comte Karl s'arrêta un instant à l'une des portes du salon principal pour jeter un coup d'œil sur l'ensemble le plus brillant de la fête. Elle était animée et bruyante, toute bariolée de jeunes gens vêtus de velours et de nobles dames aux robes blasonnées; et, parmi ces jeunes gens et ces nobles dames, le plus beau jeune homme était Othon, et la plus belle châtelaine madame Emma, l'un le fils, et l'autre la femme du landgrave Ludwig de Godesberg, seigneur du château et frère d'armes du bon chevalier qui venait d'arriver.

Au reste, l'apparition de celui-ci avait fait son effet : seul au milieu de tous les invités, il apparaissait, comme Vilhelm à Lénore, tout couvert encore de son armure de bataille dont l'acier sombre contrastait étrangement avec les couleurs joyeuses et vives du velours et de la soie. Aussi tous les yeux se tournèrent-ils aussitôt de son côté, à l'exception cependant de ceux du comte Ludwig, qui, debout à la porte opposée, paraissait plongé dans une préoccupation si profonde, que ses regards ne changèrent pas un instant de direction. Karl reconnut son vieil ami, et, sans s'inquiéter autrement de la chose qui le préoccupait, il fit le tour par les appartements voisins, et, après une lutte acharnée mais victorieuse avec la foule, il atteignit cette chambre reculée, à l'une des portes de laquelle il aperçut, en entrant par l'autre, le comte Ludwig n'ayant point changé d'attitude et toujours sombre et debout.

Karl s'arrêta de nouveau un instant pour examiner cette étrange tristesse, plus étrange encore chez l'hôte lui même, qui semblait avoir donné aux autres toute la joie et n'avoir gardé que les soucis ; puis, enfin, il s'avança, et, voyant qu'il était arrivé jusqu'à son ami sans que le bruit de ses pas eût pu le tirer de sa préoccupation, il lui posa la main sur l'épaule.

Le landgrave tressaillit et se retourna. Son esprit et sa pensée étaient si profondément enfoncés dans un ordre d'idées différent de celle qui venait le distraire, qu'il regarda quelque temps, et sans le reconnaître à visage découvert, celui que, dans un autre temps, il eût nommé, visière baissée, au milieu de toute la cour de l'empereur. Mais Karl prononça le nom de Ludwig et tendit les bras; le charme fut rompu, Ludwig se jeta sur la poitrine de son frère d'armes plutôt en homme qui y cherche un refuge contre une grande douleur qu'en ami joyeux de revoir un ami.

Cependant ce retour inattendu parut produire sur l'hôte soucieux de cette joyeuse fête une heureuse distraction. Il entraîna l'arrivant à l'autre extrémité de la chambre, et là, le faisant asseoir sur une large stalle de chêne surmontée d'un dais de drap d'or, il prit place près de lui ; tout en cachant sa tête dans l'ombre et lui prenant la main, il lui demanda le récit de ce qui lui était arrivé pendant cette longue absence de trois ans qui les avait séparés l'un et l'autre.

Karl lui raconta tout avec la prolixité guerrière d'un vieux soldat ; comment les troupes anglaises, brabançonnes et impériales, conduites par Édouard III lui-même, étaient venues mettre le siége devant Cambrai, brûlant et ravageant tout ; comment les deux armées s'étaient rencontrées à Buironfosse sans combattre, parce qu'un message du roi de Sicile, qui était très-savant en astrologie, était venu annoncer, au moment d'en venir aux mains, à Philippe de Valois, que toute bataille qu'il livrerait aux Anglais, et dans laquelle commanderait Édouard en personne, lui serait fatale (prédiction qui se réalisa plus tard à Crécy), et comment, enfin, des trêves d'un an avaient été conclues entre les deux rois rivaux en la plaine d'Esplechin, et cela, comme nous l'avons dit, à la requête et prière de madame Jeanne de Valois, sœur du roi de France.

Le landgrave avait écouté ce récit avec un silence qui pouvait jusqu'à un certain point passer pour de l'attention, quoique de temps en temps il se fût levé avec une inquiétude visible pour aller jeter un coup d'œil dans la salle de bal; mais, comme à chaque fois il était revenu prendre sa place, le narrateur, momentanément interrompu, n'en avait pas moins continué son récit, comprenant cette nécessité dans laquelle se trouve un maître de maison de suivre des yeux l'ordonnance de la fête qu'il donne, afin que rien ne manque de ce qui peut la rendre agréable aux conviyes invités. Cependant, attendu qu'à la dernière interruption le landgrave, comme s'il eût oublié son ami, ne revenait pas prendre place auprès de lui, celui-ci se leva ; il se rapprocha de nouveau de la porte du bal par laquelle entrait dans cette petite chambre retirée et sombre un flot de lumière, et cette fois celui qu'il venait rejoindre l'entendit, car il leva le bras sans détourner la tête. Le comte Karl prit la place indiquée par ce geste, et le bras du landgrave retomba sur l'épaule de son frère d'armes, qu'il serra convulsivement contre lui.

Il se passait évidemment une lutte terrible et secrète dans le cœur de cet homme, et néanmoins Karl avait beau jeter les yeux sur cette foule joyeuse qui tourbillonnait devant lui, il ne voyait rien qui pût lui indiquer la cause d'une pareille émotion; cependant elle était trop visible pour qu'un ami aussi dévoué que l'était le comte ne s'en aperçût pas et n'en prît point quelque inquiétude. Cependant, celui-ci resta muet, comprenant que le premier devoir de l'amitié est la religion du secret pour les choses qu'elle veut cacher; mais aussi, dans les cœurs habitués à se deviner, il existe un contact sympathique : de sorte que le landgrave, comprenant ce silence intime, regarda son ami, passa la main sur son front, poussa un soupir, puis, après un dernier moment d'hésitation :

— Karl, lui dit-il d'une voix sourde et en lui montrant du doigt son fils, ne trouves-tu pas qu'Othon ressemble étrangement à ce jeune seigneur qui danse avec sa mère?

Le comte Karl tressaillit à son tour. Ce peu de paroles était pour lui ce qu'est pour le voyageur perdu dans le désert un éclair illuminant la nuit; à

— Ne trouves-tu pas qu'Othon ressemble étrangement à ce jeune seigneur qui danse avec sa mère? — PAGE 3.

sa lueur orageuse, si rapide qu'elle eût été, il avait vu le précipice, et cependant, quelque amitié qu'il eût pour le landgrave, la ressemblance était si frappante de l'adolescent à l'homme, que le comte ne put s'empêcher de lui répondre, quoiqu'il devinât l'importance de sa réponse :

— C'est vrai, Ludwig, on dirait deux frères.

Cependant, à peine eût-il prononcé ces mots, que, sentant un frisson courir par tout le corps de celui contre lequel il était appuyé, il se hâta d'ajouter :

— Après tout, qu'est-ce que cela prouve?

— Rien, répondit le landgrave d'une voix sourde; seulement j'étais bien aise d'avoir ton avis là-dessus. Maintenant, viens me raconter la fin de ta campagne.

Et il le ramena sur cette même stalle où Karl avait commencé son récit, récit qu'il acheva cette fois sans être interrompu.

A peine cessait-il de parler, qu'un homme parut à la porte par laquelle Karl était entré. A sa vue le landgrave se leva vivement, et s'avança vers lui. Les deux hommes se parlèrent un instant à voix basse sans que Karl pût rien entendre de ce qu'ils di-

Le landgrave Ludwig de Godesberg.

saient. Cependant il vit facilement à leurs gestes qu'il s'agissait d'une communication de la plus haute importance, et il en fut plus convaincu que jamais lorsqu'il vit revenir à lui le landgrave avec un visage plus sombre qu'auparavant.

— Karl, lui dit-il, mais sans s'asseoir cette fois, tu dois, après une route aussi longue que celle que tu as faite aujourd'hui, avoir plus besoin de repos que de bals et de fêtes. Je vais te faire conduire à ton appartement; bonne nuit; nous nous reverrons demain.

Karl vit que son ami désirait être seul; il se leva sans répondre, lui serra silencieusement la main, l'interrogeant une dernière fois du regard; mais le landgrave ne lui répondit que par un de ces sourires tristes qui indiquent au cœur que le moment n'est pas encore venu de lui confier le dépôt sacré qu'il réclame. Karl lui indiqua par un dernier serrement de main qu'à toute heure il le trouverait, et se retira dans l'appartement qui lui était destiné, et jusqu'auquel, tout éloigné qu'il était, le bruit de fête parvenait encore.

Le comte se coucha l'âme remplie d'idées tristes et l'oreille pleine de sons joyeux : pendant quelque temps cet étrange contraste écarta le sommeil par sa lutte. Mais enfin la fatigue l'emporta sur l'inquiétude, le corps vainquit l'âme. Peu à peu, les pensées et les objets devinrent moins distincts, ses sens s'engourdirent et ses yeux se fermèrent. Il y eut encore entre ce moment de somnolence et le sommeil réel un intervalle pareil à celui du crépuscule, qui sépare le jour de la nuit, intervalle bizarre et indescriptible pendant lequel la réalité se confond avec le rêve, de manière qu'il n'y a ni rêve ni réalité; puis un repos profond lui succéda. Il y avait si longtemps que le chevalier ne dormait plus que sous une tente et dans son harnais de guerre, qu'il céda avec volupté aux douceurs d'un bon lit, si bien que, lorsqu'il se réveilla, il vit tout d'abord au jour que la matinée devait être assez avancée. Mais aussitôt un spectacle inattendu, et qui lui rappelait toute la scène de la veille, s'offrit à sa vue et attira toute son attention. Le landgrave était assis dans un fauteuil, immobile et la tête inclinée sur sa poitrine, comme s'il attendait le réveil de son ami, et cependant sa rêverie était si profonde, qu'il ne s'était pas aperçu de ce réveil. Le comte le regarda un instant en silence, puis, voyant que deux larmes roulaient sur ses joues creuses et pâlies, il n'y put tenir plus longtemps, et tendant les bras vers lui :

— Ludwig! s'écria-t-il, au nom du ciel! qu'y a-t-il donc?

— Hélas! hélas! répondit le landgrave, il y a que je n'ai plus ni femme ni fils!

Et, à ces mots, se levant avec efforts, il vint, en chancelant comme un homme ivre, tomber dans les bras que le comte ouvrait pour le recevoir.

II

Pour l'intelligence des faits qui vont suivre, il faut que nos lecteurs consentent à remonter avec nous dans le passé.

Il y avait seize ans que le landgrave était marié; il avait épousé la fille du comte de Ronsdorf, qui avait été tué en 1316, pendant les guerres entre Louis de Bavière, pour lequel il avait pris parti, et Frédéric le Beau d'Autriche, et dont les propriétés étaient situées sur la rive droite du Rhin, au delà et au pied de cette chaîne de collines appelée les Sept-Monts.

La douairière de Ronsdorf, femme d'une haute vertu et d'une réputation intacte, était alors restée veuve avec sa fille unique âgée de cinq ans; mais, comme elle était de race princière, elle avait soutenu pendant son veuvage la splendeur primitive de sa maison, de sorte que sa suite continua d'être une des plus élégantes des châteaux environnants.

Quelque temps après la mort du comte, la maison de la douairière de Ronsdorf s'augmenta d'un jeune page, fils, disait-elle, d'une de ses amies morte sans fortune. C'était un bel enfant, plus âgé qu'Emma de trois ou quatre ans à peine; et, dans cette occasion, la comtesse ne démentit point sa réputation de généreuse bonté.

Le petit orphelin fut reçu par elle comme un fils, élevé près de sa fille, et partagea avec celle-ci les caresses de la douairière, et cela d'une manière si égale, qu'il était difficile de distinguer lequel des deux était l'enfant de ses entrailles ou l'enfant de son adoption.

Ils grandirent ainsi l'un auprès de l'autre, et beaucoup disaient l'un pour l'autre, lorsqu'au grand étonnement de la noblesse des bords du Rhin, le jeune comte Ludwig de Godesberg, âgé de dix-huit ans alors, fut fiancé à la petite Emma de Ronsdorf, qui n'en avait encore que dix : seulement il fut convenu entre le vieux margrave et la douairière que les fiancés attendraient cinq ans encore avant d'être époux.

Pendant ce temps, Emma et Albert grandissaient; l'un devenait un beau chevalier et l'autre une gracieuse jeune fille : la comtesse de Ronsdorf avait, au reste, surveillé avec un soin extrême les progrès de leur amitié, et reconnu avec plaisir que, si vive que fût leur affection, elle n'avait aucun des caractères de l'amour.

Cependant Emma avait treize ans et Albert dix-huit; leur cœur, comme une rose en bouton, allait s'ouvrir au premier souffle de l'adolescence : c'était ce moment que redoutait pour eux la comtesse. Malheureusement, en ce moment même, elle tomba malade; quelque temps on espéra que la force de la jeunesse (la comtesse douairière avait à peine trente-quatre ans) triompherait de l'opiniâtreté de la maladie. On se trompait, elle était mortellement atteinte. Elle le sentit elle-même, fit venir son médecin et l'interrogea avec tant d'insistance et de fermeté, qu'il ne put se refuser à lui dire que la science des hommes était insuffisante, et qu'il n'y avait plus pour elle de secours à attendre que du ciel.

La comtesse reçut cette nouvelle en chrétienne, fit venir Albert et Emma, leur ordonna de s'agenouiller devant son lit, et, la voix basse, et sans autre témoin que Dieu, elle leur révéla un secret que personne n'entendit. Seulement on remarqua avec étonnement qu'à l'heure de l'agonie, au lieu que ce fût la mourante qui bénît les enfants, ce furent les enfants qui bénirent la mourante, et qu'ils eurent l'air de lui pardonner d'avance sur la terre une faute dont elle allait sans doute recevoir l'absolution dans le ciel.

Le même jour où cette confidence avait été faite, la comtesse trépassa saintement, et Emma, qui avait encore une année à attendre avant de devenir de fiancée épouse, alla passer cette année au couvent de Nonenwerth, bâti au milieu du Rhin, sur l'île du même nom, située en face du petit village de Honnef. Quant à Albert, il resta à Ronsdorf, et la douleur qu'il montra de la perte de sa bienfaitrice fut égale à celle qu'il eût éprouvée pour une mère.

Le temps fixé s'écoula, Emma avait atteint sa quinzième année, et elle avait continué de fleurir, au milieu de ses larmes, et dans son île sainte, comme une de ces fraîches roses des eaux qui flottent à la surface des lacs, tout étincelantes de rosée.

Ludwig rappela au vieux landgrave l'engagement pris par la douairière et ratifié par sa fille : c'est que depuis un an le jeune homme avait constamment dirigé ses promenades vers le Rolandwerth, jolie colline qui domine le fleuve et du haut de laquelle on voit, étendue au-dessous de soi et coupant le courant comme ferait la proue d'un vaisseau, l'île gracieuse au milieu de laquelle s'élève encore aujourd'hui le monastère devenu une auberge. Là il passait des heures entières les yeux fixés sur le cloître, car souvent une jeune fille qu'il reconnaissait à son habit de novice qu'elle devait quitter bientôt, venait elle-même s'asseoir sous les arbres qui bordent le Rhin, et là, restait des heures entières immobile et plongée dans une rêverie qui avait peut-être pour cause le même objet qui attirait Ludwig.

Il n'était donc pas étonnant que le jeune homme se souvînt le premier que le deuil était expiré et qu'il rappelât au landgrave, que, par un hasard favorable, cette époque correspondait avec celle fixée pour la célébration de son mariage.

Par une espèce de convention tacite, chacun regardait Albert, qui avait alors vingt ans à peine, mais qui s'était toujours fait remarquer par une gravité au-dessus de son âge, comme le tuteur d'Emma ; ce fut donc à lui que le landgrave rappela que l'époque était venue de remplacer les vêtements de deuil par les habits de fête.

Albert se rendit au couvent, prévint Emma que le jeune Ludwig réclamait la promesse faite par sa mère. Emma rougit et tendit la main à Albert en lui répondant qu'elle était prête à le suivre partout où il la conduirait. Le voyage n'était pas long, il n'y avait que la moitié du Rhin à traverser et deux lieues à faire le long de ses rives ; ce n'était donc point le trajet qui devait retarder le moment tant désiré par le jeune comte. Aussi, trois jours après l'expiration de sa quinzième année, Emma, accompagnée d'une suite digne de l'héritière de Ronsdorf, et, conduite par Albert, fut-elle remise aux mains de son seigneur et maître le comte Ludwig de Godesberg.

Deux années, pendant lesquelles la jeune comtesse mit au monde un fils qui fut appelé Othon, s'écoulèrent dans un bonheur parfait. Albert, qui avait trouvé une nouvelle famille, avait passé ces deux années tantôt à Ronsdorf, tantôt à Godesberg, et, pendant ce temps, avait atteint l'âge où un homme de noble race doit faire ses premières armes. Il avait, en conséquence, pris du service comme écuyer parmi les troupes de Jean de Luxembourg, roi de Bohême, l'un des plus braves chevaliers de son époque, et l'avait suivi au siége de Cassel, où il était venu donner bonne aide au roi Philippe de Valois, qui avait entrepris de rétablir le comte Louis de Crécy dans ses États, dont il avait été chassé par les bonnes gens de Flandre. Il s'était donc trouvé à la bataille où ceux-ci furent taillés en pièces sous les murs de Cassel, et, pour son coup d'essai, il avait fait une telle déconfiture de vilains, que Jean de Luxembourg l'avait nommé chevalier sur le champ de bataille.

La victoire avait, au reste, été si décisive, qu'elle avait terminé la campagne du coup, et que la Flandre se trouvant pacifiée, Albert était revenu au château de Godesberg, tout fier qu'il était de montrer à Emma sa chaîne d'or et ses éperons.

Il trouva le comte absent pour le service de l'empereur ; les Turcs avaient fait une invasion en Hongrie, et, à l'appel de Louis V, Ludwig était parti avec son frère d'armes le comte Karl de Hombourg ; il n'en fut pas moins bien reçu au château de Godesberg, où il demeura près de six mois. Au bout de ce temps, fatigué de son inaction et voyant les souverains de l'Europe assez tranquilles entre eux, il était parti pour guerroyer contre les Sarrasins d'Espagne, à qui Alphonse XI, roi de Castille et de Léon, faisait la guerre. Là il avait fait des prodiges de valeur en combattant contre Muley-Muhamad ; mais, ayant été blessé grièvement devant Grenade, il était revenu une seconde fois à Godesberg, où il avait retrouvé le mari d'Emma, qui venait de se mettre en possession du titre et des biens du vieux

La comtesse fit venir Albert et Emma et leur révéla un secret que personne n'entendit. — PAGE 7.

landgrave, qui était passé de vie à trépas vers le commencement de l'année 1332.

Le jeune Othon grandissait, c'était un beau garçon de cinq ans, à la tête blonde, aux joues roses et aux yeux bleus. Le retour d'Albert fut une fête pour toute la famille et surtout pour l'enfant, qui l'aimait beaucoup. Albert et Ludwig se revirent avec plaisir, tous deux venaient de combattre contre les infidèles, l'un au midi, l'autre au nord, tous deux avaient été vainqueurs et tous deux rapportaient de nombreux récits pour les longues soirées d'hiver : aussi une année s'écoula-t-elle comme un jour ; mais, au bout de cette année, le caractère aventureux d'Albert l'emporta de nouveau : il visita les cours de France et d'Angleterre, suivit le roi Édouard dans sa campagne contre l'Écosse, rompit une lance avec James Douglas, puis, se retournant contre la France, il était revenu prendre l'île de Cadsand avec Gauthier de Mauny ; se retrouvant alors sur le continent, il en avait profité pour faire une visite à ses anciens amis, et était rentré pour la troisième fois au château de Godesberg, où il avait trouvé un nouvel hôte.

C'était un des parents du landgrave, nommé Go-

A la lueur de la lune, le landgrave les vit s'embrasser. — PAGE 10.

defroy, qui, n'ayant rien à espérer de la fortune paternelle, avait tenté de s'en faire une dans les armes. Lui aussi avait été combattre les infidèles, mais en Terre-Sainte : les liens de parenté, le renom qu'il avait acquis dans la croisade, un certain luxe qui annonçait que sa foi avait porté plutôt le caractère de l'exaltation que celui du désintéressement, lui avaient ouvert les portes du château de Godesberg comme à un hôte distingué ; puis bientôt Hombourg et Albert s'étant éloignés, il était arrivé à rendre sa société à peu près indispensable au landgrave Ludwig, qui l'avait retenu lorsqu'il avait voulu s'en aller. Godefroy était donc établi au château, non plus comme hôte, mais sur le pied de commensal.

L'amitié a sa jalousie comme l'amour : soit prévention, soit réalité, Albert crut voir que Ludwig le recevait avec plus de froideur que de coutume ; il s'en plaignit à Emma, qui lui dit que, de son côté, elle s'apercevait de quelque changement dans les manières de son mari à son égard.

Albert resta quinze jours à Godesberg, puis, sous prétexte que Rousdorf réclamait sa présence pour

Paris. — Imp. Simon Raçon & Cie, rue d'Erfurth, 1.

des réparations indispensables, il traversa le fleuve et la petite gorge de montagnes qui séparaient seuls un domaine de l'autre et quitta le château.

Au bout de quinze jours, il reçut des nouvelles d'Emma. Elle ne comprenait rien au caractère de son mari; mais, de doux et bienveillant qu'elle l'avait toujours connu, il était devenu défiant et taciturne. Il n'y avait pas jusqu'au jeune Othon qui n'eût à souffrir de ses brusqueries inconnues jusqu'alors, et cela était d'autant plus sensible à la mère et à l'enfant, qu'ils avaient été jusqu'alors, de la part du landgrave, les objets de l'affection la plus vive et la plus profonde. Au reste, à mesure que cette affection diminuait, ajoutait Emma, Godefroy paraissait faire des progrès étranges dans la confiance du landgrave, comme s'il héritait de cette partie de sentiments que celui-ci enlevait à sa femme et à son fils, pour les reporter sur un homme qui lui était presque étranger.

Albert plaignit du fond de son cœur cette haine de soi-même qui fait que l'homme heureux, comme s'il était tourmenté de son bonheur, cherche tous les moyens de le modérer ou de l'éteindre, comme il ferait d'un feu trop violent auquel il craindrait de voir consumer son cœur.

Les choses en étaient arrivées à ce point lorsqu'il reçut, comme toute la noblesse des environs, une invitation pour se rendre au château de Godesberg, le landgrave donnant une fête pour l'anniversaire de la naissance d'Othon, qui venait d'entrer dans sa seizième année.

Cette fête, à la fin de laquelle nous avons introduit nos lecteurs dans le château, produisait, comme nous l'avons dit, un contraste singulier avec la tristesse de celui qui la donnait; c'est que, dès le commencement du bal, Godefroy avait fait remarquer au landgrave, comme une chose qui le frappait pour la première fois, la ressemblance d'Othon avec Albert.

En effet, à l'exception de cette fleur de jeunesse qui brillait sur le visage de l'adolescent et qu'avait brûlée chez l'homme le soleil d'Espagne, c'étaient les mêmes cheveux blonds, les mêmes yeux bleus, et il n'y avait pas même jusqu'à certaines expressions de physionomie, dont la ressemblance indique le même sang, qu'on ne pût remarquer entre eux avec une attention un peu soutenue. Cette révélation avait été un coup de poignard pour le landgrave; depuis longtemps, grâce à Godefroy, il suspectait la pureté des relations d'Emma et d'Albert; mais l'idée que ces relations coupables existaient déjà avant son mariage, l'idée plus poignante encore, et à laquelle cette ressemblance singulière donnait une nouvelle force, qu'Othon, qu'il avait tant aimé, était l'enfant de l'adultère, brisait son cœur et le rendait presque insensé : ce fut en ce moment, comme nous l'avons raconté, qu'arriva le comte Karl, et nous avons vu qu'emporté par la vérité il avait encore augmenté la douleur de son malheureux ami en avouant que cette ressemblance d'Albert et d'Othon était incontestable; cependant, comme nous l'avons vu, il s'était retiré sans attacher à la tristesse de Ludwig toute l'importance qu'elle avait acquise véritablement.

C'est que cet homme qui était venu parler si mystérieusement au landgrave, dans la petite chambre où il s'était retiré avec Karl, était ce même Godefroy dont la présence avait fait naître dans l'heureuse famille le premier trouble qui eût obscurci son bonheur. Il venait lui dire qu'il croyait être sûr, d'après quelques paroles qu'il avait entendues, qu'Emma avait accordé un rendez-vous à Albert, qui devait partir dans la nuit même pour l'Italie, où il allait commander un corps de troupes qu'y envoyait l'empereur : la certitude de cette trahison était au reste facile à acquérir, le rendez-vous était donné à l'une des portes du château, et Emma devait traverser tout le jardin pour s'y rendre.

Une fois entré dans la voie du soupçon, on ne s'arrête plus : aussi le landgrave, voulant, à quelque prix que ce fût, acquérir une certitude, étouffa-t-il ce sentiment généreux et instinctif qui fait que tout homme de cœur répugne à s'abaisser au métier d'espion; il rentra dans sa chambre avec Godefroy, et, entr'ouvrant la fenêtre qui donnait sur le jardin, il attendit avec anxiété cette dernière preuve qui devait amener chez lui une décision encore incertaine; Godefroy ne s'était pas trompé : vers les quatre heures du matin, Emma descendit le perron, traversa furtivement le jardin et s'enfonça dans un massif d'arbres qui cachait la porte. Cette disparition dura dix minutes à peu près, puis elle revint jusqu'au perron en compagnie d'Albert, au bras duquel elle était appuyée.

A la lueur de la lune, le landgrave les vit s'embrasser, et il lui sembla même distinguer sur le visage renversé de l'épouse les larmes que lui faisait répandre le départ de son amant.

Dès lors il n'y eût plus de doute pour Ludwig, et il prit aussitôt la résolution d'éloigner de lui l'épouse coupable et l'enfant de l'adultère.

Une lettre remise à Godefroy ordonnait à Emma de le suivre, et l'ordre fut donné au chef des gardes d'arrêter Othon au point du jour et de le conduire à l'abbaye de Kirberg, près de Cologne, où il changerait l'avenir brillant du chevalier contre l'étroite cellule d'un moine.

Cet ordre venait d'être accompli, et Emma et Othon étaient depuis une heure sortis du château, l'un pour se rendre au monastère de Nonenwerth et l'autre à l'abbaye de Kirberg, lorsque le comte Karl se réveilla, et, comme nous l'avons raconté, trouva près de lui son vieil ami, pareil à un chêne dont le vent a enlevé les feuilles et la foudre brisé les branches.

Hombourg écouta avec une affliction grave et affectueuse le récit que Ludwig lui fit de tout ce qui s'était passé. Puis, sans essayer de consoler ni le père ni l'époux :

— Ce que je ferai sera bien fait, n'est-ce pas? lui dit-il.

— Oui, répondit le landgrave; mais que peux-tu faire?

— Cela me regarde, reprit le comte Karl. Et, embrassant son ami, il s'habilla, ceignit son épée, sortit de la chambre, descendit aux écuries, sella lui-même son fidèle Hans, et reprit lentement et dans des idées bien différentes le chemin en spirale que la veille il avait franchi d'une course si rapide et dans un espoir si doux.

Arrivé au bas de la colline, le comte Karl prit le chemin de Rolandseck, qu'il suivit lentement et plongé dans une rêverie profonde, laissant à son cheval liberté entière de le conduire d'une course lente ou rapide; cependant, arrivé à un chemin creux au fond duquel était une petite chapelle où priait un prêtre, il regarda autour de lui, et, voyant probablement que le lieu était tel qu'il pouvait le désirer, il s'arrêta.

En ce moment le prêtre, qui sans doute avait fini sa prière, se relevait et allait partir. Mais Karl l'arrêta, lui demandant s'il n'y avait pas d'autre chemin pour se rendre du couvent au château, et, sur sa réponse négative, il le pria de s'arrêter, attendu que probablement, avant qu'il fût longtemps, un homme allait avoir besoin de son ministère. Le prêtre comprit à la voix calme du vieux chevalier qu'il avait dit vrai, et, sans demander qui était condamné, pria pour celui qui allait mourir.

Le comte Karl était un de ces types de la vieille chevalerie qui commençaient déjà à disparaître au quinzième siècle, et que Froissard décrit avec tout l'amour que porte l'antiquaire à un débris des temps passés. Pour lui, tout relevait de l'épée et dépendait de Dieu, et, dans sa conscience, l'homme était certain de ne pas errer en remettant chaque chose à son jugement.

Or, le récit du landgrave lui avait inspiré sur les intentions de Godefroy des doutes que la réflexion avait presque changés en certitude; d'ailleurs personne, excepté ce conseiller funeste, n'avait jamais mis en doute l'amour et la fidélité d'Emma pour son époux. Il avait été l'ami du comte de Ronsdorf comme il était celui du landgrave de Godesberg.

Leur honneur à tous deux faisait une part du sien, c'était donc à lui d'essayer de leur rendre cette splendeur ternie un moment par un calomniateur; en conséquence de cette résolution, il avait pris, sans en rien dire à personne, le parti de venir l'attendre sur le chemin qu'il devait suivre, et là, de lui faire avouer sa trahison ou de lui faire rendre l'âme, et au besoin même de mener à bout cette double entreprise.

Alors, il baissa la visière de son casque, fit arrêter Hans au milieu de la route, et cheval et cavalier demeurèrent une heure immobile comme une statue équestre.

Au bout de ce temps, il vit apparaître un chevalier armé de toutes pièces au bout du chemin creux. Celui-ci s'arrêta un instant, voyant le passage gardé; mais, s'étant assuré que celui qui le gardait était seul, il se contenta de s'asseoir sur ses arçons, de s'assurer que son épée sortait facilement du fourreau et continua sa route. Arrivé à quelques pas du comte, et voyant que celui-ci ne paraissait pas avoir l'intention de se déranger, il s'arrêta à son tour.

— Messire chevalier, lui dit-il, êtes-vous le seigneur de céans, et votre intention est-elle de fermer le chemin à tout voyageur qui passe?

— Non pas à tous, messire, répondit Karl, mais à un seul, et celui-là est un lâche et un traître, à qui j'ai à demander raison de sa trahison et de sa lâcheté.

— La chose alors ne pouvant me regarder, continua Godefroy, je vous prierai de ranger votre cheval à droite ou à gauche, afin qu'il y ait, sur le milieu de la route, place pour deux hommes du même rang.

— Vous vous trompez, messire, répondit le comte Karl avec la même tranquillité, et cela, au contraire, ne regarde que vous; quant à partager le haut du pavé avec un misérable calomniateur, c'est ce que ne fera jamais un noble et loyal chevalier.

Le prêtre s'élança alors entre les deux hommes.

— Frères, leur dit-il, voudriez-vous vous égorger?

— Vous vous trompez, messire prêtre, répondit le comte; cet homme n'est pas mon frère, et je ne tiens pas précisément à ce qu'il meure. Qu'il avoue avoir calomnié la comtesse Ludwig de Godesberg, et je le laisse libre d'aller faire pénitence où il voudra.

— Il ne lui manquait plus, comme preuve d'innocence, dit en riant Godefroy, qui prenait le cavalier pour Albert, que d'être si bien défendue par son amant.

— Vous vous trompez, répondit le chevalier en secouant sa tête masquée de fer, je ne suis pas celui que vous croyez; je suis le comte Karl de Hombourg. Je n'ai donc contre vous que la haine que j'ai pour tout traître, que le mépris que j'ai pour tout calomniateur. Avouez que vous avez menti, et vous êtes libre.

— Ceci, répondit en riant Godefroy, est une affaire qui ne regarde que Dieu et moi.

— Que Dieu la juge donc! s'écria le comte Karl, en se préparant au combat.

— Ainsi soit-il, murmura Godefroy en abaissant d'une main sa visière et en tirant de l'autre son épée.

Le prêtre se remit en prières.

— Mon père, je crois que vous n'avez pas de temps à perdre pour accomplir votre sainte mission.

Godefroy était brave, et il avait donné plus d'une preuve de son courage en Palestine; mais alors il combattait pour Dieu, au lieu de combattre contre Dieu. Aussi, quoique le combat fût long et acharné, quoiqu'il fit en courageux et habile homme d'armes, il ne put résister à la force que donnait au comte Karl la conscience de son droit : il tomba percé d'un coup d'épée qui était entré dans la cuirasse et avait profondément pénétré dans la poitrine. Quant au cheval de Godefroy, effrayé de la chute de son maître, il reprit la route par laquelle il était venu et disparut bientôt derrière le sommet du chemin creux.

— Mon père, dit tranquillement le comte Karl au prêtre tremblant de frayeur, je crois que vous n'avez pas de temps à perdre pour accomplir votre sainte mission. Voilà la confession que je vous avais promise; hâtez-vous de la recevoir.

Et, remettant son épée dans le fourreau, il reprit sa monumentale immobilité.

Le prêtre s'approcha du moribond, qui s'était relevé sur un genou et sur une main, mais qui n'avait

— Karl! Karl! ce n'était pas son amant, c'était son frère! — Page 14.

pu faire davantage. Il lui détacha son casque; il avait le visage pâle et les lèvres pleines de sang.

Karl crut un instant qu'il ne pourrait point parler; mais il se trompait. Godefroy s'assit, et le prêtre, agenouillé près de lui, écouta la confession qu'il lui fit d'une voix basse et entrecoupée. Aux derniers mots, le blessé sentit que sa fin était proche, et, avec l'aide du prêtre, s'étant mis à genoux, il leva les deux mains au ciel en disant à trois reprises :

— Seigneur, Seigneur, pardonnez-moi!

Mais, à la troisième, il poussa un profond soupir et retomba sans mouvement. Il était mort.

— Mon père, dit le comte Karl au prêtre, n'êtes-vous pas autorisé à révéler la confession qui vient de vous être faite?

— Oui, répondit le prêtre, mais à une seule personne : au landgrave de Godesberg.

— Montez donc sur mon cheval, continua le chevalier en mettant pied à terre, et allons le trouver.

— Que faites-vous, mon frère? répondit le prêtre, habitué à voyager d'une manière plus humble.

— Montez, montez, mon père, dit en insistant le chevalier; il ne sera pas dit qu'un pauvre pécheur comme moi ira à cheval lorsque l'homme de Dieu marchera à pied.

Et, à ces mots, il l'aida à se mettre en selle; et, quelque résistance que pût faire l'humble cavalier, il le conduisit par la bride jusqu'au château de Godesberg. Puis, arrivé là, il remit, contre son habitude, Hans aux mains des valets, amena le prêtre devant le landgrave, qu'il retrouva dans la même chambre, au même endroit et assis dans le même fauteuil, quoique sept heures se fussent écoulées depuis qu'il était sorti du château. Au bruit que firent les arrivants, le landgrave leva son front pâle et les regarda d'un air étonné.

— Tiens, frère, lui dit Karl, voilà un digne serviteur de Dieu qui a une confession *in extremis* à te révéler.

— Qui donc est mort? s'écria le comte en devenant plus pâle encore.

— Godefroy, répondit le chevalier.

— Et qui l'a tué? murmura le landgrave.

— Moi, dit Karl.

Et il se retira tranquillement, fermant la porte derrière lui et laissant le landgrave seul avec le prêtre.

Or, voici ce que raconta le prêtre au landgrave :

« Godefroy avait connu en Palestine un chevalier allemand des environs de Cologne, que l'on nommait Ernest de Huningen : c'était un homme grave et sévère, qui était entré depuis quinze ans dans l'ordre de Malte, et que l'on renommait pour sa religion, sa loyauté et son courage.

« Godefroy et Ernest combattaient l'un près de l'autre à Saint-Jean d'Acre, lorsque Ernest fut blessé mortellement. Godefroy le vit tomber, le fit emporter hors de la mêlée et revint à l'ennemi.

« La bataille finie, il rentra sous sa tente pour changer de vêtement; mais à peine y était-il, qu'on vint le prévenir que messire Ernest de Huningen était au plus mal et désirait le voir avant que de mourir.

« Il se rendit à son désir, et trouva le blessé soutenu par une fièvre brûlante qui devait consumer en peu de temps le reste de sa vie. Aussi, comme il sentait lui-même sa position, il lui expliqua en peu de mots le service qu'il attendait de lui.

« A l'âge de vingt ans Ernest avait aimé une jeune fille et en avait été aimé; mais, cadet de famille, sans titre et sans fortune, il n'avait pas pu l'obtenir. Les amants, au désespoir, oublièrent qu'ils ne pourraient jamais être époux, et un fils naquit, qui ne pouvait porter le nom ni de l'un ni de l'autre.

« Quelque temps après, la jeune fille avait été forcée par ses parents d'épouser un seigneur noble et riche. Ernest était parti, s'était arrêté à Malte pour prononcer des vœux, et, depuis ce temps, il combattait en Palestine. Dieu avait récompensé son courage. Après avoir vécu saintement, il mourait en martyr.

« Ernest présenta un papier à Godefroy : c'était la donation de tout ce qu'il possédait à son fils Albert : soixante mille florins à peu près. Quant à la mère, comme elle était morte depuis six ans, il avait cru pouvoir lui révéler son nom, pour que ce nom le guidât dans ses recherches. C'était la comtesse de Ronsdorf.

« Godefroy était revenu en Allemagne dans l'intention d'accomplir les dernières volontés de son ami. Mais, en arrivant chez son parent le landgrave, et en apprenant la situation des choses, il vit du premier coup d'œil tout le parti qu'il pouvait tirer du secret qu'il possédait. Le landgrave n'avait qu'un fils, et, Othon et Emma éloignés, Godefroy se trouvait le seul héritier du comte. »

Nous avons vu comment il avait mis ce projet à exécution, au moment où il rencontra dans le chemin creux de Rolandswerth le comte Karl de Hombourg.

— Karl! Karl! s'écria le landgrave en s'élançant comme un insensé dans le corridor où l'attendait son frère d'armes. Karl! ce n'était pas son amant; c'était son frère!

Et, aussitôt, il donna l'ordre que l'on ramenât à Godesberg Emma et Othon. Les deux messagers partirent, l'un remontant le Rhin, l'autre le descendant.

Pendant la nuit le premier revint. Emma, malheureuse depuis longtemps, offensée de la veille, demandait à finir sa vie dans le monastère où s'était écoulée sa jeunesse, et faisait répondre qu'au besoin elle invoquerait l'inviolabilité du lieu.

Au point du jour, le second messager revint; il était accompagné des hommes d'armes qui devaient conduire Othon à Kirberg; mais Othon n'était point parmi eux. Comme ils descendaient nuitamment le Rhin, Othon, qui savait dans quelle intention on l'emmenait, avait choisi le moment où tout l'équipage était occupé à diriger la barque dans un courant rapide, s'était élancé au plus profond du fleuve et avait disparu.

III

Cependant le malheur du landgrave n'était point encore si grand qu'il le croyait. Othon s'était élancé dans le fleuve, non pas pour y chercher la mort, mais la liberté. Élevé sur ses rives, le vieux Rhin était un ami contre lequel il avait trop souvent essayé ses jeunes forces pour le craindre. Il plongea donc au plus profond, nagea sous l'eau tant que sa respiration le lui permit, et, lorsqu'il reparut à sa surface pour reprendre haleine, la barque était si éloignée et la nuit si noire, que les gardes qui l'accompagnaient purent croire qu'il était resté englouti dans le fleuve.

Othon se hâta de gagner la rive. La nuit était froide, ses habits étaient ruisselants, il avait besoin d'un feu et d'un lit. Il se dirigea donc vers la première maison dont il vit les fenêtres briller dans l'ombre, se présenta comme un voyageur égaré, et, comme il était impossible de reconnaître s'il était mouillé par la pluie du ciel ou par l'eau du fleuve, il n'excita aucun soupçon, et l'hospitalité lui fut accordée avec toute la franchise et la discrétion allemandes.

Le lendemain il partit au jour et se dirigea sur Cologne. C'était le saint jour du dimanche, et, comme il y entrait à l'heure de la messe, il vit chacun se diriger vers l'église. Il suivit la foule, car lui aussi avait à prier Dieu... d'abord pour son père, à cause de l'erreur et de l'isolement dans lesquels il l'avait laissé... pour sa mère enfermée dans un monastère... enfin pour lui, libre, mais sans appui et perdu dans ce monde immense qui ne lui avait encore montré pour tout horizon que celui du château natal. Cependant il se cacha derrière une colonne pour faire sa prière ; si près de Godesberg, il pouvait être reconnu par quelques-uns des seigneurs qui étaient venus à la fête de la veille ou par l'archevêque de Cologne lui-même, messire Walerand de Juliers, qui était un des plus vieux et des plus fidèles amis de son père.

Lorsque Othon eut fait sa prière, il regarda autour de lui et vit avec étonnement qu'au nombre des spectateurs se trouvait une si grande quantité d'archers de différents pays, que sa première pensée fut que la messe que l'on disait était célébrée en l'honneur de saint Sébastien, protecteur de la corporation. Il s'en informa aussitôt à celui qui se trouvait le plus proche de lui, et il apprit alors qu'ils se rendaient à la fête de l'arc, que donnait tous les ans, à la même époque, le prince Adolphe de Clèves, l'un des seigneurs les plus riches et les plus renommés parmi ceux dont les châteaux s'élèvent depuis Strasbourg jusqu'à Nimègue.

Othon sortit aussitôt de l'église, se fit indiquer le tailleur le mieux assorti de la ville, changea ses habits de velours et de soie contre un justaucorps de drap vert serré avec une ceinture de cuir, acheta un arc du meilleur bois d'érable qu'il put trouver, choisit une trousse garnie de ses douze flèches, puis, ayant demandé à quelle hôtellerie se réunissaient plus particulièrement les archers, et, ayant appris que c'était au Héron-d'Or, il se dirigea vers cette auberge, qui était située sur la route de Verdingen, en dehors de la porte de l'Aigle.

Il y trouva une trentaine d'archers réunis et faisant grande chère. Il s'assit au milieu d'eux, et, quoiqu'il fût inconnu de tous, tous le reçurent bien, grâce à sa jeunesse et à sa bonne mine. D'ailleurs il avait été au-devant d'un bienveillant accueil en disant tout d'abord qu'il se rendait à Clèves pour la fête de l'arc et désirait faire route avec d'aussi braves et aussi joyeux compagnons. La proposition avait donc été reçue à l'unanimité.

Comme les archers avaient encore trois jours devant eux, et comme le dimanche est un jour saint consacré au repos, ils ne se mirent en route que le lendemain au matin, suivant les rives du fleuve et devisant joyeusement de faits de chasse et de guerre. Tout en faisant route, les archers remarquèrent qu'Othon n'avait point de plumes à sa toque, ce qui était contre l'uniforme, chacun ayant une plume, dépouille et trophée en même temps de quelque oiseau victime de son adresse, et ils le raillèrent sur son arc neuf et ses flèches neuves. Othon avoua en souriant que ni arc ni flèches n'avaient encore servi, mais qu'à la première occasion, il tâcherait, grâce à eux, de se procurer l'ornement indispensable qui manquait à son chapeau. En conséquence, il banda son arc. Chacun attendit avec curiosité une occasion de juger l'adresse de son nouveau camarade.

Othon l'archer.

Les occasions ne manquaient pas; un corbeau croassait à la dernière branche desséchée d'un chêne, et les archers montrèrent en riant ce but à Othon, mais le jeune homme répondit que le corbeau était un animal immonde, dont les plumes étaient indignes d'orner la toque d'un franc archer. La chose était vraie. Aussi les joyeux voyageurs se contentèrent-ils de cette réponse.

Un peu plus loin ils aperçurent un épervier immobile à la pointe d'un rocher, et la même proposition fut faite au jeune homme. Mais, cette fois, il répondit que l'épervier était un oiseau de race, dont les hommes de race avaient seuls le droit de disposer, et que lui, fils d'un paysan, ne se permettrait pas de tuer un pareil oiseau sur les terres d'un seigneur aussi puissant que l'était le comte de Worringen, dont en ce moment il traversait les propriétés. Quoiqu'il y eût du vrai au fond de cette réponse, et que pas un des archers peut-être n'eût osé se permettre l'action qu'il conseillait à Othon, tous accueillirent cette réponse avec un sourire plus ou moins moqueur, car ils commençaient à prendre cette idée, que leur jeune camarade, peu sûr de son adresse, cherchait à retarder le moment d'en don-

On avisa un château en ruines; c'était le château de Windeck. — PAGE 19.

ner une preuve aussi décisive que celle qu'on lui demandait.

Othon avait vu le sourire des archers et l'avait compris; mais il n'avait paru y faire aucune attention, et continuait sa route, riant et causant, lorsque tout à coup, à cinquante pas à peu près de la troupe bruyante, un héron se leva des bords du fleuve. Othon alors se retourna vers l'archer qui était le plus près de lui et qu'on lui avait désigné comme un des plus habiles tireurs.

— Frère, lui dit-il, j'aurais grande envie pour ma toque d'une plume de cet oiseau; vous qui êtes le plus habile parmi nous tous, rendez-moi donc le service de l'abattre.

— Au vol, répondit l'archer étonné.

— Sans doute, au vol, continua Othon; voyez comme il s'élève lourdement : à peine a-t-il fait dix pas depuis qu'il a quitté la terre, et il n'est qu'à une demie-portée de trait.

— Tire, Robert, tire! crièrent tous les archers.

Robert fit un signe de tête indiquant qu'il se rendait à l'invitation générale plutôt par obéissance pour les ordres de l'honorable société que dans l'espoir de réussir. Il n'en visa pas moins avec toute

Paris. — Imp. Simon Raçon & Cie, rue d'Erfurth, 1.

l'attention dont il était capable, et la flèche, lancée par un bras robuste et par un œil exercé, partit, suivie de tous les regards, et passa si près de l'oiseau, qu'il en poussa un cri d'effroi auquel répondirent les acclamations de tous les archers.

— Bien tiré, dit Othon! maintenant, à vous, Hermann, ajouta-t-il en se tournant vers l'archer qui se trouvait à sa gauche.

Soit que celui auquel il s'adressait se fût attendu à cette invitation, soit qu'il eût été entraîné par l'exemple, il était prêt au moment où Othon lui adressa la parole, et, à peine avait il achevé, qu'une autre flèche, aussi habile et aussi rapide que la première, poursuivit le fuyard, qui poussa un nouveau cri au sifflement que fit entendre en passant à quelques pouces seulement de lui ce second messager de mort.

Les archers applaudirent de nouveau.

— A mon tour, dit Othon.

Tous les regards se tournèrent de son côté, car le héron, sans être hors de portée, commençait à atteindre une distance assez considérable, et, ayant d'air ce qu'il fallait à ses larges ailes, il filait avec une rapidité qui devait bientôt le mettre hors de tout danger.

Othon avait sans doute aussi calculé tout cela, car ce ne fut qu'après avoir bien mesuré la distance des yeux, qu'il leva avec une attention lente sa flèche à la hauteur de l'animal; puis, lorsqu'il l'eut amenée à la ligne de l'œil, il retira la corde presque derrière sa tête, à la manière des archers anglais, faisant plier son arc comme une baguette de saule. Un instant il demeura immobile comme une statue, puis tout à coup on entendit un léger sifflement, car la flèche était partie si rapide, que personne ne l'avait vue. Tous les yeux se portèrent sur l'oiseau, qui s'arrêta comme si un éclair invisible l'eût frappé, et qui tomba, percé de part en part, d'une hauteur telle qu'on n'eût pas même cru que la flèche aurait pu l'y suivre.

Les archers étaient stupéfaits; une pareille preuve d'adresse était à peine croyable pour eux-mêmes; quant à Othon, qui s'était arrêté pour juger de l'effet du coup, à peine eut-il vu tomber l'animal, qu'il se remit en marche sans paraître remarquer l'étonnement de ses compagnons.

Arrivé au héron, il arracha de son cou ces plumes fines et élégantes qui forment une aigrette naturelle, et les attacha à son bonnet. Quant aux archers, ils avaient compté la distance : l'oiseau était tombé à trois cent vingt pas.

Cette fois l'admiration n'avait point éclaté en applaudissements; les archers s'étaient regardés les uns les autres, étonnés d'une telle preuve d'adresse; puis ils avaient compté les pas, comme nous l'avons dit, et, lorsque Othon avait eu fini d'orner sa toque du bouquet de plumes si miraculeusement acquis, Franz et Hermann, les deux archers qui avaient tiré avant lui, lui avaient tendu la main, mais avec un sentiment de déférence qui indiquait que, non-seulement ils le reconnaissaient pour leur camarade, mais encore pour leur maître.

La troupe voyageuse, qui ne s'était arrêtée à Worringen que pour déjeuner, arriva vers les quatre heures du soir à Neufs. On dîna en toute hâte, car, à trois lieues de Neufs, était l'*église de Roche*, près de laquelle de religieux archers ne pouvaient passer sans y faire un pèlerinage.

Othon, qui avait adopté la vie et les habitudes de ses nouveaux compagnons, les suivit dans cette excursion, et, vers le jour tombant, ils arrivèrent à la Roche-Sainte : c'était une immense pierre ayant l'aspect d'une église.

C'est qu'autrefois cette pierre fut effectivement la première église chrétienne bâtie sur les bords du Rhin par un chef de la Germanie, qui mourut en odeur de sainteté, laissant sept filles belles et vertueuses pour prier autour de son tombeau.

C'était le temps des grandes migrations barbares.

Des peuples inconnus, poussés par une main invisible, descendaient des plateaux de l'Asie et venaient changer la face du monde européen.

Une biche avait conduit Attila à travers les Palus Méotides, et il descendait vers l'Allemagne, précédé par la terreur qu'inspirait son nom.

Le Rhin, effrayé au bruit des pas de ces nations fauves, hésitait à poursuivre son cours vers les sables où il s'engloutit, et frémissait dans toute sa longueur comme un immense serpent.

Bientôt les Huns apparurent sur la rive droite, et, le même jour, on vit l'incendie s'allumer sur tout l'horizon, c'est-à-dire depuis Colonia Agrippina (1), jusqu'à Aliso (2).

Le danger était instant; il n'y avait aucune pitié à attendre de pareils ennemis, et, le lendemain matin, au moment où elles leur virent lancer à l'eau les radeaux qu'ils avaient construits pendant la nuit avec les arbres d'une forêt qui avait disparue, les jeunes filles se retirèrent dans l'église et s'agenouillèrent autour du tombeau de leur père, le priant, par le saint amour qu'il leur avait porté pendant sa vie, de les protéger même après sa mort.

La journée et la nuit se passèrent en prières, et elles espéraient déjà être sauvées, lorsqu'au point du jour elles entendirent les barbares s'approcher.

Ils commencèrent à frapper avec le pommeau de leurs épées à la porte de chêne qui fermait l'église; mais, voyant qu'elle résistait, les uns retournèrent au bourg pour y prendre des échelles afin d'escalader les fenêtres; les autres allèrent couper un sapin qu'ils dépouillèrent de ses branches et dont ils firent un bélier pour enfoncer la porte Puis, lors-

(1) Nom antique de Cologne.

(2) Wesel.

qu'ils se furent procuré les instruments nécessaires à leurs projets sacriléges, ils s'acheminèrent avec eux vers l'église qui servait d'asile aux sept sœurs; mais, lorsqu'ils arrivèrent près d'elle, il n'y avait plus ni portes ni fenêtres.

L'église était bien encore là, mais elle était devenue un rocher et s'était faite toute de pierre; seulement, du milieu de cette masse de granit, on entendait sortir un chant bas, triste et doux comme le chant des morts.

C'était le cantique d'actions de grâces des sept vierges, qui remerciaient le Seigneur.

Les archers firent leur prière à l'église de Roche, puis revinrent coucher à Strump.

Le lendemain, ils se remirent en route; la journée se passa sans autre incident, qu'un renfort successif. Les archers venaient de toutes les parties de l'Allemagne à cette fête annuelle, dont le prix était, pour cette fois, une toque de velours vert entourée de deux branches de frêne en or, nouées par une agrafe de diamant. Il devait être donné par la fille unique du margrave lui-même, la jeune princesse Héléna, qui venait d'entrer dans sa quatorzième année. Le concours de tant d'adroits archers n'avait donc rien d'étonnant.

La petite troupe, qui montait maintenant à quarante ou cinquante hommes, voulait arriver à Clèves le lendemain matin, le tir devant commencer aussitôt la dernière messe, c'est-à-dire à onze heures. En conséquence, les archers avaient résolu de venir coucher à Kervenheim.

La journée était forte, aussi s'arrêta-t-on à peine pour déjeuner et pour dîner. Cependant, quelque diligence que fissent les voyageurs, ils n'atteignirent cette ville qu'après la fermeture des portes. Il s'agissait de passer la nuit dehors, et le moins mal possible; on avisa un château en ruines sur une montagne voisine; c'était le château de Windeck.

Chacun fut d'avis de profiter de cette circonstance favorable, excepté le plus vieux des archers, qui s'y opposa de tout son pouvoir; mais, comme il était seul de son avis, sa voix n'eut aucune influence, et force lui fut d'accompagner ses jeunes camarades sous peine de rester seul; il les suivit.

La nuit était sombre; pas une étoile ne brillait au ciel, des nuages lourds et chargés de pluie glissaient au-dessus de la tête de nos voyageurs, comme les vagues d'une mer aérienne. Un pareil abri, si incomplet qu'il fût, était donc un bienfait du ciel.

Les archers gravissaient la colline en silence, et cependant au bruit de leurs pas ils entendaient tout le long du sentier, couvert de ronces, fuir les animaux sauvages, dont la présence multipliée indiquait que ces ruines solitaires étaient gardées contre la présence des hommes par quelque superstitieuse terreur.

Tout à coup ceux qui marchaient en tête virent se dresser devant eux, comme un fantôme, la première tour, sentinelle gigantesque, chargée en d'autres temps de défendre l'entrée du château.

Le vieil archer proposa de s'arrêter à cette tour et de se contenter de son abri. En conséquence, on fit halte; un des archers battit le briquet, alluma une branche de sapin et franchit la porte.

Alors on s'aperçut que les toits s'étaient écroulés, que les murailles seules étaient debout, et, comme la nuit menaçait d'être pluvieuse, il n'y eut qu'une voix pour continuer la route jusqu'au corps de logis : cependant on laissa de nouveau le vieil archer libre de s'arrêter en cet endroit. Mais il refusa une seconde fois, préférant suivre ses compagnons partout où ils iraient que de rester seul par une pareille nuit et dans un semblable voisinage.

La troupe se remit donc en chemin; seulement, pendant cette halte de quelques minutes, chacun avait brisé une branche de sapin et s'était fait une torche résineuse, de sorte que la montagne, d'obscure qu'elle était auparavant, était devenue tout à coup resplendissante, et qu'on commençait à distinguer à l'extrémité du cercle de lumière la masse triste, vague et sombre du château, qui, à mesure qu'on approchait, se dessinait d'une manière plus précise, montrant ses colonnes massives et ses voûtes surbaissées, dont les premières pierres avaient peut-être été posées par Charlemagne lui-même, lorsqu'il étendait, des montagnes pyrénées aux marais bataves, cette ligne de forteresses destinées à briser l'invasion des hommes du Nord.

A l'approche des archers et à la vue des flambeaux, les hôtes du château s'enfuirent à leur tour : c'étaient des hiboux et des orfraies au vol nocturne qui, après avoir fait deux ou trois cercles silencieux au-dessus de la tête de ceux qui venaient les troubler, s'éloignèrent en hurlant.

A cette vue et à ces cris sinistres, les plus braves ne furent pas exempts d'un mouvement de terreur, car ils savaient qu'il est certains dangers contre lesquels ne peuvent rien ni le courage ni le nombre. Ils n'en pénétrèrent pas moins dans la première cour et se trouvèrent au centre d'un grand carré formé par des bâtiments dont quelques-uns tombaient en ruines, tandis que d'autres au contraire se trouvaient dans un état de conservation d'autant plus remarquable, qu'ils faisaient contraste avec les débris qui couvraient la terre en face d'eux.

Les archers entrèrent dans le corps de bâtiment qui leur paraissait le plus habitable et se trouvèrent bientôt dans une grande salle qui paraissait avoir été autrefois celle des gardes. Des débris de volets fermaient les fenêtres de manière à briser la plus grande force du vent. Des bancs de chêne adossés contre les murailles et régnant tout à l'entour de la chambre pouvaient encore servir au même usage auquel ils avaient été destinés. Enfin une immense

Hermann.

cheminée leur offrait un moyen d'éclairer et de réchauffer à la fois leur sommeil.

C'était tout ce que pouvaient désirer les hommes faits pour les durs travaux de la chasse et de la guerre, et habitués à passer les nuits, n'ayant pour tout oreiller que les racines et pour tout abri que les feuilles d'un arbre.

Le pire de tout cela était de n'avoir point à souper.

La course avait été longue, et, depuis midi, le dîner était loin; mais c'était encore là un de ces inconvénients auxquels des chasseurs devaient être accoutumés.

En conséquence, on serra la boucle des ceinturons, on fit grand feu dans la cheminée, on se chauffa largement, ne pouvant faire mieux, puis le sommeil commençant à descendre sur les voyageurs, chacun s'établit le plus confortablement qu'il put pour passer la nuit, après avoir toutefois pris la précaution, sur l'avis du vieil archer, de faire veiller successivement quatre personnes que désignerait le hasard, afin que le sommeil du reste de la

La porte s'ouvrit, et une jeune fille, belle, pâle et silencieuse parut sur le seuil. — PAGE 22.

troupe fût tranquille. On tira au sort, et le sort tomba sur Othon, sur Hermann, sur le vieil archer et sur Franz.

Les veilles furent fixées à deux heures chacune; en ce moment, neuf heures et demie sonnaient à l'église de Kerventseim.

Othon commença la sienne, et, au bout d'un instant, il se trouva seul éveillé au milieu de ses nouveaux camarades.

C'était le premier moment de tranquillité qu'il trouvait pour parler avec lui-même.

Trois jours auparavant, à la même heure, il était heureux et fier, faisant les honneurs du château de Godesberg à la chevalerie la plus noble des environs; et maintenant, sans qu'il fût pour rien dans le changement survenu, et dont il ignorait presque la cause, il se trouvait déshérité de l'amour paternel, banni sans savoir le terme de son bannissement et mêlé parmi une troupe d'hommes braves et loyaux sans doute, mais sans naissance et sans avenir, et veillant sur leur sommeil, lui, fils de prince, habitué à dormir, tandis qu'on veillait sur le sien!

Ces réflexions lui firent paraître sa veillée courte. Dix heures, dix heures et demie et onze heures sonnèrent successivement sans qu'il se fût aperçu de la marche du temps, et sans que rien fût venu troubler ses réflexions.

Cependant la fatigue physique commençait à lutter avec la préoccupation morale, et, lorsque onze heures et demie sonnèrent, il était temps qu'arrivât la fin de sa veille, car ses yeux se fermaient malgré lui.

En conséquence, il réveilla Hermann, qui devait lui succéder, en lui annonçant que son tour était venu.

Hermann se réveilla de fort mauvaise humeur : il rêvait qu'il faisait rôtir un chevreuil qu'il venait de tuer, et, au moment de faire du moins en rêve un bon souper, il se retrouvait à jeun, l'estomac vide et sans aucune chance de le remplir.

Fidèle à la consigne donnée, il n'en céda pas moins sa place à Othon et prit la sienne.

Othon se coucha; ses yeux à demi ouverts distinguèrent encore pendant quelque temps les objets qui l'entouraient d'une manière incertaine, et, parmi ces objets, Hermann, debout contre une des colonnes massives de la cheminée; bientôt tout se confondit dans une vapeur grisâtre, dans laquelle chaque chose perdit sa forme et sa couleur; enfin il ferma les yeux tout à fait et s'endormit.

Hermann était, comme nous l'avons dit, resté debout contre un des supports massifs de la cheminée, écoutant le bruit du vent dans les hautes tourelles, et plongeant, aux lueurs mourantes du feu, ses regards dans les angles les plus sombres de l'appartement.

Ses yeux étaient fixés sur une porte fermée et qui semblait devoir conduire aux appartements intérieurs du château, lorsque minuit sonna.

Hermann, tout brave qu'il était, compta avec un certain frémissement intérieur, et les yeux toujours fixés sur le même point, les onze coups du battant, lorsqu'au moment où frappait le douzième, la porte s'ouvrit, et une jeune fille belle, pâle et silencieuse, parut sur le seuil, éclairée par une lumière cachée derrière elle.

Hermann voulut appeler; mais, comme si elle eût deviné son intention, la jeune fille porta un doigt à sa bouche pour lui commander le silence, et de l'autre main lui fit signe de la suivre.

IV

ermann hésita un moment; mais, songeant aussitôt qu'il était honteux à un homme de trembler devant une femme, il fit quelques pas vers la mystérieuse inconnue, qui, le voyant venir à elle, rentra dans la chambre, prit une lampe posée sur une table, alla ouvrir une autre porte, et, du seuil de celle-ci, se retourna pour faire un nouveau signe à l'archer resté debout à l'entrée de la seconde chambre. Le signe était accompagné d'un si gracieux sourire, que les dernières craintes d'Hermann disparurent.

Il s'élança derrière la jeune fille, qui, entendant ses pas pressés, se retourna une dernière fois pour lui faire signe de marcher derrière elle en conservant quelques pas de distance.

Hermann obéit.

Ils s'avancèrent ainsi en silence à travers une suite d'appartements déserts et sombres, jusqu'à ce qu'enfin le guide mystérieux poussât la porte d'une chambre ardemment éclairée, dans laquelle était dressée une table avec deux couverts.

La jeune fille entra la première, posa la lampe sur la cheminée et alla s'asseoir, sans dire une parole, sur l'une des chaises qui attendaient les convives. Puis, voyant qu'Hermann intimidé et hésitant était resté debout sur le seuil de la porte :

— Soyez le bienvenu, lui dit-elle, au château de Windeck.

— Mais dois-je accepter l'honneur que vous m'offrez? répondit Hermann.

— N'avez-vous pas faim et soif, seigneur archer? reprit la jeune fille; mettez vous donc à cette table, et buvez et mangez : c'est moi qui vous y invite.

— Vous êtes sans doute la châtelaine? dit Hermann en s'asseyant.

— Oui, répondit avec un signe de tête la jeune fille.

— Et vous habitez seule ces ruines? continua l'archer en regardant autour de lui avec étonnement.

— Je suis seule.

— Et vos parents?

La jeune fille lui montra du doigt deux portraits suspendus à la muraille, l'un d'homme, l'autre de femme, et dit à voix basse :

— Je suis la dernière de la famille.

Hermann la regarda, sans savoir encore que penser de l'être étrange qu'il avait devant lui.

En ce moment ses yeux rencontrèrent les yeux de la jeune fille, qui étaient humides de tendresse.

Hermann ne songeait plus à la faim ni à la soif; il voyait devant lui, pauvre archer, une noble dame, oubliant sa naissance et sa fierté pour le recevoir à sa table; il était jeune, il était beau, il ne manquait pas de confiance en lui-même; il crut que cette heure qui se présente, dit-on, à tout homme de faire fortune une fois dans sa vie se présentait à lui dans ce moment.

— Mangez donc, lui dit la jeune fille en lui servant un morceau de la hure d'un sanglier. Buvez donc, dit la jeune fille en lui versant un verre de vin vermeil comme du sang.

— Comment vous nommez-vous, ma belle hôtesse? dit Hermann enhardi et levant son verre.

— Je me nomme Bertha.

— Eh bien! à votre santé, belle Bertha! continua l'archer.

Et il but le vin d'un seul trait.

Bertha ne répondit rien, mais sourit tristement.

L'effet de la liqueur fut magique, les yeux d'Hermann étincelèrent à leur tour, et, profitant de l'invitation de la châtelaine, il attaqua le souper avec un acharnement qui prouvait que ce n'était pas à un ingrat qu'il avait été offert, et qui pouvait excuser l'oubli où il était tombé en ne faisant pas le signe de la croix, comme c'était son habitude de le faire chaque fois qu'il se mettait à table.

Bertha le regardait sans l'imiter.

— Et vous, lui dit-il, ne mangez vous pas?

Bertha fit signe que non, et lui versa une seconde fois du vin.

C'était déjà une habitude à cette époque que les belles dames regardassent comme une chose indigne d'elles de boire et de manger, et Hermann avait vu souvent, dans les dîners auxquels il avait assisté comme serviteur, les châtelaines rester ainsi, tandis que les chevaliers mangeaient autour d'elles, afin de faire croire que, pareilles aux papillons et aux fleurs, dont elles avaient la légèreté et l'éclat, elles ne vivaient que de parfums et de rosée.

Il crut qu'il en était ainsi de Bertha, et continua de manger et de boire comme si elle lui tenait entière compagnie.

D'ailleurs, sa gracieuse hôtesse ne restait pas inactive, et, voyant que son verre était vide, elle le lui remplit pour la troisième fois.

Hermann n'éprouvait plus ni crainte ni embarras, le vin était délicieux et bien réel, car il faisait sur le cœur du convive nocturne son effet accoutumé; Hermann se sentait plein de confiance en lui-même, et, en récapitulant tous les mérites qu'il se trouvait à cette heure, il ne s'étonnait plus de la bonne fortune qui lui arrivait; et la seule chose qui l'étonnât c'est qu'elle eût tant tardé.

Il était dans cette heureuse disposition, quand ses yeux tombèrent sur un luth posé sur une chaise, comme si l'on s'en était servi dans la journée même; alors il pensa qu'un peu de musique ne gâterait rien à l'excellent repas qu'il venait de faire.

En conséquence, il invita gracieusement Bertha à prendre son luth et à lui chanter quelque chose.

Bertha étendit la main, prit l'instrument, et en tira un accord si vibrant, qu'Hermann sentit tressaillir jusqu'à la dernière fibre de son cœur; et il était à peine remis de cette émotion, lorsque, d'une voix douce et à la fois profonde, la jeune fille commença une ballade dont les paroles avaient, avec la situation où il se trouvait, une telle analogie, qu'on eut pu croire que la mystérieuse virtuose improvisait.

C'était une châtelaine amoureuse d'un archer

L'allusion n'avait point échappé à Hermann, et, s'il lui fût resté quelques doutes, la ballade les lui eût ôtés; aussi au dernier couplet se leva-t-il, et, faisant le tour de la table, il alla se placer derrière Bertha, et si près d'elle, que, lorsque sa main glissa des cordes de l'instrument, elle tomba entre les mains d'Hermann.

Hermann tressaillit, car cette main était glacée; mais aussitôt il se remit.

— Hélas! lui dit-il, madame, je ne suis qu'un pauvre archer sans naissance et sans fortune, mais pour aimer j'ai le cœur d'un roi.

— Je ne demande qu'un cœur, répondit Bertha.

— Vous êtes donc libre? hasarda Hermann.

— Je suis libre, reprit la jeune fille.

— Je vous aime, dit Hermann.

— Je t'aime, répondit Bertha.

— Et vous consentez à m'épouser? s'écrie Hermann.

Bertha se leva sans répondre, alla vers un meuble, et, ouvrant un tiroir, elle y prit deux anneaux qu'elle présenta à Hermann; puis, revenant au meuble, elle en tira, toujours en silence, une couronne de fleurs d'oranger et un voile de fiancée.

Alors elle attacha le voile sur sa tête, l'y fixa avec la couronne, et se retournant :

— Je suis prête, dit-elle.

Hermann frissonna presque malgré lui; cependant il s'était trop avancé pour ne pas aller jusqu'au bout; d'ailleurs que risquait-il, lui pauvre archer,

Hermann tressaillit, car cette main était glacée — PAGE 23.

qui ne possédait pas un coin de terre, et pour qui la seule argenterie armoriée dont la table était couverte eût été une fortune.

Il tendit donc la main à sa fiancée en lui faisant à son tour signe de la tête qu'il était prêt à la suivre.

Bertha prit de sa main froide la main brûlante d'Hermann, et, ouvrant une porte, elle entra dans un corridor sombre, qui n'était plus éclairé que par la lueur blafarde que la lune sortie des nuages projetait à travers les fenêtres étroites placées de distance en distance; puis, au bout du corridor, ils trouvèrent un escalier qu'ils descendirent dans des ténèbres complètes: alors, Hermann, saisi d'un frisson involontaire, s'arrêta et voulut retourner en arrière ; mais il lui sembla que la main de Bertha serrait la sienne avec une force surnaturelle; de sorte que, moitié honte, moitié entraînement, il continua de la suivre.

Cependant ils descendaient toujours : au bout d'un instant, il sembla à Hermann, d'après l'impression humide qu'il éprouvait, qu'ils étaient dans une région souterraine ; bientôt il n'en douta plus, ils avaient cessé de descendre, et ils marchaient sur un

Deux dalles se soulevèrent, et Hermann vit paraître le père et la mère de Bertha.

terrain uni, et qu'il était facile de reconnaître pour le sol d'un caveau.

Au bout de dix pas Bertha s'arrêta, et se tournant à droite :

— Venez, mon père, dit-elle.

Et elle se remit en marche.

Au bout de dix autres pas, elle s'arrêta de nouveau, et se tournant à gauche :

— Venez, ma mère, dit-elle.

Et elle continua sa route jusqu'à ce qu'ayant fait dix autres pas encore, elle dit une troisième fois :

— Venez, mes sœurs.

Et, quoique Hermann ne pût rien distinguer, il lui sembla entendre derrière lui un bruit de pas et un frémissement de robes.

En ce moment sa tête toucha la voûte ; mais Bertha poussa la pierre du bout du doigt, et la pierre se souleva.

Elle donnait entrée dans une église splendidement éclairée ; ils sortaient d'une tombe et se trouvaient devant un autel.

Au même moment deux dalles se soulevèrent dans le chœur, et Hermann vit paraître le père et la mère

Paris — Imp. Simon Raçon & Cie, rue d'Erfurth, 1.

de Bertha dans le même costume où ils étaient sur les deux tableaux de la chambre où il avait soupé, et, derrière eux, dans la nef, sortir de la même manière les nonnes de l'abbaye attenant au château, et qui, depuis un siècle, tombait en ruines.

Tout était donc réuni pour le mariage, fiancés, parents et invités.

Le prêtre seul manquait.

Bertha fit un signe, et un évêque de marbre couché sur son tombeau se leva lentement et vint se placer devant l'autel.

Hermann alors se repentit de son imprudence, et eût donné bien des années de sa vie pour être dans la salle des gardes et couché près de ses compagnons; mais il était entraîné par une puissance sur humaine, et pareil à un homme en proie à un rêve affreux, et qui ne peut ni crier ni fuir.

Pendant ce temps, Othon s'était réveillé, et ses yeux s'étaient portés tout naturellement vers la place où devait veiller Hermann.

Hermann n'y était plus, et personne n'était debout à sa place.

Othon se leva, un de ses derniers souvenirs était, au moment où il s'endormait, d'avoir vu vaguement une porte s'ouvrir et une femme apparaître; il avait pris cela pour le commencement d'un songe, mais l'absence d'Hermann donnait à ce songe une apparence de réalité, ses yeux se tournèrent aussitôt vers la porte qu'il se rappelait parfaitement avoir vue fermée, pendant que lui-même était en sentinelle, et qu'il revoyait ouverte.

Cependant Hermann, fatigué, pouvait avoir cédé au sommeil; Othon prit une branche de sapin, l'alluma au foyer, alla d'un dormeur à l'autre et ne reconnut pas celui qu'il cherchait.

Alors il réveilla le vieil archer, dont c'était le tour de faire sentinelle.

Othon lui raconta ce qui s'était passé, et le pria de veiller tandis que lui irait à la recherche de son compagnon perdu.

Le vieil archer secoua la tête; puis :

— Il aura vu la châtelaine de Windeck, dit-il; en ce cas, il est perdu.

Othon pressa le vieillard de s'expliquer, mais il n'en voulut pas dire davantage; cependant ces quelques paroles, au lieu d'éteindre chez Othon le désir de tenter la recherche, lui donnèrent une nouvelle ardeur; il voyait dans toute cette aventure quelque chose de mystérieux et de surnaturel que son courage s'enorgueillissait d'avance d'approfondir; d'ailleurs, il aimait Hermann : les deux jours de marche qu'il avait faits avec lui le lui avaient révélé comme un brave et joyeux compagnon qu'il était fâché de perdre; puis, enfin, il avait grande confiance en une médaille miraculeuse rapportée de Palestine par un de ses ancêtres, qui lui avait fait toucher le tombeau du Christ, don que sa mère lui avait fait dans son enfance, et qu'il avait toujours religieusement portée sur sa poitrine.

Quelque observation que pût lui faire le vieil archer, Othon n'en persista donc pas moins dans la résolution prise, et, à la lueur de sa torche naturelle, il entra dans la chambre voisine, dont la porte était restée ouverte; tout y était dans son état habituel, seulement, une seconde porte étant ouverte comme la première, il pensa qu'Hermann, entré par l'une, était sorti par l'autre; il prit la même route que lui, et comme lui traversa cette longue suite d'appartements qu'Hermann avait traversés.

Elle se terminait par la salle du festin.

En approchant de cette salle, il lui sembla entendre parler : il s'arrêta aussitôt, tendit l'oreille, et, après un instant d'attention, ne conserva plus aucun doute; seulement ce n'était pas la voix d'Hermann; mais, pensant que ceux qui parlaient pourraient lui en donner des nouvelles, il s'approcha de la porte.

Arrivé sur le seuil, il s'arrêta, surpris par l'étrange spectacle qui se présenta à ses yeux; la table était restée servie et illuminée, seulement les convives étaient changés, les deux portraits s'étaient détachés de la toile, étaient descendus de leur cadre, et, assis de chaque côté de la table, causaient gravement comme il convenait à des personnes de leur âge et de leur condition.

Othon crut que sa vue le trompait, il avait sous les yeux des personnages qui semblaient par leurs habitudes avoir appartenu à une génération disparue depuis plus d'un siècle, et qui parlaient l'allemand du temps de Karl le Chauve.

Othon n'en prêta qu'une attention plus profonde à ce qu'il voyait et à ce qu'il entendait.

— Malgré toutes vos raisons, mon cher comte, disait la femme, je n'en soutiendrai pas moins que le mariage que fait en ce moment notre fille Bertha est une mésalliance dont il n'y avait pas encore eu d'exemple dans notre famille, fi donc! un archer...

— Madame, répondit le mari, vous avez raison; mais, depuis plus de dix ans, personne n'était venu dans ces ruines et elle sert un maître moins difficile que nous, et pour qui une âme est une âme... D'ailleurs on peut porter l'habit d'un archer et n'être pas un vilain pour cela. Témoin ce jeune Othon qui vient pour s'opposer à leur union, qui nous écoute insolemment, et que je vais pourfendre de mon épée s'il ne rejoint à l'instant même ses camarades.

A ces mots, se tournant vers la porte où se tenait le jeune homme muet et immobile d'étonnement, il tira son épée, et vint à lui d'un pas lent et automatique, comme s'il marchait à l'aide de ressorts habilement combinés et non de muscles vivants.

Othon le regarda venir avec un effroi dont il n'était pas le maître; il n'en songeait pas moins à se mettre en défense et à soutenir le combat, quel que fût l'adversaire.

Cependant, voyant à quel étrange ennemi il avait affaire, il comprit qu'il n'aurait pas trop pour se défendre des armes spirituelles et temporelles; en conséquence, avant de tirer son épée, il fit le signe de la croix.

Au même moment, les flambeaux s'éteignirent, la table disparut, et le vieux chevalier et son épouse s'évanouirent comme des visions; Othon resta un moment comme étourdi, puis, ne voyant et n'entendant plus rien, il entra dans la salle tout à l'heure si pleine de lumières et maintenant si sombre, et, à la lueur de sa torche de résine, il vit que les convives fantastiques avaient repris leur place dans leurs cadres, les yeux seuls du vieux chevalier semblaient vivants encore et suivaient Othon en le menaçant.

Othon continua sa route.

D'après ce qu'il avait entendu, il jugeait qu'un danger pressant menaçait Hermann, et, voyant une porte ouverte, il suivit l'indication donnée et entra dans le corridor.

Arrivé au bout du passage, il atteignit l'escalier, descendit les premières marches, et bientôt se trouva de plain-pied avec le cimetière de l'abbaye, au delà duquel il voyait l'église illuminée; une porte descendant aux souterrains était ouverte et paraissait conduire aussi à l'église, mais Othon aima mieux passer à travers le cimetière que sous le cimetière.

Il entra donc dans le cloître, et se dirigea vers l'église; la porte en était fermée, mais il n'eut qu'à pousser, et la serrure se détacha du chêne, tant la porte tombait elle-même de vétusté.

Alors il se trouva dans l'église, il vit tout, les religieux, les fiancés, les parents, et prêt à passer au doigt d'Hermann, pâle et tremblant, l'anneau nuptial, l'évêque de marbre qui venait de se lever du tombeau; il n'y avait pas de doute, c'était le mariage dont parlaient le vieux chevalier et sa femme.

Othon étendit la main vers un bénitier, puis, portant ses doigts humides à son front, il fit le signe de la croix.

Au même instant, tout s'évanouit comme par magie, évêque, fiancés, parents, religieuses; les flambeaux s'éteignirent, l'église trembla comme si, en rentrant dans leur tombe, les morts en ébranlaient les fondements; un coup de tonnerre se fit entendre, un éclair traversa le chœur, et, comme s'il était frappé de la foudre, Hermann tomba sans connaissance sur les dalles du sanctuaire.

Othon alla à lui, éclairé encore par sa torche prête à s'éteindre, et, le prenant sur son épaule, il essaya de l'emporter; en ce moment, la branche de résine était arrivée à sa fin; Othon la jeta loin de lui, et chercha à regagner la porte; mais l'obscurité était si profonde, qu'il n'en put venir à bout, et qu'il s'en alla pendant plus d'une demi-heure se heurtant de pilier en pilier, le front couvert de sueur et les cheveux hérissés au souvenir des choses infernales qu'il avait vues.

Enfin, il trouva la porte tant cherchée.

Au moment où il mettait le pied dans le cloître, il entendit son nom et celui d'Hermann répétés par plusieurs voix; puis, au même instant, des torches étincelèrent aux fenêtres du château; enfin quelques-unes apparurent au bas de l'escalier et se répandirent sous les arcades du cloître; Othon répondit alors par un seul cri, dans lequel s'éteignit le reste de ses forces, et tomba épuisé près d'Hermann évanoui.

Les archers portèrent les deux jeunes gens dans la salle des gardes, où bientôt ils rouvrirent les yeux.

Hermann et Othon racontèrent alors chacun à son tour ce qui leur était arrivé; quant au vieil archer, entendant ce coup de tonnerre qui venait sans orage, il avait réveillé à l'instant tous les dormeurs, et s'était mis à la recherche des aventureux jeunes gens qu'il avait retrouvés, comme nous l'avons vu, dans un état peu différent l'un de l'autre.

Nul ne se rendormit, et, aux premiers rayons du jour, la troupe sortit silencieusement des ruines du château de Windeck, et reprit sa route pour Clèves, où elle arrivera sur les neuf heures du matin.

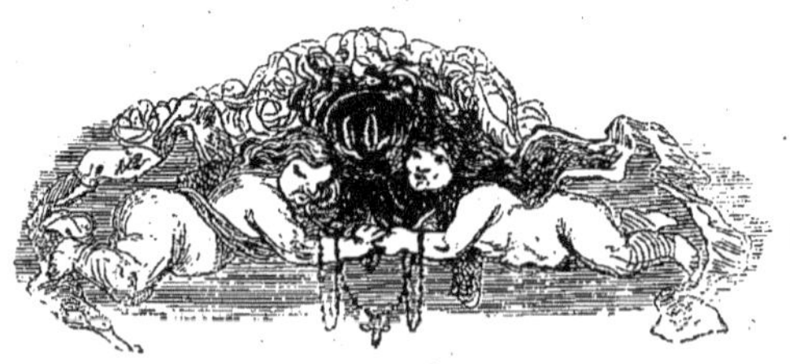

La princesse Héléna.

V

La lice préparée pour le tir de l'arc était une plaine qui s'étendait du château de Clèves jusqu'aux bords du Rhin.

Du côté du château, une estrade était dressée et attendait le prince et sa suite; de l'autre côté, et sur la rive, le peuple de tous les villages environnants était déjà rangé, attendant le spectacle dont il allait jouir, et dont il était d'autant plus fier, que le triomphateur du jour devait sortir de ses rangs.

Un groupe d'archers, arrivés des autres parties de l'Allemagne, attendait déjà à l'une des extrémités de la prairie, tandis qu'à l'autre le but que devaient atteindre les flèches présentait à cent cinquante pas de distance, au milieu d'une pancarte blanche, un point noir entouré de deux cercles, l'un rouge et l'autre bleu.

Les portes du château s'ouvrirent, et une riche cavalcade en sortit

A dix heures, on entendit sonner les trompettes : les portes du château s'ouvrirent, et une riche cavalcade en sortit; elle se composait du prince Adolphe de Clèves, de la princesse Héléna et du comte souverain de Ravenstein.

Une suite nombreuse de pages et de valets à cheval comme leurs maîtres, quoique la distance qui séparait le château de la prairie fût à peine d'un demi-mille, suivait les seigneurs et semblait, en se déroulant sur le sentier étroit qui descendait de la colline à la plaine, un long serpent diapré qui venait se désaltérer au fleuve.

De longues acclamations accueillirent le roi et la reine de la fête au moment où ils montèrent sur l'estrade qui leur était préparée.

Quant à Othon, ils avaient déjà pris place, que pas un cri n'était encore sorti de sa bouche, tant il était tombé dans une contemplation muette et profonde à la vue de la jeune princesse Héléna.

C'était, en effet, une des plus gracieuses créations que pouvait produire cette Allemagne du Nord, si féconde en types pâles et gracieux.

Comme les plantes qui poussent à l'ombre en trempant leurs racines dans un sol humide, Héléna manquait peut-être de ces vives couleurs de la jeunesse qui éclosent sous un soleil plus ardent; mais, en revanche, elle avait toute la souplesse et toute la grâce de ces jolies fleurs des lacs que l'on voit sortir de l'eau le jour pour regarder un instant autour d'elles et prendre part à la fête de la vie, mais qui se referment au crépuscule et se couchent la nuit sur ces larges feuilles rondes aux tiges invisibles que la nature leur a données pour berceau.

Elle suivait son père et était elle-même suivie par le comte de Ravenstein, qui devait, disait-on, recevoir bientôt le titre de fiancé; derrière eux marchaient des pages portant sur un coussin de velours rouge la toque destinée à servir de prix au vainqueur.

Enfin, les officiers du prince Adolphe achevèrent de remplir les places d'honneur réservées sur l'estrade, et, après que la princesse Héléna eut répondu par un gracieux signe de tête au murmure d'admiration qui l'avait accueillie, son père fit signe que l'on pouvait commencer.

Il y avait cent vingt archers à peu près, et les conditions étaient ainsi imposées :

Ceux qui, à la première épreuve, auraient manqué complétement la pancarte blanche, devaient se retirer immédiatement et renoncer à concourir;

Ceux qui, à la seconde épreuve, auraient mis leurs flèches hors du cercle rouge, devaient se retirer à leur tour;

Enfin, il ne devait rester pour la lutte définitive que ceux qui, après la troisième épreuve, se seraient maintenus dans le cercle bleu.

De cette manière, on évitait la confusion entre les concurrents; puis, ce qui était encore possible, que le hasard, au lieu de l'adresse, ne fît un vainqueur d'un médiocre archer.

Aussitôt le signal donné, tous les archers tendirent leurs arcs et préparèrent leurs flèches.

Chacun s'était fait inscrire, et le rang avait été réglé par ordre alphabétique.

Un héraut appela les noms, et, selon qu'ils étaient appelés, les tireurs s'avancèrent et lancèrent leurs flèches. Une vingtaine d'archers succombèrent à cette première épreuve, et se retirèrent honteux et accompagnés des rires des spectateurs dans une enceinte réservée où devaient bientôt les rejoindre de nouveaux compagnons d'infortune.

Au second tour, le nombre fut plus considérable encore, car, plus la tâche devenait difficile, plus il devait y avoir d'exclus.

Enfin, au troisième, il ne resta pour disputer le prix que onze tireurs, parmi lesquels se trouvaient Frantz, Hermann et Othon. C'était l'élite des archers depuis Strasbourg jusqu'à Nimègue.

Aussi l'attention redoubla-t-elle, et les tireurs eux mêmes qui n'avaient plus droit à la lutte, oubliant leur défaite, partagèrent-ils cette attente générale, faisant chacun des vœux pour que le sort qui les avait abandonnés protégeât un ami, un compatriote ou un frère.

Une nouvelle convention fut faite alors entre les archers eux-mêmes, c'est qu'une quatrième épreuve allait être tentée; toute flèche qui ne toucherait pas cette fois le noir lui-même devait exclure son tireur et réduire encore le nombre des concurrents.

Sept tireurs succombèrent, Frantz et Hermann avaient fait le coup qu'en terme de tir on appelle *baillet*, c'est-à-dire qu'ils avaient mis leurs flèches moitié noir. Mildar et Othon avaient fait coup franc et en plein but.

Ce Mildar, que nous nommons pour la première fois, était un archer du comte de Ravenstein, dont la réputation avait remonté le Rhin, depuis l'endroit où il se perd dans les sables d'Ortrecht, jusqu'à celui où il sort faible ruisseau de la chaîne du Saint Gothard; depuis longtemps Frantz et Hermann, qui avaient leur renommée à soutenir, désiraient se rencontrer avec ce terrible adversaire qu'on leur opposait toujours.

Le procès venait d'être jugé sans qu'ils fussent éconduits; l'avantage était resté à Mildar, qu'Othon seul avait constamment balancé.

Plus le nombre des tireurs diminuait, plus l'intérêt des spectateurs était augmenté.

Aussi les quatre archers qui restaient dans la lice étaient-ils le but de tous les regards.

Trois étaient déjà célèbres pour avoir disputé et emporté bien des prix, mais le quatrième et le plus jeune était complétement inconnu à tout le monde; chacun se demandait son nom, et nul ne pouvait en faire connaître d'autre que celui qu'il avait choisi lui-même..... *Othon l'archer*.

Selon l'ordre alphabétique, Frantz devait tirer le premier. Il s'avança jusqu'à la limite marquée par une corde de gazon, choisit sa meilleure flèche, ajusta lentement en levant son arc de bas en haut, visa quelques secondes avec toute l'attention dont il était capable, puis lâcha la corde, et la flèche alla s'enfoncer en plein noir. Des acclamations partirent de toutes parts : Frantz se retira sur le côté pour faire place à ses camarades. Hermann s'avança le second, prit les mêmes précautions que son devancier et obtint le même résultat.

C'était le tour de Mildar.

Il vint prendre sa place au milieu du silence le plus profond, choisit avec un soin extrême une flèche dans sa trousse, la posa en équilibre sur son doigt, de manière à voir si le fer de la pointe ne pesait pas plus que l'ivoire de l'encoche, puis, satisfait de l'examen, il l'ajusta sur la corde.

En ce moment le comte de Ravenstein, son patron, se leva, et tirant une bourse de sa poche :

— Mildar, lui dit-il, si tu touches plus près de la broche que tes deux adversaires, cette bourse est à toi.

Puis il jeta la bourse, qui vint rouler aux pieds de l'archer. Mais celui-ci était si préoccupé, qu'il sembla faire à peine attention à ce que lui disait son maître. La bourse tomba retentissante près de lui, sans qu'il détournât la tête.

Quelques regards cherchèrent un instant dans l'herbe cet or brillant au milieu des mailles de soie qui le renfermaient, puis se reportèrent aussitôt vers Mildar.

L'attente du comte de Ravenstein ne fut pas trompée; la flèche de Mildar brisa la broche elle-même, et alla s'enfoncer au centre du but; un cri partit de tous côtés, le comte de Ravenstein battit des mains.

Héléna, au contraire, pâlit si visiblement, que son père, inquiet, se pencha vers elle en lui demandant si elle souffrait; mais celle-ci, pour toute réponse, secoua sa blonde tête en souriant, et le prince Adolphe, rassuré, reporta ses yeux vers les tireurs. Mildar ramassait la bourse.

Restait Othon, que son nom avait rejeté le dernier et à qui l'adresse de Mildar ne paraissait laisser aucune chance.

Cependant lui aussi avait souri comme la princesse, et, dans ce sourire, on avait pu voir qu'il ne se regardait pas encore comme battu.

Mais ceux qui paraissaient prendre l'intérêt le plus vif à cette lutte d'adresse étaient Frantz et Hermann.

Frantz et Hermann, vaincus, avaient reporté tout leur espoir sur leur jeune camarade.

Eux n'avaient pas une bourse d'or à jeter à ses pieds, comme l'avait fait le comte de Ravenstein, mais ils s'approchèrent d'Othon et lui serrèrent la main.

— Songe à l'honneur des archers de Cologne, lui dirent-ils, quoiqu'en conscience nous ne sachions pas comment tu pourras le défendre.

— Je puis, répondit Othon, si l'on veut ôter la flèche de Mildar, enfoncer la mienne dans le trou que la sienne aura fait.

Frantz et Hermann se regardèrent avec un étonnement qui tenait de la stupéfaction.

Othon avait fait cette proposition d'un ton si calme et avec un tel sang-froid, qu'ils ne doutaient pas, d'après les preuves d'adresse qu'il leur avait données, qu'il ne fût en état de faire ce qu'il avançait.

Or, comme une grande rumeur courait par toute l'assemblée, ils firent signe qu'ils voulaient parler, et le silence se rétablit.

Alors Hermann, se tournant vers l'estrade où était le prince de Clèves, éleva la voix et lui transmit la demande d'Othon.

Elle était si juste et si extraordinaire, qu'elle lui fut accordée à l'instant même; et, cette fois, ce fut Mildar qui sourit, mais avec un air de doute qui prouvait qu'il regardait la chose comme impossible.

Alors Othon posa à terre sa toque, son arc et ses flèches, et alla lui-même, d'un pas lent et mesuré, examiner le coup; il était bien ainsi que le marqueur l'avait dit.

Arrivé au but, Mildar, qui l'avait suivi, arracha lui-même sa flèche.

Frantz et Hermann voulurent en faire autant, mais Othon les arrêta d'un regard.

Ils comprirent que leur jeune camarade désirait se servir de leurs traits comme de deux guides, et répondirent par un signe d'intelligence.

Othon cueillit alors une petite marguerite des champs, l'enfonça dans la cavité formée par la flèche de Mildar, afin, au milieu du rond noir, d'être guidé par un point blanc; cette précaution prise, il revint à sa place, sans humilité comme sans orgueil, convaincu que, perdît-il le prix, il l'avait disputé assez longtemps pour n'avoir pas de honte à le voir passer aux mains d'un autre.

Arrivé à la limite, il attendit un instant que chacun eût repris sa place; puis, l'ordre rétabli, il ramassa son arc, parut prendre au hasard une des flèches, quoiqu'un œil exercé eût remarqué qu'il avait été chercher sous les autres celle qu'il avait prise, secoua la tête pour écarter ses longs cheveux blonds, que le mouvement qu'il avait fait avait ramenés sur ses yeux; puis, calme et souriant comme l'Apollon Pythien, il posa sa flèche sur son arc, la leva lentement à la hauteur du but et de son œil, ramena sa main droite en arrière jusqu'à ce que la corde de l'arc touchât presque son épaule, demeura un instant immobile comme un archer de pierre; puis, tout à coup, on vit passer la flèche comme un éclair et en même temps disparaître la marguerite.

Othon avait tenu ce qu'il avait promis, et sa flèche avait remplacé au centre du but la flèche de Mildar! Un cri de surprise sortit de toutes les bouches, la chose tenait du miracle.

Othon se tourna vers le prince et salua.

Héléna rougit de plaisir et Ravenstein de dépit.

Alors le prince Adolphe de Clèves se leva et déclara qu'à partir de ce moment il comptait deux vainqueurs, et que, par conséquent, il y aurait deux prix : l'un serait la toque brodée par sa fille, l'autre la chaîne d'or qu'il portait lui-même au cou.

Cependant, comme cette lutte d'adresse l'intéressait ainsi que toute l'assemblée, il désirait que chacun des adversaires proposât une dernière épreuve à son choix, que l'autre serait obligé d'admettre.

Othon et Mildar acceptèrent en hommes qui l'eussent demandée si on ne la leur eût pas offerte, et la foule, joyeuse de voir prolonger un spectacle si intéressant pour elle, battit des mains par un mouvement unanime, en remerciant le prince de sa générosité.

L'ordre alphabétique donnait à Mildar le choix de la première épreuve.

Il alla au bord du fleuve, coupa deux branches de saule, revint en planter une à une demi-distance du but primitif, puis, s'étant rendu jusqu'à la limite, il la fendit avec sa flèche.

Othon choisit la toque et s'agenouilla devant la princesse.

Othon dressa l'autre et en fit autant.

C'était à son tour.

Il prit deux flèches, en passa une à sa ceinture, posa l'autre sur son arc, la lança de manière à lui faire décrire un cercle, et, tandis que la première retombait presque verticalement, il la brisa avec la seconde.

La chose parut si miraculeuse à Mildar, qu'il déclara que, ne s'étant jamais adonné à un pareil exercice, il regardait comme impossible de réussir.

En conséquence, il s'avouait vaincu et laissait le choix à son adversaire entre la toque brodée par la princesse Héléna, ou la chaîne d'or du prince Adolphe de Clèves.

Othon choisit la toque et alla s'agenouiller devant la princesse, au milieu d'une triple acclamation de la multitude.

Il se mit en selle sans l'aide de l'étrier

VI

Lorsque Othon se releva le front paré de la toque qu'il venait de gagner, son visage était rayonnant de joie et de bonheur. Les cheveux d'Héléna avaient presque touché les siens, leurs haleines s'étaient confondues, c'était la première fois qu'il aspirait le souffle d'une femme.

Son justaucorps vert allait si bien à sa taille souple et déliée, ses yeux étaient si brillants de ce premier orgueil qu'éprouve l'homme à son premier triomphe, il était si beau et si fier de son bonheur, enfin, que le prince Adolphe de Clèves pensa à l'instant même combien il lui serait avantageux de s'attacher un pareil serviteur.

En conséquence, se tournant vers le jeune homme, qui était prêt à redescendre les degrés de l'estrade :

Paris. — Imp. Simon Raçon & Cie, rue d'Erfurth, 1.

— Un instant, mon jeune maître, lui dit-il, j'espère que nous ne nous quitterons point comme cela.

— Je suis aux ordres de Votre Seigneurie, répondit le jeune homme.

— Comment vous nommez-vous?

— Je me nomme Othon, monseigneur.

— Eh bien! Othon, continua le prince, vous me connaissez, puisque vous êtes venu à la fête que je donne. Vous savez que mes serviteurs et mes gens me considèrent comme un bon maître. Êtes-vous sans condition?

— Je suis libre, monseigneur, répondit Othon.

— Eh bien! alors, voulez-vous entrer à mon service?

— En quelle qualité? répondit le jeune homme.

— Mais en celle qui me paraît convenable à votre condition et à votre adresse. Comme archer.

Othon sourit avec une expression indéfinissable pour ceux qui ne devaient voir en lui qu'un habile tireur d'arc, et allait sans doute répondre selon son rang et non selon son apparence, lorsqu'il vit les yeux d'Héléna se fixer sur lui avec une telle expression d'anxiété, que les paroles s'arrêtèrent sur ses lèvres.

En même temps la jeune fille joignit les mains en signe de prière.

Othon sentit son orgueil se fondre à ce premier rayon d'amour, et, se tournant vers le prince :

— J'accepte, lui dit-il.

Un éclair de joie passa sur la figure d'Héléna.

— Eh bien! c'est chose dite, continua le prince; à compter de ce jour vous êtes à mon service. Prenez cette bourse, ce sont les arrhes du marché.

— Merci, monseigneur, répondit Othon en souriant, j'ai encore quelque argent qui me vient de ma mère. Lorsque je n'en aurai plus, je réclamerai de Votre Seigneurie la paye qui me sera due en raison de mon service. Seulement, puisque Votre Seigneurie est si bien disposée pour moi, je réclamerai d'elle une autre grâce.

— Laquelle? dit le prince.

— C'est, reprit Othon, d'engager en même temps que moi ce brave garçon que Votre Seigneurie voit là-bas appuyé sur son arc, et qui s'appelle Hermann : c'est un bon camarade que je ne voudrais pas quitter.

— Eh bien! dit le prince, va lui faire de ma part la même offre que je t'ai faite, et, s'il accepte, donne-lui cette bourse dont tu n'as pas voulu, il ne sera peut-être pas si fier que toi, lui.

Othon salua le prince, descendit de l'estrade et alla offrir à Hermann la proposition et la bourse.

Il reçut l'une avec joie et l'autre avec reconnaissance.

Puis aussitôt les deux jeunes gens revinrent prendre place à la suite du prince.

Cette fois, il ne donnait plus la main à sa fille; c'était le comte de Ravenstein qui avait sollicité cet honneur et l'avait obtenu.

Le noble cortége fit quelques pas à pied pour atteindre la place où étaient les chevaux; celui de la princesse Héléna était sous la garde d'un simple valet, le page qui devait tenir l'étrier à la princesse étant resté plus longtemps qu'il n'aurait dû le faire parmi la foule des spectateurs où l'avait conduit la curiosité.

Othon vit son absence, et, oubliant que c'était se trahir, puisqu'un jeune homme noble devait seul remplir la fonction de page ou d'écuyer, il s'élança pour le remplacer.

— Il paraît, mon jeune maître, lui dit le comte de Ravenstein en l'écartant du bras, que la victoire te fait oublier ton rang. Pour cette fois, nous te pardonnons ton orgueil en faveur de ta bonne volonté.

Le sang monta au visage d'Othon si rapidement, qu'il lui passa comme une flamme devant les yeux; mais il comprit que, dire un mot ou faire un signe, c'était se perdre.

Il resta donc immobile et muet.

Héléna le remercia d'un coup d'œil.

Il y avait déjà entre ces deux jeunes cœurs, qui venaient de se rencontrer à peine, une intelligence aussi profonde et aussi sympathique que s'ils eussent toujours été frères.

Le cheval du page était resté libre et le valet le menait en bride.

Le prince l'aperçut, et, derrière lui, Othon qui venait avec Hermann.

— Othon, dit le prince, sais-tu monter à cheval?

— Oui, monseigneur, répondit en souriant celui-ci.

— Eh bien! prends le cheval du page, il n'est pas juste qu'un triomphateur marche à pied.

Othon salua de la tête en signe d'obéissance et de remercîment.

Puis, s'approchant du coursier, il se mit en selle sans l'aide de l'étrier, avec tant de justesse et de grâce, qu'il était évident que ce nouvel exercice lui était aussi familier que celui auquel il venait de donner, il n'y a qu'un instant, une si grande preuve d'adresse.

La cavalcade continua son chemin vers le château.

Arrivé à la porte d'entrée, Othon remarqua l'écusson qui la surmontait, et sur lequel étaient sculptées et peintes les armes de la maison de Clèves, qui étaient d'azur à un cygne d'argent sur une mer de sinople.

Il se rappela alors que ce cygne se rattachait à une vieille tradition de la maison de Clèves, qu'il avait souvent entendu raconter dans son enfance.

Au-dessus de cette porte était un balcon lourd et massif qu'on appelait le balcon de la princesse Béatrix, et, entre la porte et le balcon, une sculpture du commencement du treizième siècle, qui représentait un chevalier endormi dans une barque traînée par un cygne; enfin, cette figure héraldique se trouvait reproduite de tous côtés, s'enlaçant gracieusement à l'ornementation plus moderne de certaines parties du château nouvellement bâties.

Le reste de la journée se passa en fêtes.

Othon, en sa qualité de vainqueur, fut, pendant toute cette journée, l'objet de l'attention générale; et, tandis que le prince donnait de son côté un riche banquet, les camarades d'Othon lui offrirent un dîner dont lui, Othon, fut le prince.

Mildar seul refusa d'y prendre part.

Le lendemain, on apporta à Othon un costume complet d'archer aux armes du prince.

Othon regarda quelque temps cette livrée, qui, toute militaire qu'elle fût, n'en était pas moins une livrée; mais, en songeant à Héléna, il prit courage, quitta les habits qu'il avait fait faire à Cologne et revêtit ceux qui lui étaient destinés à l'avenir.

Le même jour le service commença : c'était la garde sur les tourelles et les galeries.

Le tour d'Othon vint, et le jeune archer fut placé en sentinelle sur une terrasse située en face des fenêtres du château.

Il remercia le ciel de ce hasard.

A travers les fenêtres ouvertes pour aspirer un rayon du soleil qui venait de percer les nuages, il espérait apercevoir Héléna.

Son attente ne fut pas trompée.

Héléna parut bientôt avec son père et le comte de Ravenstein.

Ils s'arrêtèrent à regarder le jeune archer.

Il sembla même à Othon que les nobles seigneurs daignaient s'occuper de lui.

En effet, il était l'objet de leur entretien.

Le prince Adolphe de Clèves faisait remarquer au comte de Ravenstein la bonne mine de son nouveau serviteur, et le comte de Ravenstein faisait observer au prince Adolphe de Clèves que son nouveau serviteur, au mépris de toutes les lois divines et humaines, portait les cheveux longs comme un noble, tandis qu'il aurait dû avoir des cheveux courts comme il convenait à un homme d'obscure condition.

Héléna hasarda un mot pour sauver des ciseaux la chevelure blonde et bouclée de son protégé; mais le prince Adolphe de Clèves, frappé de la justesse de l'observation de son futur gendre, jaloux des prérogatives réservées à la noblesse, répondit que les autres archers auraient droit de se plaindre si on s'écartait en faveur d'Othon d'une règle à laquelle ils étaient soumis.

Othon était loin de se douter de ce qui se tramait à cette heure contre cette parure aristocratique que sa mère aimait tant.

Il passait et repassait devant les fenêtres, plongeant un regard avide dans l'intérieur des appartements qu'habitait celle qu'il aimait déjà de toute son âme.

Alors c'étaient des rêves de bonheur et des projets de vengeance qui s'offraient ensemble à son esprit, enlacés comme un serpent mortel à un arbre chargé de fruits délicieux; puis, de temps en temps, enfin, un souvenir de la colère paternelle obscurcissait son front, et passait comme un nuage entre l'avenir et le soleil naissant de son amour.

En descendant sa garde, Othon trouva le barbier du château qui l'attendait.

Il était envoyé par le comte et venait pour lui couper les cheveux.

Othon lui fit répéter deux fois cet ordre, car, ne pouvant chasser les souvenirs si vivants de sa récente splendeur, il ne voulait pas croire que ce fût à lui que cet ordre fût adressé; mais, en y réfléchissant, il comprit que ce que le prince exigeait était tout simple.

Pour le prince, Othon n'était qu'un archer, plus adroit que les autres, il est vrai; mais l'adresse n'anoblissait point, et les nobles seuls avaient droit de porter des cheveux longs.

Il fallait donc qu'Othon quittât le château ou obéît.

Telle était l'importance que les jeunes seigneurs attachaient alors à cette partie de leur parure qu'Othon resta en suspens : il lui sembla que pour son honneur et celui de sa famille il ne devait pas souffrir une telle dégradation; d'ailleurs, du moment qu'il l'aurait soufferte, aux yeux d'Héléna il devenait véritablement un simple archer, et mieux valait penser à s'éloigner d'elle que d'être ainsi classé devant elle.

Il en était là de ses réflexions, lorsque le prince passa donnant le bras à sa fille.

Othon fit un mouvement vers le prince, et le prince, qui vit que le jeune homme voulait lui parler, s'arrêta.

— Monseigneur, dit le jeune archer, pardonnez-moi si j'ose vous adresser une telle question; mais est-ce réellement par votre ordre que cet homme est venu pour me couper les cheveux?

— Sans doute, répondit le prince étonné; pourquoi cela?

— C'est que Votre Seigneurie ne m'a point parlé de cette condition lorsqu'elle m'a offert de prendre du service parmi ses archers.

— Je ne t'ai point parlé de cette condition, dit le prince, parce que je n'ai pas pensé que tu eusses l'espérance de conserver une parure qui n'est point de ton état. Es-tu d'origine noble, pour porter des cheveux longs comme un baron ou un chevalier?

— Et cependant, dit le jeune homme éludant la question, si j'eusse su que Votre Seigneurie exigeât de moi un pareil sacrifice, peut-être eussé-je refusé ses offres, quelque désir que j'eusse eu de les accepter.

Je porte, comme Votre Seigneurie peut le voir, la vie de douze hommes à ma ceinture.

— Il est encore temps de retourner en arrière, mon jeune maître, répondit le prince, qui commençait à trouver étrange une pareille obstination. Mais prends garde que cela ne te serve pas à grand'-chose, et que le premier seigneur sur les terres duquel tu passeras n'exige le même sacrifice sans t'offrir le même dédommagement.

— Pour tout autre que vous, monseigneur, répondit Othon en souriant avec une expression de dédain qui étonna le prince et fit trembler Héléna, ce serait facile à entreprendre, mais difficile à mener à bien. Je suis archer, et, continua-t-il en posant les mains sur ses flèches, je porte, comme Votre Seigneurie peut le voir, la vie de douze hommes à ma ceinture.

— Les portes du château sont ouvertes, reste ou pars, à ta volonté. Je n'ai rien à changer à l'ordre que j'ai donné; décide-toi librement. Tu sais les conditions à cette heure, et tu ne pourras pas dire que j'ai surpris ton engagement.

— Je suis décidé, monseigneur, répondit Othon en s'inclinant avec un respect mêlé de dignité et en

Ayant ramassé une boucle des cheveux du jeune archer, elle la cacha dans sa poitrine. — PAGE 38.

prononçant ces paroles avec un accent qui prouvait qu'en effet sa résolution était prise.

— Tu pars ? dit le prince.

Othon ouvrit la bouche pour répondre ; mais, avant de prononcer les mots qui devaient le séparer pour jamais d'Héléna, il voulut jeter un dernier regard sur elle.

Une larme tremblait dans les yeux de la jeune fille.

Othon vit cette larme.

— Tu pars? reprit une seconde fois le prince, étonné d'attendre si longtemps la réponse d'un de ses serviteurs.

— Non, monseigneur, je reste, dit Othon.

— C'est bien, dit le prince, je suis aise de te voir plus raisonnable.

Et il continua son chemin.

Héléna ne répondit rien, mais elle regarda Othon avec une telle expression de reconnaissance, que, lorsque le père et la fille furent hors de sa vue, le jeune homme se retourna joyeusement vers le barbier, qui attendait sa réponse.

— Allons, mon maître, lui dit-il, à la besogne! Et, le poussant dans la première chambre qu'il trouva ouverte sur la galerie, il s'assit et livra sa tête au pauvre frater, qui commença l'opération pour laquelle il avait été mandé, sans rien comprendre à tout ce qui venait de se passer devant lui.

Il n'en procéda pas moins avec une telle activité, qu'au bout d'un instant les dalles étaient couvertes de cette charmante chevelure dont les flots blonds et bouclés encadraient, cinq minutes auparavant, avec tant de grâce, le visage du jeune homme.

Othon était resté seul, et, quel que fût son dévouement aux moindres ordres d'Héléna, il ne pouvait regarder sans regret les boucles soyeuses avec lesquelles aimait tant à jouer sa mère, lorsqu'il crut entendre, au bout du corridor, un léger bruit.

Il prêta l'oreille et reconnut le pas de la jeune fille.

Alors, quoique le sacrifice eût été fait pour elle, il eut honte de se montrer à elle le front dépouillé de ses cheveux, et se jeta précipitamment dans un renfoncement devant lequel pendait une tapisserie.

Il y était à peine, qu'il vit paraître Héléna.

Elle marchait lentement et comme si elle eût cherché quelque chose.

En passant devant la porte, ses yeux se portèrent sur le parquet.

Alors, regardant autour d'elle et voyant qu'elle était seule, elle s'arrêta un instant, écouta, puis aussitôt, rassurée par le silence, elle entra doucement, se baissa, toujours écoutant et regardant; puis, ayant ramassé une boucle de cheveux du jeune archer, elle la cacha dans sa poitrine et se sauva.

Quant à Othon, il était tombé à genoux derrière la tapisserie, la bouche ouverte et les mains jointes.

Deux heures après, et au moment où l'on s'y attendait le moins, le comte de Ravenstein commanda à sa suite de se tenir prête à quitter le lendemain le château de Clèves.

Chacun s'étonna de cette résolution subite; mais, le même soir, le bruit se répandit, parmi les serviteurs du prince, que, pressée par son père de répondre à la demande qui lui avait été faite de sa main, la jeune comtesse avait déclaré qu'elle préférait entrer dans un couvent plutôt que d'être jamais la femme du comte de Ravenstein.

VII

Huit jours après les événements que nous avons racontés dans notre dernier chapitre, et au moment où le prince Adolphe de Clèves allait se lever de table, on annonça qu'un héraut du comte de Ravenstein venait d'entrer dans la cour du château, apportant les défiances de son maître.

Le prince se tourna vers sa fille avec une expression dans laquelle se mêlaient d'une manière profonde la tendresse et le reproche.

Héléna rougit et baissa les yeux; puis, après un moment de silence, le prince ordonna que le messager fût introduit.

Le héraut entra.

C'était un noble jeune homme, vêtu aux couleurs du comte et portant ses armes sur la poitrine; il salua profondément le prince, et, avec une voix à la fois pleine de fermeté et de courtoisie, il accomplit sa mission de guerre.

Le comte de Ravenstein, sans indiquer les motifs de sa déclaration, défiait le prince Adolphe partout où il pourrait le rencontrer, soit seul à seul, soit vingt contre vingt, soit armée contre armée, de jour ou de nuit, sur la montagne ou dans la plaine.

Le prince écouta les défiances du comte, assis et couvert; puis, lorsqu'elles furent faites, il se leva, prit, sur une stalle où il était jeté, son propre manteau de velours doublé d'hermine, l'ajusta sur les épaules du héraut, détacha une chaîne d'or de son cou, la passa à celui du messager et recommanda qu'on lui fît grande chère, afin qu'il quittât le château en disant que chez le prince Adolphe de Clèves un défi de guerre était reçu comme une invitation de fête.

Cependant le prince, sous cette apparente tranquillité, cachait une inquiétude profonde.

Il était arrivé à cet âge où l'armure commence à peser aux épaules du guerrier.

Il n'avait ni fils ni neveu à qui confier la défense de sa querelle; des amis seulement, parmi lesquels, au milieu de ces temps de trouble où chacun avait affaire, soit pour son propre compte, soit pour la cause de l'empereur, il ne se dissimulait pas qu'il obtiendrait difficilement, non pas sympathie, mais secours.

Il n'en envoya pas moins de tous côtés des lettres qui en appelaient aux alliances et aux amitiés; puis il s'occupa activement de réparer son château, d'en fortifier les endroits faibles, et d'y faire entrer le plus de vivres possible.

De son côté, le comte de Ravenstein avait mis à profit les huit jours d'avance qu'il avait eus sur son adversaire.

Aussi, quelques jours après le message reçu, et avant que les alliés du prince de Clèves n'eussent eu le temps d'arriver à son secours, on entendit tout à coup une voix qui criait aux armes!

Cette voix était celle d'Othon, qui se trouvait de garde sur les murailles, et qui venait d'apercevoir à l'horizon, et du côté de Nimègue, un nuage de poussière au milieu duquel brillaient des armes, comme les étincelles dans la fumée.

Le prince, sans penser que l'attaque serait si prompte, se tenait cependant prêt à toute heure.

Il fit fermer les portes, baisser les herses et ordonna à la garnison de monter sur les remparts.

Quant à Héléna, elle descendit dans la chapelle de la comtesse Béatrix et se mit à prier.

Cependant, lorsque les troupes du comte de Ravenstein ne furent plus qu'à une demi-lieue du château, le même héraut, qui était déjà venu au nom de son maître, se détacha de l'armée, précédé d'un trompette, et s'approcha jusqu'au pied des murailles.

Arrivé là, le trompette sonna trois fois, et le héraut, de la part du comte, défia de nouveau le prince en personne ou tout champion qui voudrait combattre à sa place, accordant trois jours, pendant lesquels il devait, chaque matin, venir, dans la prairie qui séparait les remparts du fleuve, requérir le combat singulier, après lequel temps, si son défi n'était pas tenu, il offrirait le combat général; puis, ce nouveau défi porté, il s'avança jusqu'à la porte et cloua dans le chêne le gant du comte avec son poignard.

Le prince, pour toute réponse, jeta le sien du haut de la muraille; puis, comme la nuit s'avançait, assiégés et assiégeants firent leurs dispositions, les uns d'attaque et les autres de défense.

Cependant Othon, relevé de son poste et voyant que le danger n'était pas imminent, était descendu des remparts dans le château : car, en parcourant le quartier réservé aux archers et aux serviteurs du prince, il arrivait parfois qu'il apercevait Héléna dans quelque corridor.

Alors la jeune fille, quoiqu'elle ignorât qu'elle eût été vue par le jeune archer le jour où elle ramassait la boucle de cheveux, souriait parfois et rougissait toujours; puis, sous un prétexte quelconque, elle adressait, mais rarement, la parole à Othon : ces jours-là c'était fête dans le cœur de l'archer, et, aussitôt qu'elle l'avait quitté, il allait se cacher dans quelque coin retiré et solitaire du château, où il écoutait en souvenir les paroles de la jeune châtelaine, et revoyait, en fermant les yeux, le sourire et la rougeur qui les avait accompagnées.

Cette fois, ce fut en vain; il eut beau plonger ses regards à travers toutes les fenêtres, parcourir tous les corridors, il ne la vit ni ne la rencontra.

Se doutant alors qu'elle priait dans l'église du château, il y descendit.

L'église était solitaire.

Il ne restait plus que la chapelle de la comtesse Béatrix où elle pût être; mais cette chapelle était la chapelle réservée, et les serviteurs n'y entraient jamais que lorsqu'ils y étaient appelés.

Othon hésita un instant à la suivre dans ce sanctuaire; mais, pensant que la gravité des circonstances pouvait lui servir d'excuse, il se dirigea enfin du côté où il espérait la trouver, et, soulevant la tapisserie qui pendait devant la porte, il aperçut Héléna agenouillée au pied de l'autel.

Pour la première fois Othon entrait dans cet oratoire.

C'était une retraite obscure et religieuse où le jour ne pénétrait qu'à travers les vitraux coloriés et où tout disposait l'âme à la prière.

Une seule lampe, suspendue au-dessus de l'autel, brûlait devant un tableau qui représentait toujours cette même tradition d'un chevalier traîné par un cygne.

Seulement, ici la tête du chevalier était entourée d'une auréole brillante, et aux deux colonnes qui encadraient le tableau étaient suspendus d'un côté un glaive de croisé, dont la poignée et le fourreau étaient d'or, et, de l'autre, un cor d'ivoire incrusté de perles et de rubis; puis, entre les colonnes et au-dessus du tableau, comme c'est encore aujourd'hui la coutume en Allemagne, était suspendu un bouclier surmonté d'un casque : c'étaient le même bouclier et le même casque que l'on voyait sur le tableau, et il était facile de les reconnaître, car, sur la toile comme sur l'acier, on voyait briller le même blason, qui était d'or à une croix de gueules couronnée d'épines sur un mont de sinople.

Ce glaive, ce cor, ce casque et ce bouclier, étaient donc très-probablement ceux du chevalier au cygne, et ce chevalier, sans aucun doute, était un de ces anciens preux qui avaient pris part aux croisades.

Othon s'approcha doucement de la jeune fille : elle priait à voix basse devant le chevalier, comme elle aurait pu faire devant le Christ ou devant un martyr, et tenait à la main un rosaire à grains d'ébène incrustés de nacre, au bout duquel pendait une petite clochette, qui ne rendait plus aucun son, le battant s'en étant détaché par vétusté sans doute, et n'ayant point été remplacé.

Au bruit que fit Othon en heurtant une chaise, la

Il s'approcha de la porte et cloua dans le chêne le gant du comte avec son poignard. — PAGE 39.

jeune fille se retourna, et, loin que sa figure marquât aucun ressentiment d'avoir été suivie ainsi, elle le regarda avec un sourire triste, mais doux.

— Vous le voyez, lui dit-elle, chacun de nous fait selon l'esprit que Dieu a mis en lui. Mon père se prépare à combattre, et moi je prie. Vous espérez triompher par le sang, moi j'espère vaincre par les larmes.

— Et quel saint priez-vous? répondit Othon, cédant à la curiosité que lui inspirait la vue de cette image reproduite ainsi tantôt sur la pierre et tantôt sur la toile. Est-ce saint Michel ou saint Georges? dites-moi son nom, que je puisse prier le même saint que vous.

— Ce n'est ni l'un ni l'autre, répondit la jeune fille, c'est Rodolphe d'Alost, et le peintre s'est trompé lorsqu'il lui a mis l'auréole : c'était la palme qui lui appartenait, car il était martyr et non pas saint.

— Et cependant, reprit Othon, vous le priez comme s'il était assis à la droite de Dieu; que pouvez-vous espérer de lui?

— Un miracle comme celui qu'il a fait pour notre aïeule en occasion pareille. Mais, hélas! le rosaire

Deux hommes atteignirent le haut des remparts : l'un tomba et l'autre resta debout. — Page 43

de la comtesse Béatrix est muet aujourd'hui, et le son de la clochette bénie n'ira pas une seconde fois réveiller Rodolphe en terre sainte.

— Je ne puis vous donner ni crainte ni espoir, répondit Othon, car je ne sais ce que vous voulez dire.

— Ne connaissez-vous point cette tradition de notre famille? répondit Héléna.

— Je ne connais que ce que j'en vois; ce chevalier, qui traverse le Rhin dans une barque conduite par un cygne, a sans doute délivré la comtesse Béatrix de quelque danger.

— D'un danger pareil à celui qui nous menace en ce moment, et voilà pourquoi je le prie. Dans un autre temps, je vous raconterai cette histoire, continua Héléna en se levant pour se retirer.

— Et pourquoi pas maintenant? répondit Othon en faisant un geste respectueux pour arrêter la jeune fille. Le temps et le lieu sont bien choisis pour une légende guerrière et pour une tradition sainte.

— Asseyez-vous donc là, et écoutez, répondit la jeune fille, qui ne demandait pas mieux que de trouver un prétexte pour rester avec Othon.

Othon fit un signe de la tête, indiquant qu'il se

Paris. — Imp. Simon Raçon & Cie, rue d'Erfurth, 1.

rappelait la distance qu'Héléna voulait bien oublier, et resta debout auprès d'elle.

— Vous savez, dit la jeune fille, que Godefroy de Bouillon était l'oncle de la princesse Béatrix de Clèves, notre aïeule.

— Je sais cela, répondit en s'inclinant le jeune homme.

« — Mais ce que vous ignorez, continua Héléna, c'est que le prince Robert de Clèves, qui avait épousé la sœur du héros brabançon, résolut de suivre son beau-frère à la croisade, et, malgré les prières de sa fille Béatrix, prépara tout pour accomplir cette sainte résolution.

« Godefroy, si pieux qu'il fût, avait d'abord voulu le détourner de ce projet, car, en partant pour la Terre-Sainte, Robert laissait seule et sans appui sa fille unique, âgée de quatorze ans à peine.

« Mais rien ne put arrêter le vieux soldat, et, à tout ce qu'on put lui dire, il répondit par la devise qu'il avait déjà inscrite sur sa bannière : — Dieu le veut!

« Godefroy de Bouillon devait prendre en passant son beau-frère.

« Le chemin de la croisade était tracé à travers l'Allemagne et de la Hongrie, et cela ne l'écartait point de sa route; d'ailleurs, il voulait dire adieu à sa jeune nièce Béatrix.

« Il laissa donc son armée, qui se composait de dix mille hommes à cheval et de soixante-dix mille fantassins, sous les ordres de ses frères Eustache et Beaudoin, leur adjoignit pour ce commandement provisoire son ami Rodolphe d'Alost, et descendit le Rhin de Cologne à Clèves.

« Il n'avait pas vu la jeune Béatrix depuis six ans. Pendant cet intervalle, elle était devenue d'enfant jeune fille.

« On citait partout sa beauté naissante, qui devint si merveilleuse par la suite, qu'aujourd'hui encore, lorsqu'on veut parler dans le pays d'une femme accomplie sous ce rapport, on dit : — Belle comme la princesse Béatrix.

« Godefroy tenta de nouveaux efforts auprès de son beau-frère pour obtenir de lui qu'il restât près de son enfant.

« Mais ce fut en vain, le prince avait déjà pris toutes les mesures pour accompagner le futur souverain de Jérusalem.

« Un écuyer, nommé Gérard, renommé par sa force et son courage, et qui possédait toute la confiance de son maître, fut choisi par lui pour protéger la jeune princesse, et reçut à cet effet tous les droits d'un tuteur et tout le pouvoir d'un mandataire.

« Quant à Godefroy, qui, dans un moment de prescience, sans doute, voyait avec peine tous ces arrangements, il donna pour tout don à sa nièce ce chapelet que je tenais entre les mains lorsque vous êtes entré tout à l'heure.

« Il avait été rapporté de terre sainte par Pierre-l'Hermite lui-même.

« Il avait touché le saint tombeau de Notre-Seigneur, et avait été béni par le révérend père gardien du saint sépulcre.

« Pierre-l'Hermite l'avait donné à Godefroy de Bouillon comme un talisman sacré auquel étaient attachées des propriétés miraculeuses, et Godefroy assura à la jeune fille que, si quelque danger la menaçait, elle n'avait qu'à prendre ce chapelet, dire avec lui sa prière d'un cœur religieux et fervent, et qu'alors il entendrait, quelque part qu'il fût, le son de la clochette qui y était attachée, fût-il séparé d'elle par des montagnes et par des mers.

« Béatrix reçut avec reconnaissance le précieux rosaire dont son père, son oncle et elle connaissaient seuls la vertu, et demanda au prince la permission de fonder une chapelle qui renfermerait dignement dans son écrin de marbre un aussi riche joyau.

« Je n'ai pas besoin de vous dire que cette demande lui fut accordée.

« Les croisés partirent.

« Une inscription que vous verrez à la porte du château, et que l'on dit gravée par la main de Godefroy lui-même, indique que ce fut le 3 septembre de l'année 1096.

« Ils traversèrent paisiblement et sans opposition l'Allemagne et la Hongrie, atteignirent les frontières de l'empire grec, et, après avoir séjourné quelque temps à Constantinople, entrèrent en Bithynie.

« Ils se rendaient à Nicée, et il n'y avait pas à se tromper de route, car la route leur était indiquée par les ossements de deux armées qui avaient précédé la leur, l'une conduite par Pierre-l'Hermite et l'autre par Gauthier sans Argent.

« Ils arrivèrent devant Nicée.

« Vous connaissez les détails de ce siége.

« Au troisième assaut, le prince Robert de Clèves fut tué.

« Cette nouvelle mit six mois à traverser l'espace et à venir habiller de deuil la jeune princesse Béatrix.

« L'armée continua sa route, marchant vers le midi, au milieu de telles fatigues et de telles souffrances, qu'à chaque ville que les croisés apercevaient, ils demandaient si ce n'était point là enfin la cité de Jérusalem, où ils allaient.

« Enfin, la chaleur devint si grande, que les chiens des seigneurs expiraient en laisse, et que les faucons mouraient sur le poing.

« En une seule halte, cinq cents personnes trépassèrent, dit-on, par la grande soif qu'elles éprouvaient et ne pouvaient apaiser.

« Dieu ait leurs âmes.

« Pendant toute cette longue et douloureuse marche, les souvenirs d'Occident revenaient aux malheureux croisés plus frais et plus chers que jamais.

« Ils avaient été ranimés chez Godefroy par la mort de son beau-frère, Robert de Clèves.

« Aussi, peu de jours se passaient-ils sans que le général chrétien parlât à son jeune ami, Robert d'Alost, de sa charmante nièce Béatrix.

« Sûr qu'elle ne disposerait pas de sa main sans sa permission, il avait l'espoir, si l'entreprise sainte ne l'enchaînait pas en Palestine pour un trop long temps, d'unir Rodolphe à Béatrix, et il avait si souvent et si chaudement parlé d'elle au jeune guerrier, que celui-ci en était devenu amoureux sur le portrait qu'il lui en avait fait, et que si, par hasard, pendant une journée, Godefroy ne parlait pas de Béatrix à Rodolphe, c'était Rodolphe qui en parlait à Godefroy.

« On arriva enfin devant Antioche.

« Après un siége de six mois, la ville fut prise; mais, aux marches sous un soleil ardent, à la soif dans le désert, succéda bientôt un autre fléau non moins terrible, la faim.

« Il n'y avait pas moyen de rester plus longtemps dans cette ville, qu'on avait souhaitée comme un port.

« Jérusalem était devenue non-seulement un but, mais encore une nécessité.

« Les croisés sortirent d'Antioche en chantant le psaume : *Que le Seigneur se lève, et que ses ennemis soient dispersés*, et marchèrent sur Jérusalem, qu'ils aperçurent enfin, en arrivant sur les hauteurs d'Emmaüs.

« Ils étaient quarante mille seulement, de neuf cent mille qu'ils étaient partis.

« Le lendemain, le siége commença.

« Trois assauts se succédèrent sans résultat.

« Le dernier durait depuis trois jours, lorsqu'enfin le vendredi 15 juillet 1099, le jour et à l'heure même où Jésus-Christ fut crucifié, deux hommes atteignirent le haut des remparts.

« Mais l'un tomba et l'autre resta debout : celui qui resta debout fut Godefroy de Bouillon, et celui qui tomba Rodolphe d'Alost, le fiancé de Béatrix.

« Le rêve doré du vainqueur était évanoui.

« Godefroy de Bouillon fut élu roi, sans cependant cesser d'être soldat.

« Au retour d'une expédition contre le sultan de Damas, l'émir de Césarée vint à lui et lui présenta des fruits de la Palestine.

« Godefroy prit une pomme de cèdre et la mangea.

« Quatre jours après, le 18 juillet de l'an 1100, il expirait après onze mois de règne et quatre ans d'absence.

« Il demanda que son tombeau fût élevé près du tombeau de son jeune ami Rodolphe d'Alost, et ses dernières volontés furent exécutées. »

Béatrix.

VIII

Les nouvelles venaient les unes après les autres retentir en Occident, et de tous les échos qu'elles éveillaient le plus douloureux était celui qui pleurait au cœur de Béatrix : elle avait tour à tour appris la mort du prince de Clèves son père, de Rodolphe d'Alost son fiancé, et de Godefroy de Bouillon son oncle.

« La moins douloureuse de ces trois nouvelles était celle de la mort de Rodolphe, qu'elle n'avait point connu ; mais les deux autres morts la faisaient deux fois orpheline ; en perdant Godefroy de Bouillon, elle crut perdre un second père.

« Une nouvelle douleur vint se joindre à celle-ci : pendant les cinq ans qui s'étaient écoulés depuis le

Il fut bientôt facile de voir que c'était un beau jeune homme de vingt-cinq à vingt-huit ans. — Page 46.

départ pour la croisade jusqu'à la mort de Godefroy, Béatrix avait grandi en beauté; c'était alors une gracieuse jeune fille de dix-neuf ans, et elle s'était aperçue que cet écuyer, auquel elle avait été confiée, n'était point insensible au sentiment qu'elle inspirait à tous ceux qui s'approchaient d'elle.

« Cependant, tant qu'il lui était resté un défenseur, Gérard avait renfermé son amour en son âme.

« Mais, dès qu'il vit Béatrix orpheline et sans appui, il s'enhardit au point de lui déclarer qu'il l'aimait.

« Béatrix reçut cet aveu comme devait le recevoir la fille d'un prince; mais Gérard, avant de jeter le masque, avait pris sa résolution : il répondit à la jeune fille qu'il lui accordait un an et un jour pour son deuil, mais que, passé ce temps, elle eût à se préparer à le recevoir pour époux.

« Une transformation complète s'était opérée : le serviteur parlait en maître.

« Béatrix était faible, isolée et sans défense ; nul secours ne lui pouvait venir des hommes; elle se réfugia en Dieu, et Dieu lui envoya, sinon l'espérance, du moins la résignation.

« Quant à Gérard, il fit le même jour fermer les portes du château, et mit à chacune double garde, de peur que Béatrix ne tentât de s'échapper.

« Vous vous rappelez que Béatrix avait fait bâtir cette chapelle pour enfermer le rosaire miraculeux que lui avait donné son oncle.

« Si Godefroy eût encore vécu, elle eût été sans crainte, car elle avait le cœur plein de foi, et il lui avait dit qu'en quelque lieu qu'il fût, séparé par des montagnes ou par des mers, il entendrait le bruit de la clochette sainte et viendrait à son secours; mais Godefroy était mort, et, à chaque *Pater*, la clochette avait beau sonner, il n'y avait plus d'espérance que ce nom amenât vers elle un défenseur.

« Les jours s'écoulèrent, puis les mois, puis l'année.

« Gérard ne s'était point un instant relâché de sa garde, de sorte que nul ne savait l'extrémité où était réduite Béatrix.

« D'ailleurs, à cette époque, la fleur de la noblesse était en Orient, et à peine restait-il sur les bords du Rhin deux ou trois chevaliers qui eussent osé, tant la force et le courage de Gérard étaient connus, prendre la défense de la belle captive.

« Le dernier jour s'était levé.

« Béatrix venait, ainsi que d'habitude, d'achever sa prière; le soleil était brillant et pur, comme si la lumière céleste n'éclairait que du bonheur.

« La jeune fille vint s'asseoir sur son balcon, et là ses yeux se portèrent vers l'endroit du rivage où elle avait perdu de vue son père et son oncle.

« A ce même endroit, ordinairement désert, il lui sembla apercevoir un point mouvant dont elle ne pouvait, à cause de l'éloignement, distinguer la forme; mais, du moment où elle l'eut aperçu, chose étrange, il lui sembla que ce point se mouvait ainsi pour elle, et, avec cette superstition que les affligés ont seuls, elle mit tout son espoir, sans savoir quel espoir pouvait lui rester encore, en ce point inconnu, qui, à mesure qu'il descendait le Rhin, commençait à prendre une forme.

« Les yeux de Béatrix étaient fixés sur lui avec tant de persistance, que la fatigue plus encore que la douleur lui faisait verser des larmes.

« Mais, à travers ces larmes, elle commençait à distinguer une barque.

« Quelques instants après, elle vit que cette barque était conduite par un cygne et montée par un chevalier qui se tenait debout à sa proue, le visage tourné vers elle, comme elle-même avait le visage tourné vers lui, tandis qu'à la poupe hennissait un cheval harnaché en guerre.

« A mesure que la barque approchait, les détails devenaient visibles : le cygne était attaché avec des chaînes d'or, le chevalier était armé de toutes pièces, à l'exception de son casque et de son bouclier, qui étaient posés près de lui, de sorte qu'il fut bientôt facile de voir que c'était un beau jeune homme de vingt-cinq à vingt-huit ans, au teint hâlé par le soleil d'Orient, mais dont les cheveux blonds et flottants trahissaient l'origine septentrionale : Béatrix était tellement plongée dans la contemplation, qu'elle n'avait point vu les remparts se garnir de soldats, attirés comme elle par cet étrange spectacle, et cette contemplation était d'autant plus profonde qu'il n'y avait plus à s'y tromper à cette heure, la barque venait bien droit au château; car, aussitôt qu'elle fut en face, le cygne prit terre, le chevalier se couvrit la tête de son casque, passa son écu au bras gauche, sauta sur le rivage, tira son cheval après lui, s'élança en selle, et, faisant un signe de la main à l'oiseau obéissant, il s'avança vers le château, tandis que la barque reprenait, en remontant le fleuve, la route qu'elle avait suivie en le descendant.

« Arrivé à cinquante pas de la porte principale, le chevalier prit un cor d'ivoire qu'il portait en sautoir, et, l'approchant de ses lèvres, il en tira trois sons puissants et prolongés comme pour commander le silence, puis ensuite d'une voix forte :

« — Moi! cria-t-il, soldat du ciel et noble de la terre, à toi Gérard, châtelain du château, ordonnons au nom des lois divines et humaines de renoncer à tes prétentions sur la main de Béatrix, que tu tiens prisonnière au mépris de sa naissance et de son rang, et de quitter à l'instant même ce château où tu es entré comme serviteur et où tu oses commander en maître : faute de quoi nous te défions à outrance, à la lance et à l'épée, à la hache et au poignard, comme un traître et un déloyal que tu es, ce que nous prouverons avec l'aide de Dieu et de Notre-Dame du Mont-Carmel, en signe de quoi voici notre gant.

« Alors le chevalier tira son gant qu'il jeta à terre, et l'on vit briller à l'un de ses doigts le diamant que vous avez dû remarquer à la main de mon père, et qui est si beau qu'il vaut à lui seul la moitié d'un comté.

« Gérard était brave; aussi, pour toute réponse, la porte principale s'ouvrit.

« Un page sortit qui vint ramasser le gant, et derrière le page s'avança le châtelain revêtu de son armure de guerre et monté sur un cheval de bataille.

« Pas une parole ne fut échangée entre les deux adversaires.

« Le chevalier inconnu abaissa la visière de son casque, Gérard en fit autant.

« Les champions prirent chacun de leur côté le champ qu'ils crurent nécessaire, mirent leurs lances en arrêt, et revinrent l'un sur l'autre au galop de leurs chevaux.

« Gérard, je vous l'ai dit, passait pour un des hommes les plus forts et les plus braves de l'Allemagne.

« Il avait une cuirasse forgée par le meilleur ouvrier de Cologne.

« Le fer de sa lance avait été trempé dans le sang d'un taureau mis à mort par des chiens, au moment où ce sang bouillait encore des dernières agonies de l'animal, et cependant sa lance se brisa comme du verre contre l'écu du chevalier, tandis que la lance du chevalier perçait du même coup le bouclier, la cuirasse et le cœur de son adversaire.

« Gérard tomba, sans prononcer une seule parole, sans avoir le temps de se repentir, et comme s'il eût été foudroyé.

« Le chevalier se retourna vers Béatrix : elle était à genoux et remerciait Dieu.

« Le combat avait été si court et la stupéfaction qui l'avait suivi si grande, que les hommes d'armes de Gérard n'avaient pas même pensé, en voyant tomber leur maître, à fermer la porte du château.

« Le chevalier entra donc sans résistance dans la première cour, mit pied à terre, passa la bride de son cheval à un crochet de fer, et s'avança vers le perron.

« Au moment où il mettait le pied sur la première marche, Béatrix parut sur la dernière.

« Elle venait au-devant de son libérateur.

« — Ce château est à vous, chevalier, lui dit-elle; car vous venez de le conquérir. Regardez-le comme vôtre. Plus longtemps vous y demeurerez, plus ma reconnaissance sera grande.

« — Madame, répondit le chevalier, ce n'est pas moi qu'il faut remercier, mais Dieu, car c'est Dieu qui m'envoie à votre aide. Quant à ce château, c'est la demeure de vos pères depuis dix siècles, et je désire qu'il soit dix siècles encore celle de leurs descendants.

« Béatrix rougit, car elle était la dernière de sa famille.

« Cependant le chevalier avait accepté l'hospitalité offerte.

« Il était jeune, il était beau.

« Béatrix était seule et maîtresse de son cœur.

« Au bout de trois mois, les deux jeunes gens s'aperçurent qu'il y avait entre eux d'un côté plus que de l'amitié, et de l'autre plus que de la reconnaissance.

« Le chevalier parla d'amour, et, comme il paraissait d'une naissance élevée, quoiqu'on ne lui connût ni terres, ni comté, Béatrix, riche pour deux, heureuse de faire quelque chose pour celui qui avait tant fait pour elle, lui offrit avec sa main cette principauté qu'il lui avait conservée d'une manière si courageuse, et surtout si inattendue.

« Le chevalier tomba aux pieds de Béatrix : la jeune fille voulut le relever.

« — Pardon, madame, dit le chevalier, car, ayant besoin de votre indulgence, je resterai ainsi jusqu'à ce que je l'obtienne.

« — Parlez, répondit Béatrix. Je vous écoute, prête à vous obéir d'avance comme si vous étiez déjà mon maître et mon seigneur.

« — Hélas! dit le chevalier, il va sans doute vous paraître étrange que, recevant un si grand bonheur de vous, je ne puisse l'accepter qu'à une condition.

« — Elle est accordée, répondit Béatrix. Maintenant, quelle est-elle?

« — C'est que jamais vous ne me demanderez ni mon nom, ni d'où je viens, ni d'où j'avais appris le danger dont vous étiez menacée, car, si vous me le demandiez, je vous aime tant que je n'aurais point le courage de vous refuser, et, une fois que je vous l'aurais dit, je ne pourrais plus demeurer près de vous et nous serions séparés pour toujours. Telle est la loi qui m'est imposée par la puissance qui m'a guidé à travers les monts, les plaines et les mers pendant le long voyage que j'ai fait pour venir vous délivrer.

« — Qu'importe votre nom? qu'importe d'où vous venez? qu'importe qui vous a dit que j'étais en péril? j'abandonne le passé pour l'avenir. Votre nom, c'est le chevalier du Cygne. Vous veniez d'une terre bénie et c'est Dieu qui vous envoyait. Qu'ai-je besoin de rien savoir de plus? Voici ma main.

« Le chevalier la baisa avec transport, et, un mois après, le chapelain les unissait dans ce même oratoire où Béatrix, dans la crainte d'un autre mariage, avait pendant une année et un jour tant prié et tant pleuré. Le ciel bénit cette union.

« En trois ans, Béatrix rendit le chevalier père de trois fils, qui furent nommés Robert, Godefroy et Rodolphe.

« Puis, trois ans s'écoulèrent encore dans l'union la plus parfaite et dans un bonheur qui semblait appartenir à un autre monde que celui-ci.

« — Ma mère, dit un jour le jeune Robert en rentrant au château, dis-moi donc le nom de mon père.

« — Et pourquoi cela? répondit la mère en tressaillant.

« — Parce que le fils du baron d'Asperen me le demande.

« — Ton père s'appelle le chevalier du Cygne, dit Béatrix, et n'a point d'autre nom.

« L'enfant se contenta de cette réponse et retourna jouer avec ses jeunes amis.

« Une année s'écoula encore, non plus dans les transports de bonheur qui avait accompagné les premières, mais dans ce doux repos qui annonce l'intimité des âmes.

« — Ma mère, dit un jour le jeune Godefroy, quand il est arrivé en ce pays, dans une barque traînée par un cygne, d'où venait mon père?

« — Et pourquoi cela? répondit la mère en soupirant.

« — C'est que le fils du comte de Megen me l'a demandé.

— Ce château est à vous! lui dit-elle, car vous venez de le conquérir. — Page 47.

« — Il venait d'un pays lointain et inconnu, dit la mère. Voilà tout ce que je sais.

« Cette réponse suffit à l'enfant, qui la transmit à ses jeunes camarades et continua de jouer sur les bords du fleuve avec l'insouciante indifférence de son âge.

« Une année s'écoula encore, mais pendant laquelle le chevalier surprit plus d'une fois Béatrix rêveuse et inquiète.

« Cependant, il ne parut pas s'en apercevoir et redoubla pour elle de soins et de caresses.

« — Ma mère, dit un jour le jeune Rodolphe, quand il t'a délivrée du méchant Gérard, qui avait dit à mon père que tu avais besoin de secours?

« — Et pourquoi cela? répondit la mère en pleurant.

« — C'est que le fils du margrave de Gorkum me l'a demandé.

« — Dieu, répondit la mère, qui voit ceux qui souffrent et qui leur envoie ses anges pour les secourir.

« L'enfant n'en demanda point davantage.

Puis, abaissant ses lèvres sur le front de Béatrix, et lui donnant un baiser... — PAGE 50.

« On l'avait habitué à regarder Dieu comme un père, et il ne s'étonna point qu'un père fît pour son enfant ce que Dieu avait fait pour sa mère.

« Mais la princesse Béatrix envisageait les choses autrement.

« Elle avait réfléchi que le premier trésor des fils était le nom de leur père.

« Or, ses trois fils étaient sans nom.

« Souvent la question que chacun d'eux lui avait faite leur serait répétée par des hommes, et ils ne pouvaient répondre à des hommes ce qu'ils avaient répondu à des enfants.

« Elle tomba donc dans une tristesse profonde et continue, car, quelque chose qui pût arriver, elle était décidée à exiger de son époux le secret qu'elle avait promis de ne jamais demander.

« Le chevalier vit cette mélancolie croissante et en devina la cause.

« Plus d'une fois, à l'aspect de Béatrix si malheureuse, il fut sur le point de lui tout dire, mais à chaque fois il fut retenu par l'idée terrible que cette confidence serait suivie d'une séparation éternelle.

« Enfin Béatrix n'y put résister davantage, elle

Paris. — Imp. Simon Raçon & Cie, rue d'Erfurth, 1.

vint trouver le chevalier, et, tombant à ses genoux, elle le supplia, au nom de ses enfants, de lui dire qui il était, d'où il venait et qui l'avait envoyé.

« Le chevalier pâlit, comme s'il était près de mourir, puis, abaissant ses lèvres sur le front de Béatrix et lui donnant un baiser :

« — Hélas! cela devait être ainsi, murmura-t-il en soupirant, ce soir je te dirai tout. »

IX

Il était six heures du soir à peu près lorsque le chevalier et sa femme vinrent s'asseoir sur le balcon.

« Béatrix paraissait contrainte et embarrassée : le chevalier était triste.

« Tous deux demeurèrent quelques instants en silence, et leurs regards se portèrent instinctivement vers l'endroit où était apparu le chevalier, le jour de son combat avec Gérard. Le même point se faisait apercevoir à la même place.

« Béatrix tressaillit, le chevalier soupira.

« Cette même impression, qui frappait en même temps leurs deux âmes, les ramena l'un à l'autre : leurs yeux se rencontrèrent.

« Ceux du chevalier étaient humides et exprimaient un sentiment de tristesse si profonde, que Béatrix ne put le supporter et tomba à genoux.

« — Oh! non! non! mon ami, lui dit-elle, pas un mot de ce secret qui doit nous coûter si cher. Oublie la demande que je t'ai faite, et, si tu ne laisses pas de nom à nos fils, ils seront braves comme leur père et s'en feront un.

« — Écoute, Béatrix, répondit le chevalier, toutes choses sont prévues par le Seigneur, et, puisqu'il a permis que tu me fisses la demande que tu m'as faite, c'est que mon jour est venu. J'ai passé neuf ans près de toi, neuf ans d'un bonheur qui n'était pas fait pour ce monde; c'est plus qu'aucun homme n'en a jamais obtenu. Remercie Dieu comme je le fais, et écoute ce que je vais te dire.

« — Pas un mot, pas un mot! s'écria Béatrix; pas un mot, je t'en supplie. Le chevalier étendit la main vers le point qui depuis quelques minutes commençait à devenir plus distinct, et Béatrix reconnut la barque conduite par le cygne.

« — Tu vois bien qu'il est temps, dit-il; écoute donc ce que tu as eu si longtemps le désir secret d'apprendre et que je dois t'apprendre du moment que tu me l'as demandé.

« Béatrix laissa tomber en sanglotant sa tête sur les genoux du chevalier.

« Celui-ci la regarda avec une expression indéfinissable de tristesse et d'amour, et lui laissant tomber les mains sur les épaules :

« — Je suis, lui dit-il, le compagnon d'armes de ton père, Robert de Clèves, l'ami de ton oncle Godefroy de Bouillon. Je suis le comte Rodolphe d'Alost, tué au siége de Jérusalem.

« Béatrix jeta un cri, releva sa tête pâlie, et fixa sur le chevalier des yeux effrayés et hagards.

« Elle voulut parler, mais sa voix ne put proférer que des sons inarticulés, comme ceux qu'on laisse échapper pendant un rêve.

« — Oui, je sais, continua le chevalier; ce que je te dis là est inouï. Mais souviens-toi, Béatrix, que j'étais tombé sur la terre des miracles. Le Seigneur fit pour moi ce qu'il fit pour la fille de Jaïre et le frère de Madeleine. Voilà tout!

« — Ah! mon Dieu! mon Dieu! s'écria Béatrix en se relevant sur ses genoux, ce que vous dites là n'est pas possible :

« — Je te croyais plus de foi, Béatrix, répondit le chevalier.

« — Vous êtes Rodolphe d'Alost? murmura la princesse.

« — Lui-même : Godefroy, tu le sais, m'avait laissé, ainsi qu'à ses deux frères, le commandement de l'armée pour venir chercher ton père. Lorsqu'il revint à nous, il était tellement émerveillé de ta jeune beauté, que pendant toute la route il ne parla que de toi. Si Godefroy t'aimait comme une fille, je puis dire qu'il m'aimait comme un fils; aussi, du moment où il t'avait revue, une seule idée s'était emparée de lui, celle de nous unir l'un à l'autre.

« J'avais vingt ans alors, une âme vierge comme celle d'une jeune fille.

« Le portrait qu'il me fit de toi enflamma mon cœur, et bientôt je t'aimai aussi ardemment que si je te connaissais depuis mon enfance.

« Toutes choses étaient si bien convenues entre nous, qu'il ne m'appelait plus que son neveu.

« Ton père fut tué.

« Je le pleurai comme s'il eût été mon père.

« En mourant il me donna sa bénédiction et me renouvela son consentement.

« Dès lors je te regardai comme mienne, ton souvenir inconnu, mais toujours présent, fleurit au milieu de toutes mes pensées; ton nom se mêla à toutes mes prières.

« Nous arrivâmes devant Jérusalem.

« Nous fûmes repoussés pendant trois assauts : le dernier dura soixante heures.

« Il fallait renoncer à tout jamais à la Cité sainte ou l'emporter cette fois.

« Godefroy ordonna une dernière attaque.

« Nous prîmes ensemble la conduite d'une colonne; nous marchâmes en tête; nous dressâmes deux échelles et nous montâmes côte à côte; enfin, nous touchions au haut du rempart; je levais le bras pour saisir un créneau, lorsque je vis briller le fer d'une lance, une douleur aiguë succéda à cette espèce d'éclair, un frisson glacé me courut par tout le corps.

« Je prononçai ton nom, puis je tombai à la renverse sans plus rien sentir ni rien voir; j'étais tué.

« Je n'ai aucune idée du temps où je restai endormi de ce sommeil sans rêve qu'on appelle la mort.

« Enfin, un jour il me sembla sentir une main qui se posait sur mon épaule.

« Je crus vaguement que le jour de Josaphat était arrivé.

« Un doigt toucha mes paupières; j'ouvris les yeux, j'étais couché dans une tombe dont le couvercle se tenait soulevé tout seul, et devant moi, debout, était un homme que je reconnus pour Godefroy, quoiqu'il eût un manteau de pourpre sur les épaules, une couronne sur la tête et une auréole autour du front.

« Il se pencha vers moi, me souffla sur la bouche, et je sentis rentrer dans ma poitrine la vie et le sentiment.

« Cependant il me semblait encore être attaché au sépulcre par des crampons de fer.

« Je voulus parler, mais mes lèvres remuèrent sans proférer aucun son.

« — Réveille-toi, Rodolphe, le Seigneur le permet, dit Godefroy, et écoute ce que je vais te dire.

« Je fis alors un effort surhumain, dans lequel se réunirent toutes les forces naissantes de ma nouvelle vie, et je prononçai ton nom.

« — C'est d'elle que je viens te parler, me dit Godefroy.

« — Mais, interrompit Béatrix, Godefroy était mort aussi?

« —Oui, répondit Rodolphe, et voici ce qui était arrivé.

« Godefroy était mort empoisonné et avait demandé, avant de mourir, que son corps reposât près du mien; ses volontés avaient été suivies, il avait été inhumé dans son costume royal; seulement, au manteau de pourpre et au diadème, Dieu avait ajouté une auréole.

« Godefroy me raconta ces choses, qui étaient arrivées depuis ma propre mort à moi, et que, par conséquent, je ne pouvais savoir.

« — Et Béatrix? lui dis-je.

« — Nous voici arrivés à ce qui la regarde, me répondit-il.

« Je dormais donc, comme toi, dans ma tombe, attendant l'heure du jugement, lorsqu'il me sembla peu à peu, comme si je m'éveillais d'un sommeil profond, revenir au sentiment et à la vie.

« Le premier sens qui s'éveilla en moi fut celui de l'ouïe : je crus entendre le bruit d'une petite sonnette, et, à mesure que l'existence revenait en moi, le son devenait plus distinct.

« Bientôt je le reconnus pour celui de la clochette que j'avais donnée à Béatrix.

« En même temps la mémoire me revint, et je me rappelai la propriété miraculeuse attachée au rosaire rapporté par Pierre-l'Ermite.

« Béatrix était en danger, et le Seigneur avait permis que le son de la clochette sacrée pénétrât dans mon tombeau et me réveillât jusque dans les bras de la mort.

« J'ouvris les yeux et je me trouvai dans la nuit.

« Une crainte terrible s'empara alors de moi.

« Comme je n'avais aucune conscience du temps écoulé, je crus avoir été enterré vivant; mais, au même instant, une odeur d'encens parfuma le caveau.

« J'entendis des chants célestes, deux anges soulevèrent la pierre de ma tombe, et j'aperçus le Christ assis près de sa sainte mère, sur un trône de nuages. Je voulus me prosterner, mais je ne pus faire aucun mouvement.

« Cependant je sentis se dénouer les liens qui retenaient ma langue, et je m'écriai :

« — Seigneur! Seigneur, que votre saint nom soit béni!

« Le Christ ouvrit la bouche à son tour, et ses paroles arrivèrent à moi douces comme un chant.

« —Godefroy, mon noble et pieux serviteur, n'entends-tu rien? me dit-il.

« — Hélas! monseigneur Jésus, répondis-je, j'entends le son de la clochette sainte qui m'apprend que celle dont le père est mort pour vous, dont le fiancé est mort pour vous, et dont l'oncle est mort pour vous, est en danger à cette heure et n'a plus que vous pour la secourir

« — Eh bien! que puis-je faire pour toi? dit le Christ. Je suis le Dieu rémunérateur, demande, et ce que tu me demanderas te sera accordé.

« — O monseigneur Jésus! répondis-je, je n'ai rien à demander pour moi-même, car vous avez fait pour moi plus que pour aucun homme. Vous m'avez

— Godefroy, mon noble et pieux serviteur, n'entends-tu rien? — PAGE 51.

choisi pour conduire la croisade et délivrer la ville sainte; vous m'avez donné la couronne d'or là où vous aviez porté la couronne d'épines, et vous avez permis que je mourusse dans votre grâce. Je n'ai donc rien à vous demander pour moi, ô monseigneur Jésus! maintenant, surtout, que de mes yeux mortels j'ai contemplé votre divinité. Mais si j'osais vous prier pour un autre.

« — Ne t'ai-je pas dit que ce que tu demanderais te serait accordé? Après avoir cru à ma parole pendant ta vie, douteras-tu de ma parole après ta mort?

« — Eh bien! monseigneur Jésus! lui répondis-je, vous qui lisez au plus profond du cœur des hommes, vous savez avec quel regret je suis mort. Pendant quatre ans j'avais nourri un espoir bien doux: c'était d'unir celui que j'aime comme un frère à celle que j'aime comme une fille; la mort les a séparés. Rodolphe d'Alost est mort pour votre sainte cause. Eh bien! monseigneur Jésus, rendez-lui les jours qu'il devait vivre, et permettez qu'il aille au secours de sa fiancée, qu'un grand danger presse en ce moment, si j'en crois le son de la clochette qui ne cesse de retentir, preuve qu'elle ne cesse de prier.

— Alors Godefroy me ceignit de son propre glaive, qui était d'or. — Page 54

« — Qu'il soit fait ainsi que tu le désires, dit le Christ; que Rodolphe d'Alost se lève et aille au secours de sa fiancée. Je lui donne congé de la tombe jusqu'au jour où sa femme lui demandera qui il est, d'où il vient et qui l'a envoyé. Ces trois questions seront le signe auquel il reconnaîtra que je le rappelle à moi.

« — Seigneur! Seigneur! m'écriai-je une seconde fois, que votre saint nom soit béni.

« A peine avais-je prononcé ces paroles, qu'il passa comme un nuage entre moi et le ciel, et que tout disparut.

« Alors je me levai de ma tombe et je vins à la tienne.

« J'appuyai la main sur ton épaule pour t'éveiller de la mort.

« Je touchai du doigt tes paupières pour t'ouvrir les yeux; je soufflai mon souffle sur tes lèvres pour te rendre la vie et la parole.

« Et maintenant, Rodolphe d'Alost, lève-toi, car c'est la volonté du Christ que tu ailles au secours de Béatrix, et que tu restes près d'elle jusqu'au jour où elle te demandera qui tu es, d'où tu viens et quel est celui qui t'a envoyé.

« Godefroy avait à peine cessé de parler, que je sentis se rompre les liens qui m'attachaient au sépulcre.

« Je me dressai dans ma tombe aussi plein de vie qu'avant que j'eusse reçu le coup mortel, et, comme on m'avait enseveli dans ma cuirasse, je me trouvai tout armé, à l'exception de mon épée, que j'avais laissé échapper en tombant, et que probablement on n'avait pu retrouver.

« Alors Godefroy me ceignit de son propre glaive, qui était d'or, me suspendit à l'épaule le cor dont il avait l'habitude de se servir au milieu de la mêlée, et passa à mon doigt l'anneau qui lui avait été donné par l'empereur Alexis. Puis, m'ayant embrassé :

« — Frère, me dit-il, Dieu me rappelle à lui, je le sens. Remets sur moi la pierre de ma tombe, et, ce soin accompli, va, sans perdre un instant, au secours de Béatrix.

« A ces mots, il se recoucha dans son sépulcre, ferma les yeux et murmura une seconde fois :

« — Seigneur, Seigneur, que votre saint nom soit béni !

« Je me penchai sur lui pour l'embrasser encore une fois, mais il était sans souffle et déjà endormi dans le Seigneur.

« Je laissai retomber sur lui la pierre qu'un doigt divin avait soulevée; j'allai m'agenouiller à l'autel, je fis ma prière, et, sans perdre un instant, je résolus de venir à ton secours.

« Sous le porche de l'église je trouvai un cheval tout caparaçonné; une lance était dressée contre le mur : je ne doutai point un instant que l'un et l'autre ne fussent pour moi.

« Je pris la lance, je montai à cheval, et, pensant que le Seigneur avait confié à son instinct le soin de me conduire, je lui jetai la bride sur le cou et lui laissai prendre la route qui lui convenait.

« Je traversai la Syrie, la Cappadoce, la Turquie, la Thrace, la Dalmatie, l'Italie et l'Allemagne; enfin, après un an et un jour de voyage, j'arrivai aux bords du Rhin.

« Là, je trouvai une barque à laquelle était attaché un cygne avec des chaînes d'or.

« Je montai dans la barque et elle me conduisit en face du château.

« Tu sais le reste, Béatrix.

« — Hélas ! s'écria Béatrix, voilà le cygne et la barque qui abordent au même endroit où ils ont abordé alors; mais, cette fois, malheureuse que je suis, ils viennent te reprendre. Rodolphe, Rodolphe, pardonne-moi !

« — Je n'ai rien à te pardonner, Béatrix, dit Rodolphe en l'embrassant. Le temps est écoulé. Dieu me rappelle, et voilà tout. Remercions-le des neuf années de bonheur qu'il nous a accordées, et demandons-lui des années pareilles pour notre paradis.

« Alors il appela ses trois fils qui jouaient dans la prairie. Ils accoururent aussitôt.

« Il embrassa d'abord Robert, qui était l'aîné, lui donna son écu et son épée, et le nomma son successeur.

« Puis il embrassa Godefroy, qui était le second, lui donna son cor, et lui abandonna le comté de Louen.

« Enfin, il embrassa à son tour Rodolphe, qui était le troisième, et lui donna l'anneau et le comté de Messe.

« Puis, ayant une dernière fois serré Béatrix dans ses bras, il lui ordonna de demeurer où elle était, recommanda à ses trois fils de consoler leur mère, qu'ils voyaient pleurer sans rien comprendre à ses larmes.

« Puis il descendit dans la cour, où il retrouva son cheval tout sellé, traversa la prairie en se retournant à chaque pas, monta dans la barque, qui reprit aussitôt le chemin par lequel elle était venue, et disparut bientôt dans l'ombre nocturne qui commençait à descendre du ciel.

« Depuis cette heure jusqu'à celle de sa mort, la princesse Béatrix revint tous les jours sur le balcon, mais elle ne vit jamais reparaître ni la barque, ni le cygne, ni le chevalier. »

— Et je venais prier Rodolphe d'Alost, continua Héléna, de demander à Dieu qu'il fasse pour moi un miracle pareil à celui que, dans sa miséricorde, il voulut bien faire pour la princesse Béatrix.

— Ainsi soit-il, répondit Othon en souriant.

X

Le comte de Ravenstein avait tenu sa promesse.

Au lever du soleil, on vit dans la prairie qui séparait le fleuve du château flotter sa bannière sur sa tente dressée.

A la porte de sa tente, était suspendu son écu, au cœur duquel brillaient ses armes, qui étaient de gueules à un lion d'or rampant sur un rocher d'argent; et, d'heure en heure, un trompette, sortant de la tente et se tournant successivement vers les quatre points de l'horizon, faisait entendre une fanfare de défi.

La journée se passa sans que personne répondît à l'appel du comte de Ravenstein ; car, ainsi que nous l'avons dit, les amis, les alliés ou les parents du prince Adolphe de Clèves en avaient été prévenus trop tard, ou étaient occupés pour leur compte ou pour celui de l'empereur, de sorte que pas un n'était venu.

Le vieux guerrier se promenait d'un air soucieux sur les remparts, Héléna priait dans la chapelle de la princesse Béatrix, et Othon offrait de parier qu'il mettrait trois flèches de suite dans le lion rampant du comte de Ravenstein.

Quant à Hermann, il était disparu sans que l'on sût pour quelle cause, et, à l'appel du matin, il n'avait pas répondu, ni personne pour lui.

La nuit vint sans apporter aucun changement à la situation respective des assiégés et des assiégeants.

Héléna n'osait lever les yeux sur son père.

Ce n'était qu'à cette heure que lui apparaissaient toutes les conséquences de son refus, et ce refus avait été si soudain et si inattendu, qu'elle tremblait à tout moment que le vieux prince ne lui en demandât les causes.

Le jour parut aussi triste et aussi menaçant que la veille, et, avec le jour, les fanfares du comte de Ravenstein se réveillèrent.

Le vieux prince montait d'heure en heure sur les remparts, se tournant comme la trompette vers les quatre coins de l'horizon, et jurant qu'au temps de sa jeunesse pareille chose ne fût pas arrivée sans que dix champions se fussent déjà présentés pour défendre une cause aussi sacrée que l'était la sienne.

Héléna ne quittait point la chapelle de la princesse Béatrix.

Othon paraissait toujours calme et insoucieux au milieu de l'inquiétude générale.

Hermann n'avait pas reparu.

La nuit se passa pleine d'inquiétudes et de troubles.

Le jour qui se levait était le dernier.

Le lendemain, allaient commencer les assauts et les escalades, et la vie de plusieurs centaines d'hommes allait payer le caprice d'une jeune fille.

Aussi, lorsque les premiers rayons du jour parurent à l'orient, Héléna, qui avait passé toute la nuit à pleurer et à prier dans la chapelle, était-elle résolue à se sacrifier pour terminer cette querelle.

Elle traversait donc la cour pour aller trouver son père, qui était, lui avait-on dit, dans la salle d'armes, lorsqu'elle apprit qu'à l'appel du matin Othon avait manqué à son tour, et que l'on croyait que, ainsi qu'Hermann, il avait quitté le château.

Cette nouvelle porta le dernier coup à la résistance d'Héléna.

Othon abandonnant son père, Othon fuyant lorsque l'aide de tout homme, et surtout d'un homme aussi adroit que lui, était si nécessaire à la défense du château, c'était une de ces choses qui ne s'étaient pas même présentées à son esprit, et qui devait avoir sur sa détermination une influence rapide et décisive.

Elle trouva son père qui s'armait.

Le vieux guerrier en avait appelé à ses souvenirs de jeunesse, et, confiant en Dieu, il espérait que Dieu lui rendrait la force de ses belles années: il était donc décidé à combattre lui même le comte de Ravenstein.

Héléna comprit au premier coup d'œil tout ce qu'une résolution pareille pouvait amener de malheurs.

Elle tomba aux genoux de son père, lui disant qu'elle était prête à épouser le comte.

Mais, en disant cela, il y avait tant de douleur dans sa voix et tant de larmes dans ses yeux, que le vieux prince vit bien que mieux valait pour lui mourir que vivre et voir sa fille unique souffrir éternellement une souffrance pareille à celle qu'elle éprouvait à cette heure.

Au moment où le prince relevait Héléna et la pressait sur son cœur, on entendit le défi que

Un chevalier, armé de toutes pièces et visière baissée, descendait le Rhin dans une barque.

d'heure en heure faisait retentir le comte de Ravenstein.

Le père et la fille tressaillirent en même temps et comme frappés du même coup.

Un silence de mort succéda à ce bruit guerrier.

Mais, cette fois, le silence fut court : le son d'un cor répondit à l'appel qui venait d'être fait.

Le prince et Héléna tressaillirent de nouveau, mais de joie.

Il leur arrivait un défenseur.

Tous deux montèrent au balcon de la princesse Béatrix, pour voir de quel côté leur arrivait ce secours inespéré, et cela leur fut chose facile, car tous les bras et tous les yeux étaient tendus vers la même direction.

Un chevalier, armé de toutes pièces et visière baissée, descendait le Rhin dans une barque, ayant à ses côtés son écuyer, armé comme lui.

Son cheval de guerre était à la proue, tout couvert de fer comme son maître, et répondait par des hennissements au double appel guerrier qu'il venait d'entendre.

A mesure qu'il s'avançait, on pouvait distinguer

C'était une lutte terrible — Page 58.

ses armes, qui étaient de gueules à un cygne d'argent.

Héléna ne revenait pas de sa surprise.

Rodolphe d'Alost avait-il entendu ses prières? et un défenseur surnaturel renouvelait-il pour elle le miracle que Dieu avait fait en faveur de la comtesse Béatrix?

Quoi qu'il en fût, la barque continuait d'avancer au milieu de l'étonnement général.

Enfin, elle prit terre à l'endroit même où s'était arrêtée, deux siècles et demi auparavant, celle du comte Rodolphe d'Alost.

Le chevalier inconnu sauta sur le rivage, tira son cheval après lui, s'élança en selle, et, tandis que son écuyer restait sur le bateau, il alla saluer le prince Adolphe et la princesse Héléna, et, montant droit à la tente du comte de Ravenstein, il toucha son écu du fer de sa lance, ce qui était un signe qu'il le défiait à fer émoulu et à outrance.

L'écuyer du comte de Ravenstein sortit aussitôt et regarda quelles étaient les armes du chevalier inconnu.

Il avait une lance à la main, une épée au côté, et une hache pendue à l'arçon de sa selle; de plus, il

Paris. — Imp. Simon Raçon & Cie, rue d'Erfurth, 1.

portait au cou le petit poignard que l'on appelait le poignard de merci.

Cet examen fini, l'écuyer rentra dans la tente.

Quant au chevalier, après avoir salué une seconde fois ceux qu'il venait secourir, il prit du champ ce qu'il lui en fallait, et, s'arrêtant à cent pas de la tente à peu près, il attendit son adversaire.

L'attente ne fut pas longue.

Le comte se tenait tout armé, de sorte qu'il n'avait que son casque à placer sur sa tête pour être prêt à entrer en lice.

Il sortit donc bientôt de sa tente.

On lui amena son cheval, et il s'élança dessus avec une ardeur qui prouvait le désir qu'il avait de ne pas retarder d'un instant le combat que venait lui offrir d'une manière si inattendue le chevalier au cygne d'argent.

Cependant, si pressé qu'il fût, il jeta un coup d'œil sur son ennemi, afin de reconnaître, s'il était possible, par quelque signe héraldique, à quel homme il avait affaire.

Le chevalier portait au cimier de son casque, pour toute marque distinctive, une petite couronne d'or dont les fleurons étaient découpés en feuilles de vigne, ce qui indiquait qu'il était prince ou fils de prince.

Il y eut alors un moment de silence, pendant lequel chacun des deux champions apprêtait ses armes, et qui fut employé par les spectateurs à un examen rapide de chacun d'eux.

Le comte de Ravenstein, âgé de trente à trente-cinq ans, arrivé à toute la puissance de l'âge, carrément posé sur son cheval de guerre, était le type de la force matérielle.

On sentait qu'on aurait autant de peine à l'arracher de ses arçons qu'à déraciner un chêne, et qu'il faudrait un rude bûcheron pour mener à bien une pareille besogne.

Le chevalier inconnu, au contraire, autant qu'on en pouvait juger par la grâce de ses mouvements, sortait à peine de l'adolescence; son armure, si bien fermée qu'elle fût, avait la souplesse d'une peau de serpent : on sentait, pour ainsi dire, sous ce fer élastique, circuler un jeune sang; et, vainqueur ou vaincu, on comprenait qu'il devait attaquer ou se défendre par des ressources toutes différentes de celles que la nature avait mises à la disposition du comte de Ravenstein.

La trompette du comte sonna ; le cor du chevalier inconnu y répondit, et le prince Adolphe de Clèves, qui, de son balcon, dominait le combat comme un juge du camp, emporté par les souvenirs de sa jeunesse, cria d'une voix forte :

— *Laissez aller!*

Au même instant, les deux adversaires s'élancèrent l'un sur l'autre et se joignirent à peu près au milieu de la distance qu'ils avaient choisie.

La lance du comte glissa sur le bord de l'écu du chevalier, et alla se briser contre la targe qu'il portait suspendue au cou, tandis que la lance du chevalier, atteignant le cimier du casque de son adversaire, brisa les courroies qui l'attachaient sous le menton et l'enleva du front du comte, qui resta la tête nue et désarmée; au même moment, quelques gouttes de sang roulant sur son visage indiquèrent que le fer de la lance, en même temps qu'il lui arrachait son casque, lui avait effleuré le crâne.

Le chevalier du cygne d'argent s'arrêta pour donner au comte le temps de prendre un autre casque et une autre lance, indiquant par là qu'il ne voulait pas profiter d'un premier avantage, et qu'il était prêt à recommencer le combat avec des chances égales.

Le comte comprit cette courtoisie et hésita un instant avant de se décider à en profiter.

Cependant, comme son adversaire lui avait donné la preuve, par cette première rencontre, qu'il n'était pas un adversaire à dédaigner, il jeta le tronçon inutile, prit des mains de son écuyer un casque nouveau, et, repoussant du bras la lance qu'il lui présentait, il tira son épée, indiquant qu'il préférait continuer le combat à cette arme.

Aussitôt, le chevalier imita son ennemi en tout point, et, jetant à son tour sa lance et tirant son épée, il salua en signe qu'il attendait son bon plaisir.

Les trompettes retentirent une seconde fois, et les deux adversaires se précipitèrent l'un sur l'autre.

Dès les premiers coups, les spectateurs virent que leurs prévisions ne les avaient pas trompés; l'un des combattants comptait sur sa force et l'autre sur son adresse.

Chacun agissait donc en conséquence, le premier frappant d'estoc, le second de pointe; le comte de Ravenstein essayant d'entamer l'armure de son adversaire, le chevalier inconnu cherchant tous les moyens de fausser celle de son ennemi.

C'était une lutte terrible; le comte de Ravenstein, frappant à deux mains comme un bûcheron, enlevait à chaque coup quelques éclats de fer; le cygne d'argent avait complétement disparu, le bouclier tombait, morceaux par morceaux, la couronne d'or était brisée.

De son côté, le chevalier inconnu avait cherché toutes les voies par lesquelles la mort pouvait se glisser jusqu'au cœur de son adversaire; et, du gorgerin de son casque, des épaulières de sa cuirasse, des gouttes de sang coulant sur l'armure du comte indiquaient que la pointe de l'épée avait pénétré par chaque ouverture qui lui avait été offerte.

En continuant de cette sorte, l'issue du combat devenait une question de temps.

L'armure du chevalier au cygne d'argent résisterait-elle jusqu'au moment où le comte de Ravenstein perdrait ses forces par les deux ou trois blessures qu'il paraissait avoir déjà reçues?

Voilà ce que chacun se demandait en voyant la tactique adoptée par chacun des combattants.

Enfin, un dernier coup de l'épée du comte de Ravenstein brisa entièrement le cimier du casque de son adversaire et lui laissa le haut de la tête à peu près désarmé.

Dès lors toutes les chances parurent devoir être pour le comte, il y eut un instant d'angoisse terrible pour le prince et pour Héléna.

Mais leur crainte ne fut pas longue, leur jeune champion comprit qu'il était temps de changer de tactique : il cessa à l'instant même de porter des coups pour ne plus s'occuper que de parer.

Alors on vit une joute merveilleuse; le chevalier au cygne d'argent s'arrêta immobile comme une statue : son bras et son épée semblaient seuls vivants, et dès lors l'épée de son adversaire, rencontrant partout la sienne, ne toucha pas une seule fois son armure.

Le comte était habile dans les armes, mais toutes les ressources des armes paraissaient être connues à son ennemi.

Les deux lames se suivaient comme si un aimant les eût attirées l'une vers l'autre.

C'était l'éclair croisant l'éclair, deux dards de serpents qui jouent.

Cependant une pareille lutte ne pouvait durer.

Les blessures du comte, si légères qu'elles fussent, laissaient échapper du sang qui coulait jusque sur les housses de son cheval.

Le sang s'amassait dans le casque, et, de temps en temps, le comte était obligé de souffler par les trous de sa visière.

Il sentit que ses forces commençaient à diminuer et que ses regards se troublaient.

L'adresse de son adversaire lui était maintenant trop visiblement démontrée pour qu'il espérât rien de son épée.

Aussi, prenant une résolution désespérée, d'une main il jeta loin de lui l'arme inutile, et de l'autre il arracha vivement la hache qui pendait à l'arçon de sa selle.

Le chevalier en fit autant avec une justesse et une promptitude qui tenait de la magie, et les deux adversaires se retrouvèrent prêts à recommencer un nouveau combat, qui cette fois ne pouvait manquer d'être décisif.

Mais, aux premiers coups qu'ils se portèrent, les deux champions s'aperçurent avec étonnement que les choses avaient changé de face.

C'était le comte de Ravenstein qui se tenait sur la défensive, et c'était le chevalier au cygne d'argent qui attaquait à son tour, et cela avec une telle force et une telle rapidité, qu'il était impossible de suivre des yeux l'arme courte et massive qui flamboyait dans sa main.

Le comte se montra un instant digne de son nom et de sa renommée.

Mais enfin, étant arrivé trop tard à la parade, un coup de l'arme de son adversaire tomba d'aplomb sur son casque, brisa le cimier et la couronne de comte, et, quoique la hache ne pénétrât point jusqu'à la tête, elle fit l'effet d'une massue.

Le comte, étourdi, baissa sa tête jusque sur le cou de son cheval, qu'il saisit de ses deux mains, cherchant instinctivement un appui.

Puis il laissa tomber sa hache.

Et, vacillant un instant lui-même, il tomba à son tour sans que son adversaire eût eu besoin de redoubler.

Ses écuyers accoururent et ouvrirent son casque : le comte rendait le sang par le nez et par la bouche, et était complétement évanoui.

Ils le transportèrent dans sa tente, et, en le désarmant, lui trouvèrent, outre les blessures de la tête, cinq autres blessures en différents endroits du corps.

Quant au chevalier au cygne d'argent, il rattacha sa hache à l'arçon de sa selle, remit son épée au fourreau, reprit sa lance, et, s'avançant de nouveau vers le balcon de la comtesse Béatrix, il salua le prince Adolphe et sa fille, puis, au moment où ils croyaient que leur libérateur allait entrer au château, il se dirigea vers le rivage, descendit de cheval et rentra dans sa barque, qui remonta aussitôt le fleuve, emportant le vainqueur mystérieux.

Deux heures après, le comte, revenu à lui, ordonna à l'instant même de lever le camp et de reprendre le chemin de Ravenstein.

Le soir arriva le comte Karl de Hombourg avec une vingtaine d'hommes d'armes.

Il venait au secours du prince Adolphe de Clèves, qui, ainsi que nous l'avons dit, avait envoyé des messages à tous les amis et alliés qu'il avait dans les environs.

Le secours était maintenant inutile : mais le vieux guerrier n'en fut pas moins grandement accueilli et dignement fêté.

S'avançant vers le balcon, il salua le prince Adolphe et sa fille. — Page 53.

XI

endant que les événements que nous avons racontés se passaient à Clèves, le landgrave Ludwig, n'ayant plus près de lui que son vieil ami le comte Karl de Hombourg, était demeuré dans le château de Godesberg pleurant Emma, qui ne voulait pas revenir près de lui, et Othon, qu'il croyait mort.

Vainement le comte essayait de lui rendre un double espoir en lui disant que sa femme lui pardonnerait et que son fils s'était sans doute échappé à la nage.

Le pauvre landgrave ne voulait pas croire à cette parole d'espoir, et disait que, ayant condamné sans miséricorde, il était à son tour condamné sans merci.

Cet état violent ne pouvait durer, mais une mélancolie profonde lui succéda, et le landgrave s'en-

Hombourg lui jeta les bras autour du cou, et le retint en l'appuyant contre son cœur. — Page 62.

ferma dans les appartements les plus reculés du château de Godesberg.

Hombourg était seul admis près de lui, et encore des jours se passaient-ils quelquefois tout entiers sans qu'il pût parvenir jusqu'à son ami.

Le bon chevalier ne savait plus que faire : tantôt il voulait aller rechercher Emma au couvent de Nonenwerth, mais il craignait qu'un nouveau refus ne redoublât les chagrins de l'époux; tantôt il voulait se mettre en quête d'Othon, mais il tremblait qu'une recherche inutile ne portât au comble les angoisses du père.

Ce fut dans ces entrefaites qu'arrivèrent au château de Godesberg les dépêches du prince Adolphe de Clèves.

Dans toute autre circonstance, le landgrave Ludwig se fût empressé de se rendre en personne à cette invitation de guerre, mais il était tellement absorbé dans sa douleur, qu'il donna ses pouvoirs à Hombourg, et que le bon chevalier, après avoir lui-même, selon sa coutume, revêtu son ami Hans de son harnais de bataille, se mit à la tête de vingt hommes d'armes et s'achemina vers la principauté de Clèves, où il arriva le soir même du jour où avait eu lieu, entre le chevalier au cygne d'argent et le comte de Ravenstein, le combat que nous avons décrit.

Le comte Karl avait été reçu comme un ancien compagnon d'armes et avait trouvé le château en fête.

Une seule circonstance dont nul ne pouvait se rendre compte venait jeter son ombre sur la joie du prince.

C'était la disparition du chevalier inconnu, qui s'était éloigné d'une manière si inattendue et si rapide, que le prince l'avait vu disparaître avant d'avoir trouvé un moyen de le retenir.

Il ne fut, pendant toute la soirée, question que de cette étrange aventure, et chacun se retira sans y avoir rien pu comprendre.

L'esprit du prince avait tellement été fixé sur une seule pensée depuis l'issue du combat, que ce ne fut que lorsqu'il se retrouva seul qu'il se rappela la disparition de ses deux archers, Hermann et Othon.

Une conduite pareille au moment du danger lui parut si étrange de la part de ces deux hommes, qu'il résolut, s'ils reparaissaient au château sans pouvoir donner d'excuse valable, de les renvoyer honteusement aux yeux de tous.

En conséquence, l'ordre fut donné aux gardes de nuit de prévenir le prince, dès le matin, dans le cas où Othon et Hermann seraient rentrés pendant la nuit.

Le lendemain, au point du jour, un serviteur entra dans la chambre du prince.

Les deux déserteurs étaient rentrés dans le quartier des gardes vers les deux heures du matin.

Le prince s'habilla aussitôt et ordonna que l'on fît venir Othon.

Dix minutes après, le jeune archer se présenta devant son maître.

Il avait l'air aussi calme que s'il ne se fût pas douté de la cause pour laquelle il était monté.

Le prince le regarda sévèrement; mais le motif qui fit baisser les yeux à Othon devant ce regard terrible fut visiblement un sentiment de respect et non de honte.

Le prince ne comprenait rien à une pareille assurance.

Alors il interrogea Othon, et le jeune homme répondit à toutes les questions du prince avec respect, mais avec fermeté : il avait été occupé pendant toute cette journée d'une affaire importante dans laquelle Hermann l'avait secondé : voilà tout ce qu'il pouvait dire.

Quant à la faute d'Hermann, il la prenait sur son compte, attendu que c'était lui, Othon, qui avait usé de son influence sur ce jeune homme, qui lui devait la vie, pour le faire manquer à ses devoirs.

Le prince ne comprenait rien à cette obstination; mais, comme à une faute contre les règles de la discipline militaire elle ajoutait une désobéissance au pouvoir seigneurial, il dit à Othon qu'il regrettait de se séparer d'un aussi adroit archer, mais qu'il était hors des règles établies au château qu'un serviteur s'éloignât ainsi sans demander la permission de le faire, et rentrât sans vouloir dire d'où il venait; en conséquence, le jeune archer pouvait se regarder comme libre et prendre du service chez tel seigneur qui lui conviendrait.

Deux larmes parurent au bord des paupières d'Othon, mais furent aussitôt séchées par la flamme qui lui monta au visage; et, sans rien répondre, le jeune archer s'inclina et sortit.

Ce n'était pas sans peine que le prince avait pris une pareille résolution, et il lui avait fallu en appeler au sentiment de colère qu'avait éveillé en lui l'obstination du coupable pour le punir aussi sévèrement.

Aussi, pensant que le jeune homme se repentirait, le prince alla à la fenêtre qui donnait sur la cour que devait traverser Othon pour se rendre au quartier des archers, et se cacha derrière un rideau afin de n'être point aperçu, certain qu'il était de le voir revenir sur ses pas.

Mais Othon s'éloigna lentement et sans détourner la tête.

Et le prince le suivait des yeux, perdant une espérance à chaque pas qu'il faisait, lorsqu'il vit revenir du côté opposé de la cour le comte Karl de Hombourg, qui venait de veiller lui-même à ce que le déjeuner de Hans lui fût servi à son heure accoutumée.

Le vieux comte et le jeune archer marchaient donc au-devant l'un de l'autre lorsqu'en levant les yeux l'un sur l'autre ils s'arrêtèrent tous deux comme frappés de la foudre.

Othon avait reconnu Karl; Karl avait reconnu Othon.

Le premier mouvement du jeune homme fut de s'éloigner, mais Hombourg lui jeta les bras autour du cou et le retint en l'appuyant contre son cœur avec toute la force de la vieille amitié qui depuis trente ans l'unissait à son père.

Le prince pensa que le bon chevalier devenait fou.

Un comte embrassant un archer lui paraissait un spectacle si étrange, qu'il n'y pouvait croire.

Aussi ouvrit-il sa fenêtre en appelant Karl de toutes ses forces.

A cette apparition, le jeune homme n'eut que le temps de faire promettre au vieux chevalier qu'il lui garderait le secret, et s'élança dans le quartier des gardes, tandis que Hombourg se rendait à l'invitation du prince.

Le prince interrogea Hombourg, mais ce fut Hombourg qui à son tour ne voulut rien dire.

Il se contenta de répondre qu'Othon, ayant été longtemps au service du landgrave de Godesberg, il l'avait connu là tout enfant et s'était attaché à lui, de sorte que, lorsqu'il l'avait rencontré, il n'avait pas été maître d'un premier mouvement de joie.

Il convenait, au reste, avec la bonhomie qui lui était habituelle, que ce premier mouvement l'avait entraîné au delà des bornes du décorum.

Le prince, qui regrettait sa sévérité envers Othon parce qu'il soupçonnait quelque mystère dans cette bizarre absence, saisit cette occasion de revenir sur ce qu'il avait fait.

En conséquence, il appela un serviteur et lui ordonna d'aller dire à son archer qu'il pouvait rester au château, et qu'à la sollicitation du comte Karl de Hombourg le prince lui pardonnait.

Mais le serviteur revint en disant que le jeune homme avait disparu avec Hermann, et que nul n'avait pu lui dire ce qu'ils étaient devenus.

Le prince fut quelque temps tellement préoccupé de cette disparition, qu'il en oublia le combat de la veille, mais bientôt ce souvenir revint à son esprit, et avec lui le regret de laisser sans récompense le dévouement du chevalier inconnu.

Il consulta le comte Karl sur ce qu'il avait à faire à ce sujet, et le vieux chevalier lui donna le conseil de proclamer que la main d'Héléna, appartenant de droit à son défenseur, le chevalier au cygne d'argent n'avait qu'à se présenter pour recevoir une récompense que rendait précieuse, même pour un fils de roi, la beauté et la richesse d'Héléna.

Le même soir, le comte Karl quitta le château malgré les instances du prince, des affaires de la dernière importance le rappelant, disait-il, auprès de son vieil ami le landgrave de Godesberg.

Othon attendait le chevalier à Kerveinhelm : ce fut là qu'il apprit le désespoir du landgrave.

Tout avait disparu devant l'idée de son père souffrant et malheureux, tout jusqu'à son amour pour Héléna.

Aussi exigea-t-il du comte qu'ils se remissent en route à l'instant même.

Mais le comte avait une autre espérance : c'était de ramener à la fois au landgrave son épouse et son fils, car il espérait qu'un mot du fils obtiendrait de la mère ce que n'avaient pu obtenir les prières de l'époux.

Hombourg ne se trompait pas

Trois jours après il regardait à travers des larmes de joie son vieil ami serrant entre ses bras sa femme et son enfant, qu'il avait crus perdus pour toujours.

Cependant le château de Clèves paraissait vide : Othon, en partant, en avait enlevé la vie.

Héléna priait sans cesse dans la chapelle de la princesse Béatrix, et le prince Adolphe de Clèves ne cessait de regarder au balcon s'il ne voyait pas revenir le chevalier au cygne d'argent.

Le père et la fille ne se rassemblaient plus qu'aux heures des repas.

Chacun s'inquiétait de la tristesse de l'autre.

Enfin le prince Adolphe résolut de mettre à exécution le conseil que lui avait donné le comte de Hombourg.

Et, un soir qu'Héléna avait prié toute la journée et qu'elle se retirait pour prier encore, son père l'arrêta au moment où elle allait franchir le seuil de la porte.

— Héléna, lui dit-il, n'as-tu pas plus d'une fois, depuis le jour du combat qui t'a si heureusement délivrée du comte de Ravenstein, pensé au chevalier inconnu ?

— Si fait, monseigneur, répondit la jeune fille, car je crois n'avoir pas adressé une prière à Dieu, depuis ce jour, sans lui avoir demandé de le récompenser, puisque vous ne pouvez le faire, vous.

— La seule récompense qui conviendrait à un aussi noble jeune homme que celui-là paraissait être, c'est la main de celle qu'il a sauvée, répondit le prince.

— Que dites-vous, mon père? s'écria Héléna en rougissant.

— Je dis, répondit le prince, reconnaissant dans l'expression du visage de sa fille plus de surprise que d'inquiétude, que je regrette de n'avoir pas mis plus tôt à exécution le conseil que m'a donné Hombourg.

— Et quel est ce conseil? demanda Héléna.

— Tu le sauras demain, répondit le comte.

Le lendemain, des hérauts partirent pour Dortreck et pour Cologne, proclamant partout que le prince Adolphe, n'ayant pas trouvé de plus noble récompense à offrir à celui qui avait combattu pour sa fille que la main même de sa fille, faisait prévenir le chevalier au cygne d'argent que cette récompense l'attendait au château de Clèves.

Vers la fin du septième jour, comme le prince et sa fille étaient assis sur le balcon de la princesse Béatrix, Héléna posa vivement une de ses mains sur le bras de son père, tandis qu'elle lui montrait de l'autre un point noir qui apparaissait sur le fleuve, à la pointe de Dornick, c'est-à-dire à l'endroit même où avait disparu Robert d'Alost.

Bientôt ce point devint visible.

Héléna reconnut la première que c'était une barque montée par trois maîtres et six rameurs.

Bientôt elle put distinguer que ces hommes étaient revêtus d'armures, avaient la visière baissée, et que celui qui se tenait au milieu des deux autres portait au bras gauche un écu armorié.

Dès lors ses yeux ne quittèrent plus le bouclier.

Au bout d'un instant, il n'y eut plus de doute : ce bouclier portait pour armes un champ d'azur avec un cygne d'argent

Le prince lui-même, malgré sa vue affaiblie, commençait à le distinguer.

Le prince ne pouvait contenir sa joie.

Héléna tremblait de tous ses membres.

La barque prit terre.

Les trois chevaliers descendirent sur le rivage et s'acheminèrent vers le château.

Le prince saisit Héléna par la main, et, la forçant de descendre, il la conduisit presque de force au-devant de son libérateur.

Au haut du perron, les forces lui manquèrent, et le prince fut forcé de s'arrêter.

En ce moment, les trois chevaliers s'avancèrent dans la cour.

— Soyez les bien reçus, qui que vous soyez, leur cria le prince, et, si l'un de vous est véritablement le brave chevalier qui est venu si courageusement à notre aide, qu'il s'approche et lève la visière de son casque, afin que je puisse l'embrasser à visage découvert.

Alors celui qui portait l'écu armorié s'arrêta un instant lui-même, s'appuyant sur l'épaule des deux chevaliers qui l'accompagnaient, car il paraissait aussi tremblant que la jeune fille.

Mais bientôt il sembla se remettre, et, montant une à une les marches du perron, toujours escorté de ses deux compagnons, il s'arrêta sur l'avant-dernière, fléchit le genou devant Héléna, et, après un dernier moment d'hésitation, leva la visière de son casque.

— Othon l'archer! s'écria le prince stupéfait.

— J'en étais sûre! murmura la jeune fille en cachant son visage dans la poitrine de son père.

— Mais qui t'avait donné le droit de porter un casque couronné? s'écria le prince.

— Ma naissance, répondit le jeune homme avec cette voix douce et ferme que le père d'Héléna lui connaissait.

— Qui me l'attestera? continua Adolphe de Clèves, doutant encore de la parole de son archer.

— Moi, son parrain, dit le comte Karl de Hombourg.

— Moi, son père, dit le landgrave Ludwig de Godesberg.

Et tous deux, en disant ces mots, levèrent à leur tour la visière de leur casque.

Huit jours après, les deux jeunes gens furent unis dans la chapelle de la princesse Béatrix.

Voilà l'histoire d'Othon l'archer telle que je l'ai entendu raconter sur les bords du Rhin.

FIN.

MURAT

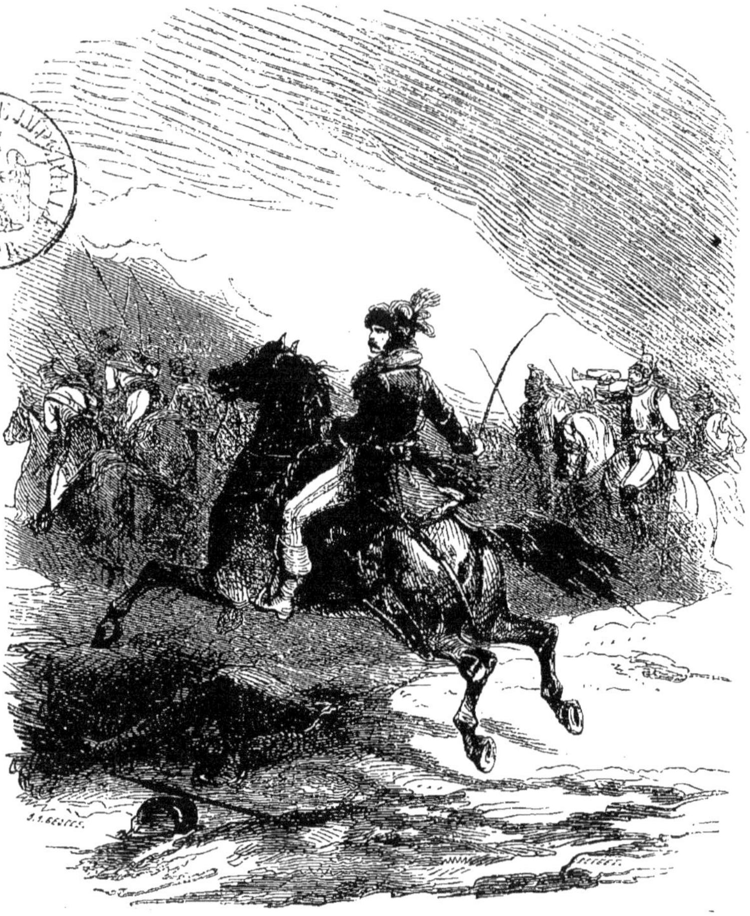

PAR

ALEXANDRE DUMAS

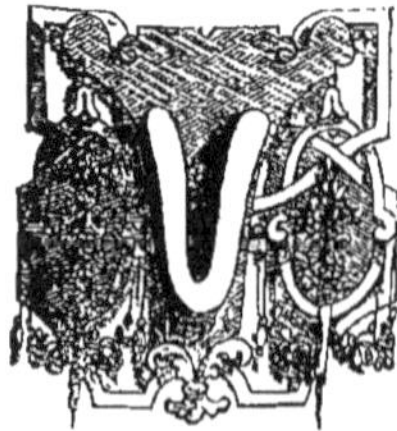

Vers cette même époque, c'est-à-dire dans le courant de l'année 1834, lord S. amena un soir le général italien W. T. chez Grisier.

Sa présentation fit événement. Le général T. était non-seulement un homme distingué comme instruction et comme courage, mais encore la part qu'il avait prise à deux événements politiques importants en faisait un personnage historique. Ces deux événements étaient le procès de Murat en 1815 et la révolution de Naples en 1820.

Nommé membre de la commission militaire qui devait juger l'ex-roi Joachim, le général T., alors simple capitaine, avait été envoyé au Pizzo, et, seul parmi tous ses collègues, il avait osé voter contre

Paris. — Imp. Simon Raçon & Cie, rue d'Erfurth, 1.

la peine de mort. Cette conduite avait été considérée comme une trahison, et le capitaine T., menacé à son tour d'un procès, en fut quitte, à grand'-peine, pour la perte de son grade et un exil de deux ans à Lipari.

Il était de retour à Naples depuis trois ans, lorsque la révolution de 1820 éclata. Il s'y jeta avec toute l'ardeur de son courage et toute la conscience de ses opinions. Le vicaire général du royaume, le prince François, qui succéda depuis à son père Ferdinand, avait lui-même paru céder franchement au mouvement révolutionnaire ; et un des motifs de la confiance que lui accordèrent alors grand nombre de patriotes fut le choix qu'il fit du capitaine T. pour commander une division de l'armée qui marcha contre les Autrichiens.

On sait comment finit cette campagne. Le général T., abandonné par ses soldats, rentra l'un des derniers à Naples ; il y fut suivi de près par les Autrichiens. Le prince François, fort de leur présence, jugea qu'il était inutile de dissimuler plus longtemps, et il exila, comme rebelles et coupables de haute trahison, ceux dont il avait signé les brevets trois semaines auparavant.

Cependant la proscription n'avait pas été si prompte, que le général n'eût eu le temps, un soir qu'il prenait une glace au café de Tolède, de recevoir une impertinence et de rendre un soufflet. Le souffleté était un colonel autrichien, qui exigea une satisfaction que le général ne demandait pas mieux que de lui accorder. Le colonel fit toutes les conditions, le général n'en discuta aucune; il en résulta que les préliminaires de l'affaire furent promptement réglés; la rencontre fut fixée au lendemain. Elle devait avoir lieu à cheval et au sabre.

Le lendemain, à l'heure dite, les adversaires se trouvèrent au rendez-vous ; mais, soit que les témoins se fussent mal expliqués, soit que le général eût oublié l'une des deux conditions du combat, il arriva en fiacre.

Les témoins proposèrent au colonel de se battre à pied ; mais il n'y voulut pas consentir. Le général détela alors un des chevaux du fiacre; monta dessus sans selle et sans bride, et à la troisième passe tua le colonel.

Ce duel fit grand honneur au courage et au sang-froid du général T. ; mais il ne raccommoda point ses affaires. Huit jours après, il reçut l'ordre de quitter Naples : il n'y est pas rentré depuis.

On devine quelle bonne fortune ce fut pour nous qu'une pareille recrue ; cependant nous y mîmes de la discrétion. Sa première visite se passa en conversation générale ; à la seconde, nous hasardâmes quelques questions ; à la troisième, son fleuret, grâce à notre importunité, ne lui servit plus qu'à nous tracer des plans de bataille sur le mur ou sur le plancher.

Parmi tous ces récits, il en était un que je désirais plus particulièrement connaître dans tous ses détails ; c'était celui des circonstances qui avaient précédé les derniers instants et accompagné la mort de Murat. Ces détails étaient toujours restés pour nous, sous la Restauration, couverts d'un voile que les susceptibilités royales, plus encore que la distance des lieux, rendaient difficile à soulever; puis la Révolution de juillet était venue, et tant d'événements nouveaux avaient surgi, qu'ils avaient presque fait oublier les anciens. L'ère des souvenirs impériaux était passée depuis que ces souvenirs avaient cessé d'être de l'opposition. Il en résultait que, si je perdais cette occasion d'interroger la tradition vivante, je courais grand risque d'être obligé de m'en rapporter à l'histoire officielle, et je savais trop comment celle-ci se fait pour y avoir recours en pareille occasion. Je laissai donc chacun satisfaire sa curiosité aux dépens de la patience du général T., me promettant de retenir pour moi tout ce qui lui en resterait de disponible après la séance.

En effet, je guettai sa sortie, et, comme nous avions même route à faire, je le reconduisis par le boulevard, et là, seul à seul, j'osai risquer des questions plus intimes sur le fait qui m'intéressait. Le général vit mon désir, et comprit dans quel but je me hasardais à le lui manifester. Alors, avec cette obligeance parfaite que lui savent tous ceux qui l'ont connu :

— Écoutez, me dit-il, de pareils détails ne peuvent se communiquer de vive voix et en un instant; d'ailleurs, ma mémoire me servît-elle au point que je n'en oubliasse aucun, la vôtre pourrait bien être moins fidèle ; et, si je ne m'abuse, vous ne voulez rien oublier de ce que je vous dirai.

Je lui fis signe en riant que non.

— Eh bien ! continua-t-il, je vous enverrai demain un manuscrit; vous le déchiffrerez comme vous pourrez, vous le traduirez si bon vous semble; vous le publierez s'il en mérite la peine ; la seule condition que je vous demande, c'est que vous n'y mettiez pas mon nom en toutes lettres, attendu que je serais sûr de ne jamais rentrer à Naples. Quant à l'authenticité, je vous la garantis, car le récit qu'il contient a été rédigé ou sur mes propres souvenirs ou sur des pièces officielles.

C'était plus que je ne pouvais demander ; aussi remerciai-je le général, et lui donnai-je une preuve de l'empressement que j'aurais à le lire en lui faisant promettre formellement de me l'envoyer le lendemain. Le général promit et me tint parole.

C'est donc le manuscrit d'un témoin oculaire, traduit dans toute son énergique fidélité, que nous mettons sous les yeux de nos lecteurs.

I

TOULON.

e 18 juin 1815, à l'heure même où les destinées de l'Europe se décidaient à Waterloo, un homme habillé en mendiant suivait silencieusement la route de Toulon à Marseille. Arrivé à l'entrée des gorges d'Ollioulles, il s'arrêta sur une petite éminence qui lui permettait de découvrir tout le paysage qui l'entourait : alors, soit qu'il fût parvenu au terme de son voyage, soit qu'avant de s'engager dans cet âpre et sombre défilé qu'on appelle les Thermopyles de la Provence il voulût jouir encore quelque temps de la vue magnifique qui se déroulait à l'horizon méridional, il alla s'asseoir sur le talus du fossé qui bordait la grande route, tournant le dos aux montagnes qui s'élèvent en amphithéâtre au nord de la ville, et ayant par conséquent à ses pieds une riche plaine, dont la végétation asiatique rassemble, comme dans une serre, des arbres et des plantes inconnus au reste de la France. Au delà de cette plaine resplendissante des derniers rayons du soleil s'étendait la mer, calme et unie comme une glace, et à la surface de l'eau glissait légèrement un seul brick de guerre, qui, profitant d'une fraîche brise de terre, lui ouvrait toutes ses voiles, et, poussé par elles, gagnait rapidement la mer d'Italie. Le mendiant le suivit avidement des yeux jusqu'au moment où il disparut entre la pointe du cap de Gien et la première des îles d'Hyères, puis, dès que la blanche apparition se fut effacée, il poussa un profond soupir, laissa retomber son front entre ses mains, et resta immobile et absorbé dans ses réflexions jusqu'au moment où le bruit d'une cavalcade le fit tressaillir ; il releva aussitôt la tête, secoua ses longs cheveux noirs, comme s'il voulait faire tomber de son front les amères pensées qui l'accablaient, et, fixant les yeux vers l'entrée des gorges, du côté d'où venait le bruit, il en vit bientôt sortir deux cavaliers qu'il reconnut sans doute, car aussitôt, se relevant de toute sa hauteur, il laissa tomber le bâton qu'il tenait à la main, croisa les bras et se tourna vers eux. De leur côté, les nouveaux arrivants l'eurent à peine aperçu qu'ils s'arrêtèrent, et que celui qui marchait le premier descendit de cheval, jeta la bride au bras de son compagnon, et, mettant le chapeau à la main, quoiqu'il fût à plus de cinquante pas de l'homme aux haillons, s'avança respectueusement vers lui. Le mendiant le laissa approcher d'un air de dignité sombre et sans faire un seul mouvement ; puis, lorsqu'il ne fut plus qu'à une faible distance :

— Eh bien ! monsieur le maréchal, lui dit-il, avez-vous reçu des nouvelles ?

— Oui, sire, répondit tristement celui qui l'interrogeait.

— Et quelles sont-elles ?...

— Telles que j'eusse préféré que tout autre que moi les annonçât à Votre Majesté...

— Ainsi l'empereur refuse mes services ! il oublie les victoires d'Aboukir, d'Eylau, de la Moskowa ?

— Non, sire; mais il se souvient du traité de Naples, de la prise de Reggio et de la déclaration de guerre au vice-roi d'Italie.

Le mendiant se frappa le front.

— Oui, oui, à ses yeux peut-être ai-je mérité ces reproches ; mais il me semble cependant qu'il devrait se rappeler qu'il y eut deux hommes en moi, le soldat dont il a fait son frère, et son frère dont il a fait un roi... Oui, comme frère, j'eus des torts et de grands torts envers lui ; mais comme roi, sur mon âme ! je ne pouvais faire autrement... Il me fallait choisir entre mon sabre et ma couronne, entre un régiment et un peuple !... Tenez, Brune, vous ne savez pas comment la chose s'est passée ! Il y avait une flotte anglaise dont le canon grondait dans le port ; il y avait une population napolitaine qui hurlait dans les rues. Si j'avais été seul, j'aurais passé avec un bateau au milieu de la flotte ; avec mon sabre au milieu de la foule ; mais j'avais une femme, des enfants. Cependant j'ai hésité, l'idée que l'épithète de traître et de transfuge s'attacherait à mon nom m'a fait verser plus de larmes que ne m'en coûtera jamais la perte de mon trône, et peut-être la mort des êtres que j'aime le plus... Enfin, il ne veut pas de moi, n'est-ce pas ?... Il me refuse comme général, comme capitaine, comme soldat ?... Que me reste-t-il donc à faire ?

— Sire, il faut que Votre Majesté sorte à l'instant de France.

— Et si je n'obéissais pas ?

— Mes ordres sont alors de vous arrêter et de vous livrer à un conseil de guerre !

— Ce que tu ne ferais pas, n'est-ce pas, mon vieux camarade ?

— Ce que je ferais, en priant Dieu de me frapper de mort au moment où j'étendrais la main sur vous !

— Je vous reconnais là, Brune; vous avez pu rester brave et loyal, vous! Il ne vous a pas donné un royaume, il ne vous a pas mis autour du front ce cercle de feu qu'on appelle une couronne et qui rend fou; il ne vous a pas placé entre votre conscience et votre famille. Ainsi il me faut quitter la France, recommencer la vie errante, dire adieu à Toulon, qui me rappelait tant de souvenirs. Tenez, Brune, continua Murat en s'appuyant sur le bras du maréchal, ne voilà-t-il pas des pins aussi beaux que ceux de la villa Pamphile, des palmiers pareils à ceux du Caire, des montagnes qu'on croirait une chaîne du Tyrol? Voyez, à gauche, ce cap de Gien, n'est-ce pas, moins le Vésuve, quelque chose comme Castellamare et Sorrente? Et tenez, Saint-Mandrier, qui ferme là-bas le golfe, ne ressemble-t-il pas à mon rocher de Caprée, que Lamarque a si bien escamoté à cet imbécile d'Hudson Lowe? Ah! mon Dieu! et il me faut quitter tout cela! Il n'y a pas moyen de rester sur ce coin de terre française, dites, Brune?...

— Sire, vous me faites bien mal! répondit le maréchal.

— C'est vrai; ne parlons plus de cela. Quelles nouvelles?

— L'empereur est parti de Paris pour rejoindre l'armée; on doit se battre à cette heure...

— On doit se battre à cette heure, et je ne suis pas là! Oh! je sens que je lui aurais été cependant bien utile un jour de bataille! Avec quel plaisir j'aurais chargé sur ces misérables Prussiens et sur ces infâmes Anglais! Brune, donnez-moi un passe-port, je partirai à franc étrier, j'arriverai où sera l'armée, je me ferai reconnaître à un colonel, je lui dirai : Donnez-moi votre régiment; je chargerai avec lui, et, si le soir l'empereur ne me tend pas la main, je me brûlerai la cervelle, je vous en donne ma parole d'honneur!... Faites ce que je vous demande, Brune, et, de quelque manière que cela finisse, je vous en aurai une reconnaissance éternelle!

— Je ne puis, sire...

— C'est bien, n'en parlons plus.

— Et Votre Majesté va quitter la France?

— Je ne sais; du reste, accomplissez vos ordres, maréchal, et, si vous me retrouvez, faites-moi arrêter; c'est encore un moyen de faire quelque chose pour moi!... La vie m'est aujourd'hui un lourd fardeau, et celui qui m'en délivrera sera le bienvenu... Adieu, Brune.

Et il tendit la main au maréchal; celui-ci voulut la lui baiser, mais Murat ouvrit ses bras, les deux vieux compagnons se tinrent un instant embrassés, la poitrine gonflée de soupirs, les yeux pleins de larmes; puis enfin ils se séparèrent. Brune remonta à cheval, Murat reprit son bâton, et ces deux hommes s'éloignèrent chacun de son côté, l'un pour aller se faire assassiner à Avignon, et l'autre pour aller se faire fusiller au Pizzo.

Pendant ce temps, comme Richard III, Napoléon échangeait à Waterloo sa couronne pour un cheval.

Après l'entrevue que nous venons de rapporter, l'ex-roi de Naples se retira chez son neveu, qui se nommait Bonafoux, et qui était capitaine de frégate; mais cette retraite ne pouvait être que provisoire : la parenté devait éveiller les soupçons de l'autorité. En conséquence, Bonafoux songea à procurer à son oncle un asile plus secret. Il jeta les yeux sur un avocat de ses amis, dont il connaissait l'inflexible probité, et le soir même il se présenta chez lui. Après avoir causé de choses indifférentes, il lui demanda s'il n'avait pas une campagne au bord de la mer, et, sur sa réponse affirmative, il s'invita pour le lendemain à déjeuner chez lui : la proposition, comme on le pense, fut acceptée avec plaisir.

Le lendemain, à l'heure convenue, Bonafoux arriva à Bonette, c'était le nom de la maison de campagne qu'habitaient la femme et la fille de M. Marouin. Quant à lui, attaché au barreau de Toulon, il était obligé de rester dans cette ville. Après les premiers compliments d'usage, Bonafoux s'avança vers la fenêtre, et faisant signe à Marouin de le rejoindre :

— Je croyais, lui dit-il avec inquiétude, que votre campagne était située plus près de la mer.

— Nous en sommes à dix minutes de chemin à peine.

— Mais on ne l'aperçoit pas!

— C'est cette colline qui nous empêche de la voir.

— En attendant le déjeuner, voulez-vous que nous allions faire un tour sur la côte?

— Volontiers. Votre cheval n'est pas encore dessellé, je vais faire mettre la selle au mien, et je viens vous reprendre.

Marouin sortit. Bonafoux resta devant la fenêtre, absorbé dans ses pensées. Au reste, les maîtresses de la maison, distraites par les préparatifs du déjeuner, ne remarquèrent point ou ne parurent point remarquer sa préoccupation. Au bout de cinq minutes, Marouin rentra; tout était prêt. L'avocat et son hôte montèrent à cheval et se dirigèrent rapidement vers la mer. Arrivé sur la grève, le capitaine ralentit le pas de sa monture, et, longeant la plage pendant une demi-heure à peu près, il parut apporter la plus grande attention au gisement des côtes. Marouin le suivait sans lui faire de question sur cet examen, que la qualité d'officier de marine rendait tout naturel. Enfin, après une heure de marche, les deux convives rentrèrent à la maison de campagne. Marouin voulut faire desseller les chevaux; mais Bonafoux s'y opposa, disant qu'aussitôt après le déjeuner il était obligé de retourner à Toulon. Effectivement, à peine le café était-il enlevé que le capitaine se leva et prit congé de ses hôtes. Marouin, rappelé à la ville par ses affaires, monta à cheval avec lui, et les deux amis reprirent ensemble le chemin de Toulon.

Au bout de dix minutes de marche, Bonafoux se

— J'ai quelque chose de grave à vous dire, un secret important à vous confier.

rapprocha de son compagnon de route, et, lui appuyant la main sur la cuisse :

— Marouin, lui dit-il, j'ai quelque chose de grave à vous dire, un secret important à vous confier.

— Dites, capitaine. Après les confesseurs, vous savez qu'il n'y a rien de plus discret que les notaires, et après les notaires que les avocats.

— Vous pensez bien que je ne suis pas venu à votre campagne pour le seul plaisir de faire une promenade. Un objet plus important, une responsabilité plus sérieuse, me préoccupent, et je vous ai choisi entre tous mes amis, pensant que vous m'étiez assez dévoué pour me rendre un grand service.

— Vous avez bien fait, capitaine.

— Venons au fait clairement et rapidement, comme il convient de le faire entre hommes qui s'estiment et qui comptent l'un sur l'autre. Mon oncle, le roi Joachim, est proscrit; il est caché chez moi, mais il ne peut y rester, car je suis la première personne chez laquelle on viendra faire visite. Votre campagne est isolée, et, par conséquent, on ne peut plus convenable pour lui servir de retraite. Il faut que vous la mettiez à notre disposition jusqu'au moment où les événements permettront au roi de prendre une détermination quelconque.

— Vous pouvez en disposer, dit Marouin.

— C'est bien ; mon oncle y viendra coucher cette nuit.

— Mais donnez-moi le temps au moins de la rendre digne de l'hôte royal que je vais avoir l'honneur de recevoir.

— Mon pauvre Marouin, vous vous donneriez une peine inutile, et vous nous imposeriez un retard fâcheux. Le roi Joachim a perdu l'habitude des palais et des courtisans; il est trop heureux aujourd'hui quand il trouve une chaumière et un ami ; d'ailleurs je l'ai prévenu, tant d'avance j'étais sûr de votre réponse. Il compte coucher chez vous ce soir ; si maintenant j'essayais de changer quelque chose à sa détermination, il verrait un refus dans ce qui ne serait qu'un délai, et vous perdriez tout le mérite de votre belle et bonne action. Ainsi, c'est chose dite : ce soir, à dix heures, au Champ-de-Mars.

A ces mots, le capitaine mit son cheval au galop et disparut. Marouin fit tourner bride au sien, et revint à sa campagne donner les ordres nécessaires à la réception d'un étranger dont il ne dit pas le nom.

A dix heures du soir, ainsi que la chose avait été convenue, Marouin était au Champ-de-Mars, encombré alors par l'artillerie de campagne du maréchal Brune. Personne n'était arrivé encore. Il se promenait entre les caissons, lorsque le factionnaire vint à lui et lui demanda ce qu'il faisait. La réponse était assez difficile : on ne se promène guère pour son plaisir à dix heures du soir au milieu d'un parc d'artillerie ; aussi demanda-t-il à parler au chef du poste. L'officier s'avança : M. Marouin se fit reconnaître à lui pour avocat, adjoint au maire de la ville de Toulon, lui dit qu'il avait donné rendez-vous à quelqu'un au Champ-de-Mars, ignorant que ce fût chose défendue, et qu'il attendait cette personne. En conséquence de cette explication, l'officier l'autorisa à rester et rentra au poste. Quant à la sentinelle, fidèle observatrice de la subordination, elle continua sa promenade mesurée sans s'inquiéter davantage de la présence d'un étranger.

Quelques minutes après, un groupe de plusieurs personnes parut du côté des Lices. Le ciel était magnifique, la lune brillante. Marouin reconnut Bonafoux et s'avança vers lui. Le capitaine lui prit aussitôt la main, le conduisit au roi, et, s'adressant successivement à chacun d'eux : « Sire, dit-il, voici l'ami dont je vous ai parlé. » Puis, se retournant vers Marouin : « Et vous, lui dit-il, voici le roi de Naples, proscrit et fugitif, que je vous confie. Je ne parle pas de la possibilité qu'il reprenne un jour sa couronne ; ce serait vous ôter tout le mérite de votre belle action... Maintenant servez-lui de guide, nous vous suivrons de loin, marchez. »

Le roi et l'avocat se mirent en route aussitôt. Murat était alors vêtu d'une redingote bleue, moitié militaire, moitié civile, et boutonnée jusqu'en haut ; il avait un pantalon blanc et des bottes à éperons. Il portait les cheveux longs, de larges moustaches et d'épais favoris qui lui faisaient le tour du cou. Tout le long de la route il interrogea son hôte sur la situation de la campagne qu'il allait habiter et sur la facilité qu'il aurait, en cas d'alerte, à gagner la mer. Vers minuit, le roi et Marouin arrivèrent à Bonette ; la suite royale les rejoignit au bout de dix minutes : elle se composait d'une trentaine de personnes. Après avoir pris quelques rafraîchissements, cette petite troupe, dernière cour du roi déchu, se retira pour se disperser dans la ville et ses environs, et Murat resta seul avec les femmes, ne gardant auprès de lui qu'un seul valet de chambre nommé Leblanc.

Murat resta un mois à peu près dans cette solitude, occupant toutes ses journées à répondre aux journaux qui l'avaient accusé de trahison envers l'empereur. Cette accusation était sa préoccupation, son fantôme, son spectre : jour et nuit il essayait de l'écarter, en cherchant dans la position difficile où il s'était trouvé toutes les raisons qu'elle pouvait lui offrir d'agir comme il avait agi. Pendant ce temps, la désastreuse nouvelle de la défaite de Waterloo s'était répandue. L'empereur, qui venait de proscrire, était proscrit lui-même, et il attendait à Rochefort, comme Murat à Toulon, ce que les ennemis allaient décider de lui. On ignore encore à quelle voix intérieure a cédé Napoléon lorsque, repoussant les conseils du général Lallemand et le dévouement du capitaine Bodin, il préféra l'Angleterre à l'Amérique, et s'en alla, moderne Prométhée, s'étendre sur le rocher de Sainte-Hélène. Nous allons dire, nous, quelle circonstance fortuite conduisit Murat dans les fossés de Pizzo ; puis nous laisserons les fatalistes tirer de cette étrange histoire telle déduction philosophique qu'il leur plaira. Quant à nous, simple annaliste, nous ne pouvons que répondre de l'exactitude des faits que nous avons déjà racontés et de ceux qui vont suivre.

Le roi Louis XVIII était remonté sur le trône; tout espoir de rester en France était donc perdu pour Murat ; il fallait partir. Son neveu Bonafoux fréta un brick pour les États-Unis, sous le nom du prince Rocca Romana. Toute la suite se rendit à bord, et l'on commença d'y faire transporter les objets précieux que le proscrit avait pu sauver dans le naufrage de sa royauté. D'abord ce fut un sac d'or pesant cent livres à peu près, une garde d'épée sur laquelle étaient les portraits du roi, de la reine et de ses enfants, et les actes de l'état civil de sa famille, reliés en velours et ornés de ses armes. Quant à Murat, il avait gardé sur lui une ceinture dans laquelle était, entre quelques papiers précieux, une vingtaine de diamants démontés qu'il estimait lui-même à une valeur de quatre millions.

Tous ces préparatifs de départ arrêtés, il fut convenu que le lendemain, 1er août, à cinq heures du matin, la barque du brick viendrait chercher le roi dans une petite baie distante de dix minutes de chemin de la maison de campagne qu'il habitait. Le roi passa la nuit à tracer à M. Marouin un itinéraire à l'aide duquel il devait arriver jusqu'à la reine, qui alors était, je crois, en Autriche. Au moment de partir, il fut terminé, et, en quittant le seuil de cette maison hospitalière où il avait trouvé un refuge, il le remit à son hôte avec un volume de Voltaire que son édition stéréotype rendait portatif. Au bas du conte de *Micromégas*, le roi avait écrit :

« Tranquillise-toi, ma chère Caroline; quoique bien malheureux, je suis libre. Je pars sans savoir où je vais; mais, partout où j'irai, mon cœur sera à toi et à mes enfants. J. M. »

Dix minutes après, Murat et son hôte attendaient sur la plage de Bonette l'arrivée du canot qui devait conduire le fugitif à son bâtiment.

Ils attendirent ainsi jusqu'à midi, et rien ne parut, et cependant ils voyaient à l'horizon le brick sauveur qui, ne pouvant tenir l'ancre à cause de la profondeur de la mer, courait des bordées, au risque, par cette manœuvre, de donner l'éveil aux sentinelles de la côte. A midi, le roi, écrasé de fatigue, brûlé par le soleil, était couché sur la plage lorsqu'un domestique arriva portant quelques rafraîchissements, que madame Marouin, inquiète, envoyait à tout hasard à son mari. Le roi prit un verre d'eau rougie, mangea une orange, se releva un instant pour regarder si, dans l'immensité de cette mer, il ne verrait pas venir à lui la barque qu'il attendait. La mer était déserte, et le brick seul se courbait gracieusement à l'horizon, impatient de partir comme un cheval qui attend son maître.

Le roi poussa un soupir et se recoucha sur le sable. Le domestique retourna à Bonette avec l'ordre d'envoyer à la plage le frère de M. Marouin. Un quart d'heure après, il arrivait, et presque aussitôt il repartait à grande course de cheval pour Toulon, afin de savoir de M. Bonafoux la cause qui avait empêché la barque de venir prendre le roi. En arrivant chez le capitaine, il trouva la maison envahie par la force armée; on faisait une visite domiciliaire dont Murat était l'objet. Le messager parvint enfin au milieu du tumulte jusqu'à celui auprès duquel il était envoyé, et là il apprit que le canot était parti à l'heure convenue, et qu'il fallait qu'il se fût égaré dans les calanges de Saint-Louis et de Sainte-Marguerite. C'est en effet ce qui était arrivé. A cinq heures, M. Marouin rapportait ces nouvelles à son frère et au roi. Elles étaient embarrassantes. Le roi n'avait plus le courage de défendre sa vie, même par la fuite; il était dans un de ces moments d'abattement qui saisissent parfois l'homme le plus fort, incapable d'émettre une opinion pour sa propre sûreté, et laissant M. Marouin maître d'y pourvoir comme bon lui semblerait. En ce moment un pêcheur rentrait en chantant dans le port. Marouin lui fit signe de venir, il obéit.

Marouin commença par acheter à cet homme tout le poisson qu'il avait pris; puis, après qu'il l'eut payé avec quelques pièces de monnaie, il fit briller de l'or à ses yeux, et lui offrit trois louis s'il voulait conduire un passager au brick que l'on apercevait en face de la Croix-des-Signaux. Le pêcheur accepta. Cette chance de salut rendit à l'instant même toutes ses forces à Murat; il se leva, embrassa M. Marouin, lui recommanda d'aller trouver sa femme et de lui remettre le volume de Voltaire, puis il s'élança dans la barque, qui s'éloigna aussitôt.

Elle était déjà à quelque distance de la côte lorsque le roi arrêta le rameur et fit signe à Marouin qu'il avait oublié quelque chose. En effet, sur la plage était un sac de nuit dans lequel Murat avait renfermé une magnifique paire de pistolets montés en vermeil, qui lui avait été donnée par la reine, et à laquelle il tenait prodigieusement. A peine fut-il à la portée de la voix, qu'il indiqua à son hôte le motif de son retour. Celui-ci prit aussitôt la valise, et, sans attendre que Murat touchât terre, il la lui jeta de la plage dans le bateau; en tombant, le sac de nuit s'ouvrit, et un des pistolets en sortit. Le pêcheur ne jeta qu'un coup d'œil sur l'arme royale, mais ce fut assez pour qu'il remarquât sa richesse et qu'il conçût des soupçons. Il n'en continua pas moins de ramer vers le bâtiment. M. Marouin, le voyant s'éloigner, laissa son frère sur la côte, et, saluant une dernière fois le roi, qui lui rendit son salut, retourna vers la maison pour calmer les inquiétudes de sa femme et prendre lui-même quelques heures de repos, dont il avait grand besoin.

Deux heures après, il fut réveillé par une visite domiciliaire; sa maison, à son tour, était envahie par la gendarmerie. On chercha de tous les côtés sans trouver trace du roi. Au moment où les recherches étaient le plus acharnées, son frère rentra; Marouin le regarda en souriant, car il croyait le roi sauvé; mais, à l'expression du visage de l'arrivant, il vit qu'il était advenu quelque nouveau malheur. Aussi, au premier moment de relâche que lui donnèrent les visiteurs, il s'approcha de son frère : — Eh bien! dit-il, le roi est à bord, j'espère? — Le roi est à cinquante pas d'ici, caché dans la masure. — Pourquoi est-il revenu? — Le pêcheur a prétexté un gros temps, et a refusé de le conduire jusqu'au brick. — Le misérable!

Les gendarmes rentrèrent.

Toute la nuit se passa en visites infructueuses dans la maison et ses dépendances; plusieurs fois ceux qui cherchaient le roi passèrent à quelques pas de lui, et Murat put entendre leurs menaces et leurs imprécations. Enfin, une demi-heure avant le jour, ils se retirèrent. Marouin les laissa s'éloigner, et, aussitôt qu'il les eut perdus de vue, il courut à l'endroit où devait être le roi. Il le trouva couché dans un enfoncement et tenant un pistolet de chaque main. Le malheureux n'avait pu résister à la

— Pourquoi est-il revenu ? — Le pêcheur a prétexté un gros temps. — Page 7.

fatigue et s'était endormi. Il hésita un instant à le rendre à cette vie errante et tourmentée; mais il n'y avait pas une minute à perdre. Il le réveilla.

Aussitôt ils s'acheminèrent vers la côte; le brouillard matinal s'étendait sur la mer. On ne pouvait distinguer à deux cents pas de distance : ils furent obligés d'attendre. Enfin les premiers rayons du soleil commencèrent à attirer à eux cette vapeur nocturne; elle se déchira, glissant sur la mer, pareille aux nuages qui glissent au ciel. L'œil avide du roi plongeait dans chacune des vallées humides qui se creusaient devant lui, sans y rien distinguer; cependant il espérait toujours que derrière ce rideau mobile il finirait par apercevoir le brick sauveur. Peu à peu l'horizon s'éclaircit; de légères vapeurs, semblables à des fumées, coururent encore quelque temps à la surface de la mer, et dans chacune d'elles le roi croyait reconnaître les voiles blanches de son vaisseau. Enfin la dernière s'effaça lentement, la mer se révéla dans toute son immensité; elle était déserte. Le brick, n'osant attendre plus longtemps, était parti pendant la nuit.

— Allons, dit le roi en se retournant vers son hôte, le sort en est jeté, j'irai en Corse.

Le même jour, le maréchal Brune était assassiné à Avignon.

Vue de l'île de Corse (Ajaccio).

II

LA CORSE.

C'est encore sur cette même plage de Bonette, dans cette même baie où nous l'avons vu attendre inutilement le canot de son brick, que, toujours accompagné de son hôte fidèle, nous allons retrouver Murat le 22 août de la même année. Ce n'était plus alors par Napoléon qu'il était menacé, c'est par Louis XVIII qu'il était proscrit : ce n'était plus la loyauté militaire de Brune qui venait, les larmes aux yeux, lui signifier les ordres qu'il avait reçus, c'était l'ingratitude haineuse de M. de Rivière, qui mettait à prix la tête de celui qui avait sauvé la sienne. M. de Rivière avait bien écrit à l'ex-roi de Naples de s'abandonner à la bonne foi et à l'humanité du roi de France, mais cette vague invitation n'avait point

Paris. — Imp. Simon Raçon & Cie, rue d'Erfurth, 1.

paru au proscrit une garantie suffisante, surtout de la part d'un homme qui venait de laisser égorger, presque sous ses yeux, un maréchal de France porteur d'un sauf-conduit signé de sa main. Murat savait le massacre des mameluks à Marseille, l'assassinat de Brune à Avignon ; il avait été prévenu la veille par le commissaire de police de Toulon que l'ordre formel avait été donné de l'arrêter : il n'y avait donc pas moyen de rester plus longtemps en France. La Corse, avec ses villes hospitalières, ses montagnes amies et ses forêts impénétrables, était à cinquante lieues à peine; il fallait gagner la Corse, et attendre dans ses villes, dans ses montagnes ou dans ses forêts, ce que les rois décideraient relativement au sort de celui qu'ils avaient appelé sept ans leur frère.

A dix heures du soir, le roi descendit sur la plage. Le bateau qui devait l'emporter n'était pas encore au rendez-vous; mais, cette fois, il n'y avait aucune crainte qu'il y manquât; la baie avait été reconnue, pendant la journée, par trois amis dévoués à la fortune adverse : c'étaient MM. Blancard, Langlade et Donadieu, tous trois officiers de marine, hommes de tête et de cœur, qui s'étaient engagés sur leur vie à conduire Murat en Corse, et qui en effet allaient exposer leur vie pour accomplir leur promesse. Murat vit donc sans inquiétude la plage déserte : ce retard, au contraire, lui donnait quelques instants de joie filiale. Sur ce bout de terrain, sur cette langue de sable, le malheureux proscrit se cramponnait encore à la France, sa mère, tandis que, une fois le pied posé sur ce bâtiment qui allait l'emporter, la séparation devait être longue, sinon éternelle.

Au milieu de ces pensées, il tressaillit tout à coup et poussa un soupir : il venait d'apercevoir, dans l'obscurité transparente de la nuit méridionale, une voile glissant sur les vagues comme un fantôme. Bientôt un chant de marin se fit entendre; Murat reconnut le signal convenu, il y répondit en brûlant l'amorce d'un pistolet, et aussitôt la barque se dirigea vers la terre; mais, comme elle tirait trois pieds d'eau, elle fut forcée de s'arrêter à dix ou douze pas de la plage; deux hommes se jetèrent aussitôt à la mer et gagnèrent le bord, le troisième resta enveloppé dans son manteau et couché près du gouvernail.

— Eh bien! mes braves amis, dit le roi en allant au-devant de Blancard et de Langlade jusqu'à ce qu'il sentît la vague mouiller ses pieds, le moment est arrivé, n'est-ce pas? Le vent est bon, la mer calme; il faut partir. — Oui, répondit Langlade, oui, sire, il faut partir, et peut-être cependant serait-il plus sage de remettre la chose à demain. — Pourquoi? reprit Murat.

Langlade ne répondit point; mais, se tournant vers le couchant, il leva la main, et, selon l'habitude des marins, il siffla pour appeler le vent. — C'est inutile, dit Donadieu, qui était resté dans la barque, voici les premières bouffées qui arrivent, bientôt tu en auras à n'en savoir que faire... Prends garde, Langlade, prends garde; parfois en appelant le vent on éveille la tempête — Murat tressaillit, car il semblait que cet avis, qui s'élevait de la mer, lui était donné par l'esprit des eaux: mais l'impression fut courte, et il se remit à l'instant. — Tant mieux, dit-il, plus nous aurons de vent, plus nous marcherons vite. — Oui, répondit Langlade, seulement Dieu sait où il nous conduira, s'il continue à tourner ainsi. — Ne partez pas cette nuit, sire, dit Blancard, joignant son avis à celui de ses deux compagnons. — Mais enfin, pourquoi cela? — Parce que, vous voyez cette ligne noire, n'est-ce pas? eh bien! au coucher du soleil, elle était à peine visible, la voilà maintenant qui couvre une partie de l'horizon; dans une heure, il n'y aura plus une étoile au ciel. — Avez-vous peur? dit Murat. — Peur! répondit Langlade, et de quoi? de l'orage? il haussa les épaules. C'est à peu près comme si je demandais à Votre Majesté si elle a peur d'un boulet de canon... Ce que nous en disons, c'est pour vous, sire; mais que voulez-vous que fasse l'orage à des chiens de mer comme nous? — Partons donc! s'écria Murat en poussant un soupir. Adieu, Marouin... Dieu seul peut vous récompenser de ce que vous avez fait pour moi. Je suis à vos ordres, messieurs.

A ces mots, les deux marins saisirent le roi chacun par une cuisse, et, l'élevant sur leurs épaules, ils entrèrent aussitôt dans la mer; en un instant il fut à bord; Langlade et Blancard montèrent derrière lui, Donadieu resta au gouvernail; les deux autres officiers se chargèrent de la manœuvre et commencèrent leur service en déployant les voiles. Aussitôt, comme un cheval qui sent l'éperon, la petite barque sembla s'animer; les marins jetèrent un coup d'œil insoucieux vers la terre, et Murat, sentant qu'il s'éloignait, se retourna du côté de son hôte et lui cria une dernière fois : — Vous avez votre itinéraire jusqu'à Trieste... N'oubliez pas ma femme!... Adieu!... Adieu!... — Dieu vous garde, sire! murmura Marouin. — Et quelque temps encore, grâce à la voile blanche qui se dessinait dans l'ombre, il put suivre des yeux la barque qui s'éloignait rapidement; enfin elle disparut. Marouin resta encore quelque temps sur le rivage, quoiqu'il ne vît plus rien; alors un cri affaibli par la distance parvint encore jusqu'à lui : ce cri était le dernier adieu de Murat à la France.

Lorsque M. Marouin me raconta un soir, au lieu même où la chose s'était passée, les détails que je viens de décrire, ils lui étaient si présents, quoique vingt ans se fussent écoulés depuis lors, qu'il se rappelait jusqu'aux moindres accidents de cet embarquement nocturne. De ce moment, il m'assura qu'un pressentiment de malheur l'avait saisi, qu'il ne pouvait s'arracher de cette plage, et que plusieurs fois l'envie lui prit de rappeler le roi ; mais, pareil à un homme qui rêve, sa bouche s'ouvrait sans laisser échapper aucun son. Il craignait de paraître insensé, et ce ne fut qu'à une heure du matin, c'est-à-dire deux heures et demie après le départ de la barque, qu'il rentra chez lui avec une tristesse mortelle dans le cœur.

Quant aux aventureux navigateurs, ils s'étaient engagés dans cette large ornière marine qui mène de Toulon à Bastia, et d'abord l'événement parut, aux yeux du roi, démentir la prédiction de nos marins : le vent, au lieu de s'augmenter, tomba peu à peu, et, deux heures après le départ, la barque se balançait sans reculer ni avancer sur des vagues qui, de minute en minute, allaient s'aplanissant. Murat regardait tristement s'éteindre, sur cette mer où il se croyait enchaîné, le sillon phosphorescent que le petit bâtiment traînait après lui : il avait amassé du courage contre la tempête, mais non contre le calme; et, sans même interrompre ses compagnons de voyage, à l'inquiétude desquels il se méprenait, il se coucha au fond du bateau, s'enveloppa de son manteau, et, fermant les yeux comme s'il dormait, il s'abandonna au flot de ses pensées, bien autrement tumultueux et agité que celui de la mer. Bientôt les deux marins, croyant à son sommeil, se réunirent au pilote, et, s'asseyant près du gouvernail, commencèrent à tenir conseil.

— Vous avez eu tort, Langlade, dit Donadieu, de prendre une barque ou si petite ou si grande : sans pont nous ne pouvons résister à la tempête, et sans rames nous ne pouvons avancer dans le calme. — Sur Dieu! je n'avais pas le choix. J'ai été obligé de prendre ce que j'ai rencontré, et, si ce n'était pas l'époque des madragues (1), je n'aurais pas même trouvé cette mauvaise péniche, ou bien il me l'aurait fallu aller chercher dans le port, et la surveillance est telle, que j'y serais bien entré, mais que je n'aurais probablement pas pu en sortir. — Est-elle solide au moins? dit Blancard. — Pardieu! tu sais bien ce que c'est que des planches et des clous qui trempent depuis dix ans dans l'eau salée. Dans les occasions ordinaires, on n'en voudrait pas pour aller de Marseille au château d'If; dans une circonstance comme la nôtre, on ferait le tour du monde dans une coquille de noix. — Chut! dit Donadieu. Les marins écoutèrent : un grondement lointain se fit entendre, mais si faible, qu'il fallait l'oreille exercée d'un enfant de la mer pour le distinguer. — Oui, oui, dit Langlade; c'est un avertissement pour ceux qui ont des jambes ou des ailes de regagner le nid qu'ils n'auraient pas dû quitter. — Sommes-nous loin des îles? dit vivement Donadieu. — A une lieue environ. — Mettez le cap sur elles — Et pourquoi faire? dit Murat en se soulevant. — Pour y relâcher, sire, si nous le pouvons... — Non, non! s'écria Murat, je ne veux plus remettre le pied à terre qu'en Corse; je ne veux pas quitter encore une fois la France. D'ailleurs, la mer est calme, et voilà le vent qui nous revient... — Tout à bas! cria Donadieu.

Aussitôt Langlade et Blancard se précipitèrent pour exécuter la manœuvre. La voile glissa le long du mât, et s'abattit au fond du bâtiment.

— Que faites-vous? cria Murat; oubliez-vous que je suis roi et que j'ordonne? — Sire, dit Donadieu, il y a un roi plus puissant que vous ici, c'est Dieu; il y a une voix qui couvre la vôtre, c'est celle de la tempête... Laissez-nous sauver Votre Majesté, si la chose est possible, et n'exigez rien de plus...

En ce moment un éclair sillonna l'horizon, un coup de tonnerre, plus rapproché que le premier, se fit entendre, une légère écume monta à la surface de l'eau, la barque frissonna comme un être animé. Murat commença à comprendre que le danger venait; alors il se leva en souriant, jeta derrière lui son chapeau, secoua ses longs cheveux, aspira l'orage comme il aspirait la fumée; le soldat était prêt à combattre.

— Sire, dit Donadieu, vous avez bien vu des batailles; mais peut-être n'avez-vous point vu une tempête : si vous êtes curieux de ce spectacle, cramponnez-vous au mât et regardez, car en voilà une qui se présente bien. — Que faut-il que je fasse? dit Murat; ne puis-je vous aider en rien? — Non! pas pour le moment, sire; plus tard nous vous emploierons aux pompes...

Pendant ce dialogue, l'orage avait fait des progrès; il arrivait sur les voyageurs comme un cheval de course, soufflant le vent et le feu par ses naseaux, hennissant le tonnerre et faisant voler l'écume des vagues sous ses pieds. Donadieu pressa le gouvernail, la barque céda comme si elle comprenait la nécessité d'une prompte obéissance, et présenta sa poupe au choc du vent; alors la bourrasque passa laissant derrière elle la mer tremblante, et tout parut rentrer dans le repos. La tempête reprenait haleine. — En sommes-nous donc quittes pour cette rafale? dit Murat. — Non, Votre Majesté, dit Donadieu, ceci n'est qu'une affaire d'avant-garde; tout à l'heure le corps d'armée va donner. — Et ne faisons-nous pas quelques préparatifs pour le recevoir? répondit gaiement le roi. — Lesquels? dit Donadieu. Nous n'avons plus un pouce de toile où le vent puisse mordre, et, tant que la barque ne fera pas eau, nous flotterons comme un bouchon de liége. Tenez-vous bien, sire!...

En effet, une seconde bourrasque accourait, plus rapide que la première, accompagnée de pluie et d'éclairs. Donadieu essaya de répéter la même manœuvre, mais il ne put virer si rapidement que le vent n'enveloppât la barque; le mât se courba comme un roseau; le canot embarqua une vague.

— Aux pompes! cria Donadieu. Sire, voilà le moment de nous aider...

Blancard, Langlade et Murat saisirent leurs chapeaux et se mirent à vider la barque. La position de

(1) Pêche du thon.

ces quatre hommes était affreuse, elle dura trois heures. Au point du jour le vent faiblit; cependant la mer resta grosse et tourmentée. Le besoin de manger commença à se faire sentir; toutes les provisions avaient été atteintes par l'eau de mer, le vin seul avait été préservé du contact. Le roi prit une bouteille, en avala le premier quelques gorgées; puis il la passa à ses compagnons, qui burent à leur tour: la nécessité avait chassé l'étiquette. Langlade avait par hasard sur lui quelques tablettes de chocolat, qu'il offrit au roi. Murat en fit quatre parts égales et força ses compagnons de manger; puis, le repas fini, on orienta vers la Corse; mais la barque avait tellement souffert, qu'il n'y avait pas probabilité qu'elle pût gagner Bastia.

Le jour se passa tout entier sans que les voyageurs pussent faire plus de dix lieues; ils naviguaient sous la petite voile de foque, n'osant tendre la grande voile, et le vent était si variable, que le temps se perdait à combattre ses caprices. Le soir une voie d'eau se déclara; elle pénétrait à travers les planches disjointes; les mouchoirs réunis de l'équipage suffirent pour tamponner la barque, et la nuit, qui descendit triste et sombre, les enveloppa pour la seconde fois de son obscurité. Murat, écrasé de fatigue, s'endormit; Blancard et Langlade reprirent place près de Donadieu; et ces trois hommes, qui semblaient insensibles au sommeil et à la fatigue, veillèrent à la tranquillité de son sommeil.

La nuit fut, en apparence, assez tranquille; cependant quelquefois des craquements sourds se faisaient entendre. Alors les trois marins se regardaient avec une expression étrange; puis leurs yeux se reportaient vers le roi, qui dormait au fond de ce bâtiment, dans son manteau trempé d'eau de mer, aussi profondément qu'il avait dormi dans les sables de l'Égypte et dans les neiges de la Russie. Alors l'un d'eux se levait, s'en allait à l'autre bout du canot en sifflant entre ses dents l'air d'une chanson provençale... puis, après avoir consulté le ciel, les vagues et la barque, il revenait auprès de ses camarades et se rasseyait en murmurant: — C'est impossible; à moins d'un miracle, nous n'arriverons jamais. La nuit s'écoula dans ces alternatives. Au point du jour on se trouva en vue d'un bâtiment: « Une voile! s'écria Donadieu, une voile! » A ce cri le roi se réveilla. En effet, un petit brick marchand apparaissait, venant de Corse et faisant route vers Toulon. Donadieu mit le cap sur lui, Blancard hissa les voiles au point de fatiguer la barque, et Langlade courut à la proue, élevant le manteau du roi au bout d'une espèce de harpon. Bientôt les voyageurs s'aperçurent qu'ils avaient été vus; le brick manœuvra de manière à se rapprocher d'eux; au bout de dix minutes ils se trouvèrent à cinquante pas l'un de l'autre. Le capitaine parut sur l'avant. Alors le roi le héla, lui offrant une forte récompense s'il voulait le recevoir à bord avec ses trois compagnons et les conduire en Corse. Le capitaine écouta la proposition; puis aussitôt, se tournant vers l'équipage, il donna à demi-voix un ordre que Donadieu ne put entendre, mais qu'il saisit probablement par le geste, car aussitôt il commanda à Langlade et à Blancard une manœuvre qui avait pour but de s'éloigner du bâtiment. Ceux-ci obéirent avec la promptitude passive des marins; mais le roi frappa du pied: — Que faites-vous, Donadieu? que faites-vous? s'écria-t-il; ne voyez-vous pas qu'il vient à nous? — Oui, sur mon âme! je le vois... Obéissez, Langlade! alerte, Blancard! Oui, il vient sur nous, et peut-être m'en suis-je aperçu trop tard. C'est bien, c'est bien; à moi maintenant. Alors il se coucha sur le gouvernail, et lui imprima un mouvement si subit et si violent, que la barque, forcée de changer immédiatement de direction, sembla se roidir contre lui, comme ferait un cheval contre le frein; enfin elle obéit. Une vague énorme, soulevée par le géant qui venait sur elle, l'emporta avec elle comme une feuille; le brick passa à quelques pieds de sa poupe. — Ah! traître! s'écria le roi, qui commença seulement à s'apercevoir de l'intention du capitaine; en même temps il tira un pistolet de sa ceinture en criant: — A l'abordage, à l'abordage! et essaya de faire feu sur le brick; mais la poudre était mouillée et ne s'enflamma point. Le roi était furieux, et ne cessait de crier: A l'abordage, à l'abordage! — Oui, oui, le misérable ou plutôt l'imbécile, dit Donadieu, il nous a pris pour des forbans, et il a voulu nous couler, comme si nous avions besoin de lui pour cela.

En effet, jetant les yeux sur le canot, il était facile de s'apercevoir qu'il commençait à faire eau. La tentative de salut que venait de risquer Donadieu avait effroyablement fatigué la barque, et la mer entrait par plusieurs écartements de planches; il fallut se mettre à puiser l'eau avec les chapeaux; ce travail dura dix heures. Enfin Donadieu fit, pour la seconde fois, entendre le cri sauveur: — Une voile! une voile!...

Le roi et ses deux compagnons cessèrent aussitôt leur travail; on hissa de nouveau les voiles, on mit le cap sur le bâtiment qui s'avançait et l'on cessa de s'occuper de l'eau, qui, n'étant plus combattue, gagna rapidement.

Désormais c'était une question de temps, de minutes, de secondes, voilà tout; il s'agissait d'arriver au bâtiment avant de couler bas. Le bâtiment, de son côté, semblait comprendre la position désespérée de ceux qui imploraient son secours, il venait au pas de course; Langlade le reconnut le premier, c'était une balancelle du gouvernement, un bateau de poste qui faisait le service entre Toulon et Bastia. Langlade était l'ami du capitaine, il l'appela par son nom avec cette voix puissante de l'agonie, et il fut entendu. Il était temps, l'eau gagnait toujours; le roi et ses compagnons étaient déjà dans la mer jusqu'aux genoux; le canot gémissait comme un mou-

C'était un mameluk qu'il avait autrefois ramené d'Égypte.

rant qui râle; il n'avançait plus et commençait à tourner sur lui-même. En ce moment, deux ou trois câbles, jetés de la balancelle, tombèrent dans la barque; le roi en saisit un, s'élança et saisit l'échelle de corde : il était sauvé. Blancard et Langlade en firent autant presque aussitôt; Donadieu resta le dernier, comme c'était son devoir de le faire, et, au moment où il mettait un pied sur l'échelle du bord, il sentit sous l'autre s'enfoncer la barque qu'il quittait; il se retourna avec la tranquillité d'un marin, vit le gouffre ouvrir sa vaste gueule au-dessous de lui, et aussitôt la barque dévorée tournoya et disparut. Cinq secondes encore, et ces quatre hommes, qui maintenant étaient sauvés, étaient à tout jamais perdus!...

Murat était à peine sur le pont, qu'un homme vint se jeter à ses pieds : c'était un mameluk qu'il avait autrefois ramené d'Égypte, et qui s'était depuis marié à Castellamare; des affaires de commerce l'avaient attiré à Marseille, où, par miracle, il avait échappé au massacre de ses frères; et, malgré le déguisement qui le couvrait et les fatigues qu'il venait d'essuyer, il avait reconnu son ancien maître. Ses exclamations de joie ne permirent pas au roi de garder plus longtemps son incognito; alors le sénateur Casabianca, le capitaine Oletta, un neveu du prince Baciocchi, un ordonnateur nommé Boërco, qui fuyaient eux-mêmes les massacres du Midi, se trouvant sur le bâtiment, le saluèrent du nom de Majesté et lui improvisèrent une petite cour : le passage était brusque, il opéra un changement rapide; ce n'était plus Murat le proscrit, c'était Joachim Ier, roi de Naples. La terre de l'exil disparut avec la barque engloutie; à sa place, Naples et son golfe magnifique apparurent à l'horizon comme un merveilleux mirage, et sans doute la première idée de la fatale expédition de Calabre prit naissance pendant ces jours d'enivrement qui suivirent les heures d'agonie. Cependant le roi, ignorant encore quel accueil l'attendait en Corse, prit le nom de comte de Campo Melle, et ce fut sous ce nom que le 25 août il prit terre à Bastia. Mais sa précaution fut inutile; trois jours après son arrivée, personne n'ignorait plus sa présence dans cette ville. Des rassemblements se formèrent aussitôt, des cris de : Vive Joachim! se firent entendre, et le roi, craignant de troubler la tranquillité publique, sortit le même soir de Bastia avec ses trois compagnons et son mameluk. Deux heures après il entrait à Viscovato, et frappait à la porte du général Franceschetti, qui avait été à son service tout le temps de son règne, et qui, ayant quitté Naples en même temps que le roi, était revenu en Corse habiter avec sa femme la maison de M. Colona Cicaldi, son beau-père. Il était en train de souper lorsqu'on vint lui dire qu'un étranger demandait à lui parler : il sortit et trouva Murat enveloppé d'une capote militaire, la tête enfoncée dans un bonnet de marin, la barbe longue, et portant un pantalon, des guêtres et des souliers de soldat. Le général s'arrêta étonné; Murat fixa sur lui son grand œil noir; puis, croisant les bras : — Franceschetti, lui dit-il, avez-vous à votre table une place pour votre général qui a faim? avez-vous sous votre toit un asile pour votre roi qui est proscrit?... Franceschetti jeta un cri de surprise en reconnaissant Joachim, et ne put lui répondre qu'en tombant à ses pieds et en lui baisant la main. De ce moment, la maison du général fut à la disposition de Murat.

A peine le bruit de l'arrivée du roi fut-il répandu dans les environs, que l'on vit accourir à Viscovato des officiers de tous grades, des vétérans qui avaient combattu sous lui, et des chasseurs corses que son caractère aventureux séduisait; en peu de jours la maison du général fut transformée en palais, le village en résidence royale, et l'île en royaume. D'étranges bruits se répandirent sur les intentions de Murat; une armée de neuf cents hommes contribuait à leur donner quelque consistance. C'est alors que Blancard, Langlade et Donadieu prirent congé de lui; Murat voulut les retenir ; mais ils s'étaient voués au salut du proscrit, et non à la fortune du roi.

Nous avons dit que Murat avait rencontré à bord du bateau de poste de Bastia un de ses anciens mameluks, nommé Othello, et que celui-ci l'avait suivi à Viscovato : l'ex-roi de Naples songea à se faire un agent de cet homme. Des relations de famille le rappelaient tout naturellement à Castellamare ; il lui ordonna d'y retourner, et le chargea de lettres pour les personnes sur le dévouement desquelles il comptait le plus. Othello partit, arriva heureusement chez son beau-père, et crut pouvoir lui tout dire; mais celui-ci, épouvanté, prévint la police : une descente nocturne fut faite chez Othello et sa correspondance saisie.

Le lendemain, toutes les personnes auxquelles étaient adressées des lettres furent arrêtées et reçurent l'ordre de répondre à Murat comme si elles étaient libres, et de lui indiquer Salerne comme le lieu le plus propre au débarquement : cinq sur sept eurent la lâcheté d'obéir, les deux autres, qui étaient deux frères espagnols, s'y refusèrent absolument : on les jeta dans un cachot.

Cependant, le 17 septembre, Murat quitta Viscovato, le général Franceschetti, ainsi que plusieurs officiers corses, lui servirent d'escorte; il s'achemina vers Ajaccio par Cotone, les montagnes de Serra et Bosco, Venaco, Vivaro, les gorges de la forêt de Vezzanovo et Bogognone; partout il fut reçu et fêté comme un roi, et à la porte des villes il reçut plusieurs députations qui le haranguèrent en le saluant du titre de Majesté; enfin, le 22 septembre il arriva à Ajaccio. La population tout entière l'attendait hors des murs ; son entrée dans la ville fut un triomphe; il fut porté jusqu'à l'auberge qui avait été désignée d'avance par les maréchaux de logis : il y avait de quoi tourner la tête à un homme moins impressionnable que Murat : quant à lui, il était dans l'ivresse ; en entrant dans l'auberge, il tendit la main à Franceschetti. — Voyez, lui dit-il, à la manière dont me reçoivent les Corses, ce que feront pour moi les Napolitains. — C'était le premier mot qui lui échappait sur ses projets à venir, et dès ce jour même il ordonna de tout préparer pour son départ.

On rassembla dix petites felouques : un Maltais, nommé Barbara, ancien capitaine de frégate de la marine napolitaine, fut nommé commandant en chef de l'expédition ; deux cent cinquante hommes furent engagés et invités à se tenir prêts à partir au premier signal. Murat n'attendait plus que les réponses aux lettres d'Othello ; elles arrivèrent dans la matinée du 28. Murat invita tous les officiers à un grand dîner, et fit donner double paye et double ration à ses hommes.

Le roi était au dessert lorsqu'on lui annonça l'arrivée de M. Maceroni : c'était un envoyé des puissances étrangères qui apportait à Murat la réponse qu'il avait attendue si longtemps à Toulon. Murat se leva de table et passa dans une chambre à côté. M. Maceroni se fit reconnaître comme chargé d'une mission officielle, et remit au roi l'ultimatum de l'empereur d'Autriche. Il était conçu en ces termes :

« M. Maceroni est autorisé par les présentes à prévenir le roi Joachim que Sa Majesté l'empereur d'Autriche lui accordera un asile dans ses États, sous les conditions suivantes : — 1° Le roi prendra un nom privé. La reine ayant adopté celui de Lipano, on propose au roi de prendre le même nom. — 2° Il sera permis au roi de choisir une ville de la Bohême, de la Moravie ou de la Haute-Autriche, pour y fixer son séjour. Il pourra même, sans inconvénient, habiter une campagne dans ces mêmes provinces. — 3° Le roi engagera sa parole d'honneur envers Sa Majesté impériale et royale qu'il n'abandonnera jamais les États autrichiens sans le consentement exprès de l'empereur, et qu'il vivra comme un particulier de distinction, mais soumis aux lois qui sont en vigueur dans les États autrichiens.

« En foi de quoi, et afin qu'il en soit fait un usage convenable, le soussigné a reçu l'ordre de l'empereur de signer la présente déclaration.

« Donné à Paris le 1er septembre 1815. - *Signé* le prince de METTERNICH. »

Murat sourit en achevant cette lecture, puis il fit signe à M. Maceroni de le suivre. Il le conduisit alors sur la terrasse de la maison, qui dominait toute la ville, et qui était dominée elle même par sa bannière, qui flottait comme sur un château royal. De là on pouvait voir Ajaccio toute joyeuse et illuminée, le port où se balançait la petite flottille et les rues encombrées de monde, comme un jour de fête. A peine la foule eut elle aperçu Murat, qu'un cri partit de toutes les bouches : — Vive Joachim! vive le frère de Napoléon! vive le roi de Naples! Murat salua, et les cris redoublèrent, et la musique de la garnison fit entendre les airs nationaux. M. Maceroni ne savait s'il devait en croire ses yeux et ses oreilles. Lorsque le roi eut joui de son étonnement, il l'invita à descendre au salon. Son état-major y était réuni en grand uniforme : on se serait cru à Caserte ou à Capodimonte. Enfin, après un instant d'hésitation, Maceroni se rapprocha de Murat. — Sire, lui dit-il, quelle réponse dois-je faire à Sa Majesté l'empereur d'Autriche? — Monsieur, lui répondit Murat avec cette dignité hautaine qui allait si bien à sa belle figure, vous raconterez à mon frère François ce que vous avez vu et ce que vous avez entendu; et puis vous ajouterez que je pars cette nuit même pour reconquérir mon royaume de Naples.

III

LE PIZZO.

Les lettres qui avaient déterminé Murat à quitter la Corse lui avaient été apportées par un Calabrais nommé Luidgi. Il s'était présenté au roi comme un envoyé de l'Arabe Othello, qui avait été jeté, comme nous l'avons dit, dans les prisons de Naples, ainsi que les personnes auxquelles les dépêches dont il était porteur avaient été adressées. Ces lettres, écrites par le ministre de la police de Naples, indiquaient à Joachim le port de la ville de Salerne comme le lieu le plus propre au débarquement; car le roi Ferdinand avait rassemblé sur ce point trois mille hommes de troupes autrichiennes, n'osant se fier aux soldats napolitains, qui avaient conservé de Murat un riche et brillant souvenir. Ce fut donc vers le golfe de Salerne que la flottille se dirigea; mais, arrivée en vue de l'île de Caprée, elle fut assaillie par une violente tempête, qui la chassa jusqu'à Paola, petit port situé à dix lieues de Cosenza. Les bâtiments passèrent, en conséquence, la nuit du 5 au 6 octobre dans une espèce d'échancrure du rivage qui ne mérite pas le nom de rade. Le roi, pour ôter tout soupçon aux gardes des côtes et aux scorridori (1) siciliens, ordonna d'éteindre les feux et de louvoyer jusqu'au jour; mais, vers une heure du matin, il s'éleva de terre un vent si violent, que l'expédition fut repoussée en haute mer, de sorte que, le 6, à la pointe du jour, le bâtiment que montait le roi se trouva seul. Dans la matinée il rallia la felouque du capitaine Cicconi, et les deux navires mouillèrent, à quatre heures de l'après-midi, en vue de San-Lucido. Le soir, le roi ordonna au chef de bataillon Ottoviani de se rendre à terre pour y prendre des renseignements. Luidgi s'offrit pour l'accompagner, Murat accepta ses bons offices. Ottoviani et son guide se rendirent donc à terre, tandis qu'au contraire Cicconi et sa felouque se remettaient en mer avec mission d'aller à la recherche du reste de la flotte.

Vers les onze heures de la nuit, le lieutenant de quart sur le navire royal distingua au milieu des

(1) Bâtiments légers armés en guerre.

Le lieutenant de quart distingua au milieu des vagues un homme qui s'avançait en nageant.

vagues un homme qui s'avançait en nageant vers le bâtiment. Dès qu'il fut à la portée de la voix, il le héla. Aussitôt le nageur se fit reconnaître : c'était Luidgi. On lui envoya la chaloupe, et il remonta à bord. Alors il raconta que le chef de bataillon Ottoviani avait été arrêté, et qu'il n'avait échappé lui-même à ceux qui le poursuivaient qu'en se jetant à la mer. Le premier mouvement de Murat fut d'aller au secours d'Ottoviani; mais Luidgi fit comprendre au roi le danger et l'inutilité de cette tentative; néanmoins, Joachim resta jusqu'à deux heures du matin agité et irrésolu. Enfin, il donna l'ordre de reprendre le large. Pendant la manœuvre qui eut lieu à cet effet, un matelot tomba à la mer et disparut avant qu'on eût eu le temps de lui porter secours. Décidément les présages étaient sinistres.

Le 7 au matin, on eut connaissance de deux bâtiments. Le roi ordonna aussitôt de se mettre en mesure de défense; mais Barbara les reconnut pour être la felouque de Cecconi et la balancelle de Courrand, qui s'étaient réunies et faisaient voile de conserve. On hissa les signaux, et les deux capitaines se rallièrent à l'amiral.

Pendant qu'on délibérait sur la route à suivre, un canot aborda le bâtiment de Murat. Il était monté par le capitaine Pernice et un lieutenant sous ses

Luidgi.

ordres. Ils venaient demander au roi la permission de passer à son bord, ne voulant point rester à celui de Courrand, qui, à leur avis, trahissait. Murat l'envoya chercher; et, malgré ses protestations de dévouement, il le fit descendre avec cinquante hommes dans une chaloupe, et ordonna d'amarrer la chaloupe à son bâtiment. L'ordre fut exécuté aussitôt, et la petite escadre continua sa route, longeant, sans les perdre de vue, les côtes de la Calabre; mais, à dix heures du soir, au moment où l'on se trouvait à la hauteur du golfe de Sainte-Euphémie, le capitaine Courrand coupa le câble qui le traînait à la remorque, et, faisant force de rames, il s'éloigna de la flottille. Murat s'était jeté sur son lit tout habillé : on le prévint de cet événement. Il s'élança aussitôt sur le pont, et arriva à temps encore pour voir la chaloupe qui fuyait dans la direction de la Corse, s'enfoncer et disparaître dans l'ombre. Il demeura immobile, sans colère et sans cris; seulement il poussa un soupir et laissa tomber sa tête sur sa poitrine : c'était encore une feuille qui tombait de l'arbre enchanté de ses espérances.

Le général Franceschetti profita de cette heure de découragement pour lui donner le conseil de ne point débarquer dans les Calabres et de se rendre directement à Trieste, afin de réclamer de l'Autriche

Paris. — Imp. Simon Raçon & Cie, rue d'Erfurth, 1.

l'asile qu'elle lui avait offert. Le roi était dans un de ces instants de lassitude extrême et d'abattement mortel où le cœur s'affaisse sur lui-même : il se défendit d'abord, et puis finit par accepter. En ce moment, le général s'aperçut qu'un matelot, couché dans des enroulements de câbles, se trouvait à portée d'entendre tout ce qu'il disait ; il s'interrompit et le montra du doigt à Murat. Celui-ci se leva, alla voir l'homme et reconnut Luidgi : accablé de fatigue, il s'était endormi sur le pont. La franchise de son sommeil rassura le roi, qui, d'ailleurs avait toute confiance en lui. La conversation, interrompue un instant, se renoua donc : il fut convenu que, sans rien dire des nouveaux projets arrêtés, on doublerait le cap Spartivento, et qu'on entrerait dans l'Adriatique ; puis le roi et le général redescendirent dans l'entre-pont.

Le lendemain, 8 octobre, on se trouvait à la hauteur du Pizzo, lorsque Joachim, interrogé par Barbara sur ce qu'il fallait faire, donna ordre de mettre le cap sur Messine ; Barbara répondit qu'il était prêt à obéir, mais qu'il avait besoin d'eau et de vivres ; en conséquence, il offrit de passer sur la felouque de Cicconi, et d'aller avec elle à terre pour y renouveler ses provisions ; le roi accepta ; Barbara lui demanda alors les passe-ports qu'il avait reçus des puissances alliées, afin, disait-il, de ne pas être inquiété par les autorités locales. Ces pièces étaient trop importantes pour que Murat consentît à s'en dessaisir ; peut-être le roi commençait-il à concevoir quelque soupçon : il refusa donc. Barbara insista ; Murat lui ordonna d'aller à terre sans ces papiers. Barbara refusa positivement ; le roi, habitué à être obéi, leva sa cravache sur le Maltais ; mais en ce moment, changeant de résolution, il ordonna aux soldats de préparer leurs armes, aux officiers de revêtir leur grand uniforme ; lui-même leur en donna l'exemple : le débarquement était décidé, et le Pizzo devait être le golfe Juan du nouveau Napoléon. En conséquence, les bâtiments se dirigèrent vers la terre. Le roi descendit dans une chaloupe avec vingt-huit soldats et trois domestiques, au nombre desquels était Luidgi. Arrivé près de la plage, le général Franceschetti fit un mouvement pour prendre terre, mais Murat l'arrêta : « C'est à moi de descendre le premier, » dit-il ; et il s'élança sur le rivage. Il était vêtu d'un habit de général, avait un pantalon blanc avec des bottes à l'écuyère, une ceinture dans laquelle étaient passés deux pistolets, un chapeau brodé en or, dont la cocarde était retenue par une ganse formée de quatorze brillants ; enfin, il portait sous le bras la bannière autour de laquelle il comptait rallier ses partisans : dix heures sonnaient à l'horloge du Pizzo.

Murat se dirigea aussitôt vers la ville, dont il était éloigné de cent pas à peine, par le chemin pavé de larges dalles disposées en escalier qui y conduit. C'était un dimanche ; on allait commencer la messe, et toute la population était réunie sur la place lorsqu'il y arriva. Personne ne le reconnut, et chacun regardait avec étonnement ce brillant état-major, lorsqu'il vit parmi les paysans un ancien sergent qui avait servi dans sa garde de Naples. Il marcha droit à lui, et, lui mettant la main sur l'épaule : « Tavella, lui dit-il, ne me reconnais-tu pas ? » Mais, comme celui-ci ne faisait aucune réponse : « Je suis Joachim Murat ; je suis ton roi, lui dit-il : à toi l'honneur de crier le premier vive Joachim ! » La suite de Murat fit aussitôt retentir l'air de ses acclamations ; mais le Calabrais resta silencieux, et pas un de ses camarades ne répéta le cri dont le roi lui-même avait donné le signal ; au contraire, une rumeur sourde courait par la multitude. Murat comprit ce frémissement d'orage. « Eh bien ! dit-il à Tavella, si tu ne veux pas crier vive Joachim, va au moins me chercher un cheval, et, de sergent que tu étais, je te fais capitaine. » Tavella s'éloigna sans répondre ; mais, au lieu d'accomplir l'ordre qu'il avait reçu, il rentra chez lui et ne reparut plus. Pendant ce temps, la population s'amassait toujours, sans qu'un signe amical annonçât à Murat la sympathie qu'il attendait. Il sentit qu'il était perdu s'il ne prenait une résolution rapide. « A Monteleone ! » s'écria-t-il en s'élançant le premier vers la route qui conduisait à cette ville. « A Monteleone ! » répétèrent en le suivant ses officiers et ses soldats. Et la foule, toujours silencieuse, s'ouvrit pour les laisser passer.

Mais, à peine avait-il quitté la place, qu'une vive agitation se manifesta. Un homme nommé Georges Pellegrino sortit de chez lui armé d'un fusil et traversa la place en courant et en criant : Aux armes ! Il savait que le capitaine Trenta Capelli, qui commandait la gendarmerie de Cosenza, était en ce moment au Pizzo, et il allait le prévenir. Le cri aux armes eut plus d'écho dans cette foule que n'en avait eu celui de vive Joachim. Tout Calabrais a un fusil, chacun courut chercher le sien, et, lorsque Trenta Capelli et Pellegrino revinrent sur la place, ils trouvèrent près de deux cents hommes armés. Ils se mirent à leur tête et s'élancèrent aussitôt à la poursuite du roi ; ils le rejoignirent à dix minutes de chemin à peu près de la place, à l'endroit où est aujourd'hui le pont. Murat, en les voyant venir, s'arrêta et les attendit.

Trenta Capelli s'avança alors le sabre à la main vers le roi. — Monsieur, lui dit celui-ci, voulez-vous troquer vos épaulettes de capitaine contre des épaulettes de général ? Criez vive Joachim ! et suivez-moi avec ces braves gens à Monteleone. — Sire, répondit Trenta Capelli, nous sommes tous fidèles sujets du roi Ferdinand, et nous venons pour vous combattre et non pour vous accompagner : rendez-vous donc, si vous voulez prévenir l'effusion du sang.

Murat regarda le capitaine de gendarmerie avec

une expression impossible à rendre; puis, sans daigner lui répondre, il lui fit signe de la main de s'éloigner, tandis qu'il portait l'autre à la crosse de l'un de ses pistolets. Georges Pellegrino vit le mouvement.

— Ventre à terre, capitaine! ventre à terre! cria-t-il. Le capitaine obéit, aussitôt une balle passa en sifflant au-dessus de sa tête et alla effleurer les cheveux de Murat. — Feu! ordonna Franceschetti. — Armes à terre! cria Murat; et, secouant de sa main droite son mouchoir, il fit un pas pour s'avancer vers les paysans; mais au même instant une décharge générale partit : un officier et deux ou trois soldats tombèrent. En pareille circonstance, quand le sang a commencé de couler, il ne s'arrête pas; Murat savait cette fatale vérité, aussi son parti fut-il pris, rapide et décisif. Il avait devant lui cinq cents hommes armés, et derrière lui un précipice de trente pieds de hauteur : il s'élança du rocher à pic sur lequel il se trouvait, tomba dans le sable et se releva sans être blessé; le général Franceschetti et son aide de camp Campana firent avec le même bonheur le même saut que lui, et tous trois descendirent rapidement vers la mer, à travers un petit bois qui s'étend jusqu'à cent pas du rivage, et qui les déroba un instant à la vue de leurs ennemis. A la sortie de ce bois, une nouvelle décharge les accueillit; les balles sifflèrent autour d'eux, mais n'atteignirent personne, et les trois fugitifs continuèrent leur course vers la plage.

Ce fut alors seulement que le roi s'aperçut que le canot qui l'avait déposé à terre était reparti. Les trois navires qui composaient sa flottille, loin d'être restés pour protéger son débarquement, avaient repris la mer et s'éloignaient à pleines voiles. Le Maltais Barbara emportait non-seulement la fortune de Murat, mais encore son espoir, son salut, sa vie : c'était à n'y pas croire à force de trahison. Aussi le roi prit-il cet abandon pour une simple manœuvre, et, voyant une barque de pêcheur tirée au rivage sur des filets étendus, il cria à ses deux compagnons : — La barque à la mer!

Tous alors commencèrent à la pousser pour la mettre à flot, avec l'énergie du désespoir, avec les forces de l'agonie. Personne n'avait osé franchir le rocher pour se mettre à leur poursuite; leurs ennemis, forcés de prendre un détour, leur laissaient quelques instants de liberté. Mais bientôt des cris se firent entendre : Georges Pellegrino, Trenta Capelli, suivis de toute la population du Pizzo, débouchèrent à cent cinquante pas à peu près de l'endroit où Murat, Franceschetti et Campana s'épuisaient en efforts pour faire glisser la barque sur le sable. Ces cris furent immédiatement suivis d'une décharge générale. Campana tomba : une balle venait de lui traverser la poitrine. Cependant la barque était à flot : le général Franceschetti s'élança dedans; Murat voulut le suivre, mais il ne s'était point aperçu que les éperons de ses bottes à l'écuyère s'étaient embarrassés dans les mailles du filet. La barque, cédant à l'impulsion donnée par lui, se déroba sous ses mains, et le roi tomba les pieds sur la plage et le visage dans la mer. Avant qu'il eût eu le temps de se relever, la population s'était ruée sur lui : en un instant elle lui arracha ses épaulettes, se bannière et son habit, et elle allait le mettre en morceaux lui-même, si Georges Pellegrino et Trenta Capelli, prenant sa vie sous leur protection, ne lui avaient donné le bras de chaque côté en le défendant à leur tour contre la populace. Il traversa ainsi en prisonnier la place qu'une heure auparavant il abordait en roi. Ses conducteurs le menèrent au château; on le poussa dans la prison commune, on referma la porte sur lui, et le roi se trouva au milieu des voleurs et des assassins, qui, ne sachant pas qui il était et le prenant pour un compagnon de crimes, l'accueillirent par des injures et des huées.

Un quart d'heure après, la porte du cachot se rouvrit, le commandant Mattei entra : il trouva Murat debout, les bras croisés, la tête haute et fière. Il y avait une expression de grandeur indéfinissable dans cet homme à demi nu, et dont la figure était souillée de boue et de sang. Il s'inclina devant lui. — Commandant, lui dit Murat, reconnaissant son grade à ses épaulettes, regardez autour de vous, et dites si c'est là une prison à mettre un roi!

Alors une chose étrange arriva : ces hommes du crime, qui, croyant Murat un de leurs complices, l'avaient accueilli avec des vociférations et des rires, se courbèrent devant la majesté royale, que n'avaient point respectée Pellegrino et Trenta Capelli, et se retirèrent silencieux au plus profond de leur cachot. Le malheur venait de donner un nouveau sacre à Joachim.

Le commandant Mattei murmura quelques excuses, et invita Murat à le suivre dans une chambre qu'il venait de lui faire préparer; mais, avant de sortir, Murat fouilla dans sa poche, en tira une poignée d'or, et, la laissant tomber comme une pluie au milieu du cachot : — Tenez, dit-il en se retournant vers les prisonniers, il ne sera pas dit que vous avez reçu la visite d'un roi, tout captif et tout découronné qu'il est, sans qu'il vous ait fait largesse. — Vive Joachim! crièrent les prisonniers.

Murat sourit amèrement. Ces mêmes paroles, répétées par un pareil nombre de voix, il y a une heure, sur la place publique, au lieu de retentir dans une prison, le faisaient roi de Naples! Les résultats les plus importants sont amenés parfois par des causes si minimes, qu'on croirait que Dieu et Satan jouent aux dés la vie ou la mort des hommes, l'élévation ou la chute des empires.

Murat suivit le commandant Mattei : il le conduisit dans une petite chambre qui appartenait au concierge, et que celui-ci céda au roi. Il allait se retirer lorsque Murat le rappela : — Monsieur le commandant, lui dit-il, je désire un bain parfumé. — Sire la chose est difficile. — Voilà cinquante ducats ; qu'on achète toute l'eau de Cologne qu'on trouvera. Ah! que l'on m'envoie des tailleurs. — Il sera impossible de trouver ici des hommes capables de faire autre chose que des costumes du pays. — Qu'on aille à Monteleone, et qu'on me ramène ici tous ceux qu'on pourra réunir.

Le commandant s'inclina et sortit.

Murat était au bain lorsqu'on lui annonça la visite du chevalier Alcala, général du prince de l'Infantado et gouverneur de la ville. Il faisait apporter des couvertures de damas, des draps et des fauteuils. Murat fut sensible à cette attention, et il en reprit une nouvelle sérénité.

Le même jour, à deux heures, le général Nunziante arriva de Saint-Tropea avec trois mille hommes. Murat revit avec plaisir une vieille connaissance; mais, au premier mot, le roi s'aperçut qu'il était devant un juge, et que sa présence avait pour but, non pas une simple visite, mais un interrogatoire en règle. Murat se contenta de répondre qu'il se rendait de Corse à Trieste en vertu d'un passe-port de l'empereur d'Autriche, lorsque la tempête et le défaut de vivres l'avaient forcé de relâcher au Pizzo. A toutes les autres questions, Murat opposa un silence obstiné; puis enfin, fatigué de ses instances : — Général, lui dit-il, pouvez-vous me prêter des habits, afin que je sorte du bain?

Le général comprit qu'il n'avait rien à attendre de plus, salua le roi et sortit. Dix minutes après, Murat reçut un uniforme complet; il le revêtit aussitôt, demanda une plume et de l'encre, écrivit au général en chef des troupes autrichiennes à Naples, à l'ambassadeur d'Angleterre et à sa femme, pour les informer de sa détention au Pizzo. Ces dépêches terminées, il se leva, marcha quelque temps avec agitation dans la chambre; puis enfin, éprouvant le besoin d'air, il ouvrit la fenêtre. La vue s'étendait sur la plage même où il avait été arrêté.

Deux hommes creusaient un trou dans le sable, au pied de la petite redoute ronde. Murat les regarda faire machinalement. Lorsque ces deux hommes eurent fini, ils entrèrent dans une maison voisine, et bientôt ils en sortirent portant entre leurs bras un cadavre. Le roi rappela ses souvenirs, et il lui sembla en effet qu'il avait, au milieu de cette scène terrible, vu tomber quelqu'un auprès de lui; mais il ne savait plus qui. Le cadavre était complétement nu; mais, à ses longs cheveux noirs, à la jeunesse de ses formes, le roi reconnut Campana : c'était celui de ses aides de camp qu'il aimait le mieux. Cette scène, vue à l'heure du crépuscule, vue de la fenêtre d'une prison ; cette inhumation dans la solitude, sur cette plage, dans le sable, émurent plus fortement Murat que n'avaient pu le faire ses propres infortunes. De grosses larmes vinrent au bord de ses yeux et coulèrent silencieusement sur sa face de lion. En ce moment le général Nunziante rentra et le surprit les bras tendus, le visage baigné de pleurs. Murat entendit du bruit, se retourna, et voyant l'étonnement du vieux soldat : — Oui, général, lui dit-il, oui, je pleure. Je pleure sur cet enfant de vingt-quatre ans, que sa famille m'avait confié, et dont j'ai causé la mort ; je pleure sur cet avenir vaste, riche et brillant, qui vient de s'éteindre dans une fosse ignorée, sur une terre ennemie, sur un rivage hostile. O Campana ! Campana ! si jamais je remonte sur le trône, je te ferai élever un tombeau royal.

Le général avait fait préparer un dîner dans la chambre attenante à celle qui servait de prison au roi : Murat l'y suivit, se mit à table, mais ne put manger. Le spectacle auquel il venait d'assister lui avait brisé le cœur; et cependant cet homme avait parcouru, sans froncer le sourcil, les champs de bataille d'Aboukir, d'Eylau et de la Moskowa !

Après le dîner, Murat rentra dans sa chambre, remit au général Nunziante les diverses lettres qu'il avait écrites, et le pria de le laisser seul. Le général sortit.

Murat fit plusieurs fois le tour de sa chambre, se promenant à grands pas et s'arrêtant de temps en temps devant la fenêtre, mais sans l'ouvrir. Enfin il parut surmonter une répugnance profonde, porta la main sur l'espagnolette et tira la croisée à lui. La nuit était calme, on distinguait toute la plage. Il chercha des yeux la place où était enterré Campana : deux chiens qui grattaient la tombe la lui indiquèrent. Le roi repoussa la fenêtre avec violence, et se jeta tout habillé sur son lit. Enfin, craignant qu'on attribuât son agitation à une crainte personnelle, il se dévêtit, se coucha et dormit, ou parut dormir toute la nuit.

Le 9 au matin, les tailleurs que Murat avait demandés arrivèrent. Il leur commanda force habits, dont il prit la peine de leur expliquer les détails avec sa fastueuse fantaisie. Il était occupé de ce soin lorsque le général Nunziante entra. Il écouta tristement les ordres que donnait le roi : il venait de recevoir des dépêches télégraphiques qui ordonnaient au général de faire juger le roi de Naples, comme ennemi public, par une commission militaire. Mais celui-ci trouva le roi si confiant, si tranquille, et presque si gai, qu'il n'eut pas le courage de lui annoncer la nouvelle de sa mise en jugement ; il prit même sur lui de retarder l'ouverture de la commission militaire jusqu'à ce qu'il eût reçu une dépêche écrite. Elle arriva le 12 au soir. Elle était conçue en ces termes :

« Naples, 9 octobre 1815.

« Ferdinand, par la grâce de Dieu, etc., avons décrété et décrétons ce qui suit :

« Art. 1er. Le général Murat sera traduit devant une commission militaire, dont les membres seront nommés par notre ministre de la guerre.

Le général Franceschetti.

« Art. 2. Il ne sera accordé au condamné qu'une demi-heure pour recevoir les secours de la religion.

« *Signé* FERDINAND. »

Un autre arrêté du ministre contenait les noms des membres de la commission ; c'étaient :

Giuseppe Fasculo, adjudant, commandant et chef de l'état-major, président; Laffaello Scalfaro, chef de la légion de la Calabre inférieure ; Latereo Natali, lieutenant-colonel de la marine royale; Gennaro Lanzetta, lieutenant-colonel du corps du génie; W. T., capitaine d'artillerie; François de Vengé, idem; Francesco Martellari, lieutenant d'artillerie; Francesco Froio, lieutenant au 3e régiment; Giovanni della Camera, procureur général au tribunal criminel de la Calabre inférieure; et Francesco Papavassi, greffier.

La commission s'assembla dans la nuit. Le 13 octobre, à six heures du matin, le capitaine Stratti entra dans la prison du roi, il dormait profondément : Stratti allait sortir, lorsqu'en marchant vers la porte il heurta une chaise ; ce bruit réveilla Murat. — Que me voulez-vous, capitaine? demanda le roi. Stratti voulut parler, mais la voix lui manqua.

— Ah! ah! dit Murat, il paraît que vous avez reçu des nouvelles de Naples?... — Oui, sire, murmura Stratti. — Qu'annoncent-elles? dit Murat? — Votre mise en jugement, sire. — Et par qui l'arrêt sera-t-il prononcé, s'il vous plaît? Où trouvera-t-on des pairs pour me juger? Si l'on me considère comme un roi, il faut assembler un tribunal de rois; si l'on me considère comme un maréchal de France, il me faut une cour de maréchaux, et, si l'on me considère comme général, et c'est le moins qu'on puisse faire, il me faut un jury de généraux. — Sire, vous êtes déclaré ennemi public, et comme tel vous êtes passible d'une commission militaire; c'est la loi que vous avez rendue vous-même contre les rebelles. — Cette loi fut faite pour des brigands, et non pour des têtes couronnées, monsieur, dit dédaigneusement Murat. Je suis prêt, que l'on m'assassine, c'est bien; je n'aurais pas cru le roi Ferdinand capable d'une pareille action. — Sire, ne voulez-vous pas connaître la liste de vos juges? — Si fait, monsieur, si fait; ce doit être une chose curieuse : lisez, je vous écoute.

Le capitaine Stratti lut les noms que nous avons cités. Murat les entendit avec un sourire dédaigneux.

— Ah! continua-t-il lorsque le capitaine eut achevé, il paraît que toutes les précautions sont prises. — Comment cela, sire? — Oui, ne savez-vous pas que tous ces hommes, à l'exception du rapporteur Francesco Froio, me doivent leurs grades; ils auront peur d'être accusés de reconnaissance, et, moins une voix peut-être, l'arrêt sera unanime. — Sire, si vous paraissiez devant la commission, si vous plaidiez vous-même votre cause? — Silence, monsieur, silence... dit Murat. Pour que je reconnaisse les juges que l'on m'a nommés, il faudrait déchirer trop de pages de l'histoire; un tel tribunal est incompétent, et j'aurais honte de me présenter devant lui; je sais que je ne puis sauver ma vie, laissez-moi sauver au moins la dignité royale.

En ce moment, le lieutenant Francesco Froio entra pour interroger le prisonnier, et lui demanda ses noms, son âge, sa patrie. A ces questions, Murat se leva avec une expression de dignité terrible : — Je suis Joachim Napoléon, roi des Deux-Siciles, lui répondit-il, et je vous ordonne de sortir. — Le rapporteur obéit.

Alors Murat passa un pantalon seulement, et demanda à Stratti s'il pouvait adresser des adieux à sa femme et à ses enfants. Celui-ci ne pouvant plus parler, répondit par un geste affirmatif; aussitôt Joachim s'assit à une table, et écrivit cette lettre :

« Chère Caroline de mon cœur,

« L'heure fatale est arrivée, je vais mourir du dernier des supplices; dans une heure tu n'auras plus d'époux, et nos enfants n'auront plus de père : souvenez-vous de moi et n'oubliez jamais ma mémoire. Je meurs innocent, et la vie m'est enlevée par un jugement injuste.

« Adieu, mon Achille; adieu, ma Lætitia; adieu, mon Lucien; adieu, ma Louise.

« Montrez-vous dignes de moi; je vous laisse sur une terre et dans un royaume pleins de mes ennemis : montrez-vous supérieurs à l'adversité, et souvenez-vous de ne pas vous croire plus que vous n'êtes, en songeant à ce que vous avez été.

« Adieu, je vous bénis. Ne maudissez jamais ma mémoire. Rappelez-vous que la plus grande douleur que j'éprouve dans mon supplice est celle de mourir loin de mes enfants, loin de ma femme, et de n'avoir aucun ami pour me fermer les yeux.

« Adieu, ma Caroline; adieu, mes enfants; recevez ma bénédiction paternelle, mes tendres larmes et mes derniers baisers.

« Adieu; n'oubliez pas votre malheureux père.

« Pizzo, ce 13 octobre 1815.

« JOACHIM MURAT. »

Alors il coupa une boucle de ses cheveux et la mit dans la lettre : en ce moment le général Nunziante entra; Murat alla à lui et lui tendit la main : — Général, lui dit-il, vous êtes père, vous êtes époux, vous saurez un jour ce que c'est que de quitter sa femme et ses fils. Jurez-moi que cette lettre sera remise. — Sur mes épaulettes, dit le général en s'essuyant les yeux. — Allons, allons, du courage, général, dit Murat; nous sommes soldats, nous savons ce que c'est que la mort. Une seule grâce : vous me laisserez commander le feu, n'est-ce pas? Le général fit signe de la tête que cette dernière faveur lui serait accordée; en ce moment le rapporteur entra, la sentence du roi à la main. Murat devina ce dont il s'agissait : — Lisez, monsieur, lui dit-il froidement, je vous écoute.

Le rapporteur obéit. Murat ne s'était pas trompé; il y avait eu, moins une voix, unanimité pour la peine de mort.

Lorsque la lecture fut finie, le roi se retourna vers Nunziante : — Général, lui dit-il, croyez que je sépare, dans mon esprit, l'instrument qui me frappe de la main qui le dirige. Je n'aurais pas cru que Ferdinand m'eût fait fusiller comme un chien; il ne recule pas devant cette infamie! c'est bien, n'en parlons plus. J'ai récusé mes juges, mais non pas mes bourreaux. Quelle est l'heure que vous désignez pour mon exécution? — Fixez-la vous-même, sire, dit le général.

Murat tira de son gousset une montre sur laquelle était le portrait de sa femme; le hasard fit qu'elle était tournée de manière que ce fut le portrait et non le cadran qu'il amena devant ses yeux; il le regarda avec tendresse.

— Tenez, général, dit-il en le montrant à Nunziante, c'est le portrait de la reine, vous la connaissez; n'est-ce pas qu'elle est bien ressemblante?

Le général détourna la tête. Murat poussa un soupir et remit la montre dans son gousset.

— Eh bien! sire, dit le rapporteur, quelle heure fixez-vous? — Ah! c'est juste, dit Murat en souriant, j'avais oublié pourquoi j'avais tiré ma montre en voyant le portrait de Caroline.

Alors il regarda sa montre de nouveau, mais cette fois du côté du cadran. — Eh bien! ce sera pour quatre heures, si vous voulez; il est trois heures passées, c'est cinquante minutes que je vous demande, est-ce trop, monsieur?

Le rapporteur s'inclina et sortit. Le général voulut le suivre.

— Ne vous reverrai-je plus, Nunziante? dit Murat. — Mes ordres m'enjoignent d'assister à votre mort, sire, mais je n'en aurai pas la force. — C'est bien, général, c'est bien; je vous dispense d'être là au dernier moment; mais je désire vous dire adieu encore une fois et vous embrasser. — Je me trouverai sur votre route, sire. — Merci. Maintenant laissez-moi seul. — Sire, il y a là deux prêtres.

Murat fit un signe d'impatience.

— Voulez-vous les recevoir? continua le général. — Oui, faites-les entrer.

Le général sortit. Un instant après les deux prêtres parurent au seuil de la porte; l'un se nommait don Francesco Pellegrino : c'était l'oncle de celui qui avait causé la mort du roi, et l'autre don Antonio Masdea.

— Que venez-vous faire ici? leur dit Murat. — Vous demander si vous voulez mourir en chrétien.

— Je mourrai en soldat. Laissez-moi.

Don Francesco Pellegrino se retira. Sans doute, il était mal à l'aise devant Joachim. Quant à Antonio Masdea, il resta sur la porte.

— Ne m'avez-vous pas entendu? dit le roi. — Si fait, répondit le vieillard; mais permettez-moi, sire, de ne pas croire que c'est votre dernier mot. Ce n'est pas pour la première fois que je vous vois et que je vous implore; j'ai déjà eu l'occasion de vous demander une grâce.

— Laquelle? — Lorsque Votre Majesté vint au Pizzo, en 1810, je lui demandai 25,000 francs pour faire achever notre église; Votre Majesté m'en envoya 40,000. — C'est que je prévoyais que j'y serais enterré, répondit en souriant Murat. — Eh bien! sire, j'aime à croire que vous ne refuserez pas plus ma seconde prière que vous ne m'avez refusé la première. Sire, je vous le demande à genoux.

Le vieillard tomba aux pieds de Murat. — Mourez en chrétien! — Cela vous fera donc bien plaisir? dit le roi. — Sire, je donnerais le peu de jours qui me restent pour obtenir de Dieu que son esprit vous visitât à votre dernière heure. — Eh bien! dit Murat, écoutez ma confession : Je m'accuse, étant enfant, d'avoir désobéi à mes parents; depuis que je suis devenu un homme, je n'ai jamais eu autre chose à me reprocher. — Sire, me donnerez-vous une attestation que vous mourez dans la religion chrétienne? — Sans doute, dit Murat; et il prit une plume et écrivit : « Moi, Joachim Murat, je meurs « en chrétien, croyant à la sainte Église catholique, « apostolique et romaine. » Et il signa. — Maintenant, mon père, continua le roi, si vous avez une troisième grâce à me demander, hâtez-vous, car dans une demi-heure il ne serait plus temps. En effet, l'horloge du château sonna en ce moment trois heures et demie.

Le prêtre fit signe que tout était fini. — Laissez-moi donc seul, dit Murat. Le vieillard sortit.

Murat se promena quelques minutes à grands pas dans la chambre; puis il s'assit sur son lit et laissa tomber sa tête dans ses deux mains. Sans doute, pendant le quart d'heure où il resta ainsi absorbé dans ses pensées, il vit repasser devant lui sa vie tout entière, depuis l'auberge d'où il était parti jusqu'au palais où il était entré; sans doute son aventureuse carrière se déroula pareille à un rêve doré, à un mensonge brillant, à un conte des *Mille et une Nuits.* Comme un arc-en-ciel, il avait brillé pendant un orage, et, comme un arc-en-ciel, ses deux extrémités se perdaient dans les nuages de sa naissance et de sa mort. Enfin, il sortit de sa contemplation intérieure et releva son front pâle, mais tranquille. Alors il s'approcha d'une glace, arrangea ses cheveux : son caractère étrange ne le quittait pas. Fiancé de la mort, il se faisait beau pour elle.

Quatre heures sonnèrent. Murat alla lui-même ouvrir la porte. Le général Nunziante l'attendait. — Merci, général, lui dit Murat : vous m'avez tenu parole; embrassez-moi, et retirez-vous ensuite si vous le voulez.

Le général se jeta dans les bras du roi en pleurant et sans pouvoir prononcer une parole : — Allons, du courage, lui dit Murat; vous voyez bien que je suis tranquille.

C'était cette tranquillité qui brisait le courage du général! Il s'élança hors du corridor et sortit du château en courant comme un insensé.

Alors le roi marcha vers la cour : tout était prêt pour l'exécution. Neuf hommes et un caporal étaient rangés en ligne devant la porte de la chambre du conseil. Devant eux était un mur de douze pieds de haut; trois pas avant ce mur était un seuil d'un seul degré : Murat alla se placer sur cet escalier, qui lui faisait dominer d'un pied à peu près les soldats chargés de son exécution. Arrivé là, il tira sa montre, baisa le portrait de sa femme, et, les yeux fixés sur lui, il commanda la charge des armes. Au mot : Feu! cinq des neuf hommes tirèrent : Murat resta debout. Les soldats avaient eu honte de tirer sur leur roi; ils avaient visé au-dessus de sa tête.

Ce fut peut-être en ce moment qu'éclata le plus magnifiquement ce courage de lion qui était la vertu particulière de Murat. Pas un trait de son visage ne s'altéra, pas un muscle de son corps ne faiblit; seulement, regardant les soldats avec une expression de reconnaissance amère :

— Merci, mes amis, leur dit-il; mais, comme tôt ou tard vous serez obligés de viser juste, ne prolongez pas mon agonie. Tout ce que je vous demande, c'est de viser au cœur et d'épargner la figure. Recommençons.

Et, avec la même voix, avec le même calme, avec le même visage, il répéta les paroles mortelles les unes après les autres, sans lenteur, sans précipitation, et comme il eût commandé une simple manœuvre; mais cette fois, plus heureux que la première, au mot : Feu! il tomba percé de huit balles, sans faire un mouvement, sans pousser un soupir, sans lâcher la montre qu'il tenait serrée dans sa main gauche.

Les soldats ramassèrent le cadavre, le couchèrent sur le lit, où dix minutes auparavant il était assis, et le capitaine mit une garde à la porte.

Le soir, un homme se présenta pour entrer dans la chambre mortuaire : la sentinelle lui en refusa l'entrée; mais cet homme demanda à parler au commandant du château. Conduit devant lui, il lui montra un ordre. Le commandant le lut avec une surprise mêlée de dégoût; puis, la lecture achevée, il le conduisit jusqu'à la porte qu'on lui avait refusée.

— Laisser passer le seigneur Luidgi, dit-il à la sentinelle. La sentinelle présenta les armes à son commandant. Luidgi entra.

Dix minutes s'étaient à peine écoulées, lorsqu'il sortit tenant à la main un mouchoir ensanglanté. Dans ce mouchoir était un objet que la sentinelle ne put reconnaître.

Une heure après, un menuisier apporta le cercueil qui devait renfermer les restes du roi. L'ouvrier entra dans la chambre; mais presque aussitôt il appela la sentinelle avec un accent indicible d'effroi. Le soldat entre-bâilla la porte pour regarder ce qui avait pu causer la terreur de cet homme. Le menuisier lui montra du doigt un cadavre sans tête.

A la mort du roi Ferdinand, on retrouva dans une armoire secrète de sa chambre à coucher cette tête conservée dans de l'esprit-de-vin.

Huit jours après l'exécution du Pizzo, chacun avait déjà reçu sa récompense : Trenta Capelli était fait colonel, le général Nunziante était créé marquis, et Luidgi était empoisonné.

FIN.

Je tombai à genoux, et, appuyant ma tête contre le lit, je fis ma prière en fermant les yeux

Je regardai la montre, il était juste neuf heures dix minutes.

Madame de Franchi.

LES FRÈRES CORSES.

Sur l'invitation du maire, ils se touchèrent encore la main.

Murat.

MURAT.

Oubliez-vous que je suis roi, et que j'ordonne?

MURAT.

Deux larmes parurent autour des paupières d'Othon.

Gérard tomba sans proférer une seule parole.

La comtesse Emma.

OTHON L'ARCHER.

Il demeura un instant immobile comme une arche de pierre.

PARIS. — IMPRIMERIE SIMON RAÇON ET COMP., RUE D'ERFURTH, 1.

www.ingramcontent.com/pod-product-compliance
Lightning Source LLC
LaVergne TN
LVHW010606110826
845149LV00003B/793

9782019201951